Christoph Dohmen /
Thomas Hieke

Das Buch der Bücher

Die Bibel – Eine Einführung

topos taschenbücher

Verlagsgemeinschaft topos plus
Butzon & Bercker, Kevelaer
Don Bosco, München
Echter, Würzburg
Lahn-Verlag, Kevelaer
Matthias-Grünewald-Verlag, Ostfildern
Paulusverlag, Freiburg (Schweiz)
Friedrich Pustet, Regensburg
Tyrolia, Innsbruck

Bibliografische Information der Deutschen Nationalbibliothek
Die Deutsche Nationalbibliothek verzeichnet diese Publikation in der
Deutschen Nationalbibliografie; detaillierte bibliografische Daten
sind im Internet über http://dnb.d-nb.de abrufbar.

2012 Verlagsgemeinschaft **topos** plus, Kevelaer
Das © und die inhaltliche Verantwortung liegen beim
Verlag Friedrich Pustet, Regensburg
Originalausgabe, 4. Auflage

Einband- und Reihengestaltung | Finken & Bumiller, Stuttgart
Umschlagabbildung | KNA-Bild
Satz | Friedrich Pustet | Regensburg
Herstellung | Pustet | Regensburg
Printed in Germany

Topos ISBN: 978-3-8367-0736-7
www.toposplus.de

Inhalt

1 Das Buch der Bücher – ein Buch aus Büchern

«Viele Male und auf vielerlei Weise hat Gott einst zu den Vätern gesprochen durch die Propheten.» (Hebr 1,1)

1.1 Von Vielheit zu Vielfalt

Auch im 21. Jahrhundert n. Chr. ist die Bibel als ein besonderes Buch präsent, und sei es nur als „Begleittext" für immer neue und wertvollere Ausgaben mit Bildern großer Künstler oder mit aufwändigen Ausstattungen, die es rein äußerlich als *das* Buch erscheinen lassen. Die Bibel ist anwesend, wenn auch oft unbemerkt, in den Werken der bildenden Kunst, Literatur und Musik der verschiedenen Epochen und Stilrichtungen bis hin zu immer neuen Filmstoffen, nicht nur für die diversen Bibelverfilmungen, und schließlich wird die Bibel auch in den allgegenwärtigen Werbespots der Medien benutzt. Gemeinsam ist all diesen Begegnungen mit der Bibel nicht nur, dass das Buch, um das es geht, nicht gelesen wird, sondern dass es schlicht als *ein* einziges Buch aufgefasst wird. „Das steht in der Bibel" reicht oft ebenso als Argument, wie der Zusatz „Bibel" bei Buchtiteln Bedeutsamkeit, Verbindlichkeit und allumfassende Information signalisiert (vgl. „Bibel der Heilkräuter", „Surfer-Bibel", „Rotwein-Bibel" u. ä.).

Wird dieses Buch aber – seiner eigentlichen Bestimmung entsprechend – als Buch *gelesen*, dann macht man sehr schnell die Erfahrung, dass es sich gar nicht um ein einziges Buch handelt, das in sich geschlossen ist. Schon das Inhaltsverzeichnis weist – sogar mit dem Stichwort „Buch der …" – darauf hin, dass in der einen Buchausgabe sehr verschiedene Bücher vereint sind. Mit eingebunden finden sich auch noch ganz andere Schriftstücke wie z. B. Briefe. Schon ein erster Blick auf diese Sammlung lässt schnell erkennen, dass dieses Buch so nicht „vom Himmel gefallen" sein kann, denn die verschiedensten Texte dieses Buches geben selbst an, dass sie auf die verschiedensten Menschen unterschiedlichster Zeiten zurückgehen. Die Bibel, die sich uns als kleine Bücherei oder Büchersammlung präsentiert, steht uns als ein einziges Buch vor Augen, weil Menschen über viele Generationen hinweg die einzelnen Schriften dieser Sammlung als Wort Gottes, als die Heilige Schrift erfahren und geglaubt haben (s. u.).

Diese Einheit, die sich aus einer Vielheit zusammenfügt, spiegelt sich auch im Wort „Bibel" selbst wider. Das Wort Bibel leitet sich vom Griechischen *biblia* her, das selbst die Pluralform von *biblion* ist, was soviel wie „Buch (Rolle), Schrift, Brief, Dokument" u. ä. meint. Schon im 1. Jahrhundert n. Chr. wird der Ausdruck *biblia* zur Bezeichnung der Sammlung Heiliger Schriften im Sinne von „die Bücher" benutzt, wobei damit sowohl die fünf Bücher des Mose (Tora), als auch die Sammlung der Prophetenbücher u. ä. bezeichnet werden können. Über das lateinische Lehnwort *biblia* ist das Wort schließlich zu uns als *Bibel* gelangt. Die ursprüngliche Pluralform *biblia* ist auf diesem Weg zu einem Singular Bibel geworden, in dem die Aspekte „Büchersammlung, Bücherei" enthalten sind.

Autoren- oder Traditionsliteratur

Das Problem von Einheit und Vielheit bei der Bibel ergibt sich aber nicht nur daraus, dass die verschiedensten Bücher zu Sammlungen und dann zu einem Buch der Bibel zusammengefügt wurden, weil sie alle trotz oder gerade in ihrer Verschiedenheit von der Glaubensgemeinschaft als Wort Gottes anerkannt wurden, sondern als Folge der Entstehung der biblischen Literatur. In ihrem überwiegenden Teil – besonders im Alten Testament – ist die Bibel nämlich keine Autorenliteratur im modernen Sinn, sondern so genannte

Traditionsliteratur. Viele biblische Bücher sind, auch wenn sie wie z. B. bei den Propheten den Namen einer Person als Titel tragen, in der uns heute vorliegenden Form das Produkt eines langen Überlieferungsprozesses, der wesentlich von Fortschreibungen bestimmt ist. Die Auslegung und Aktualisierung von Texten fand früher nicht wie in späterer Zeit *neben* dem ursprünglichen Werk in Kommentaren statt, sondern wurde in die Texte unmittelbar hineingeschrieben. So sind Bücher über Jahrhunderte gewachsen und dann auch aus ursprünglich getrennten Teilen zusammengewachsen. Das Phänomen des langen und langsamen Wachstums der Bibel macht Angaben zur Entstehung einzelner Texte äußerst schwierig, zumal bei der schon erwähnten Traditionsliteratur ein Bezugspunkt zur Datierung fehlt, wie er bei Autorenliteratur durch die Biografie des Autors gegeben ist. Auch unter methodischem Gesichtspunkt muss man beim Versuch einer biblischen Literaturgeschichte vom Sicheren zum Unsicheren voranschreiten, d. h. vom uns vorliegenden *Endprodukt* zurückgehen und nach Spuren des Wachstums suchen. Setzt man für eine Literaturgeschichte bei der christlichen Bibel ein, so muss man zuallererst die Zweiteilung der christlichen Bibel in Altes und Neues Testament ernst nehmen und beim Neuen Testament als dem jüngsten Teil beginnen. Doch das Faktum, dass es eine Büchersammlung „Neues Testament" gibt, ist nur zu erklären und zu verstehen auf dem Hintergrund einer schon entstandenen Büchersammlung, die als „Heilige Schrift" (Bibel) zur Zeit der Entstehung des Christentums bereits abgeschlossen vorlag (s. u.). Für Jesus, seine Jünger und die frühe Kirche gab es als Heilige Schrift nur diese Büchersammlung; während die Schriften, die sich mit dem Leben und Wirken des Jesus von Nazaret und mit dem Glauben der frühen Christen beschäftigen, erst später zusammengefasst und als zweiter Teil der vorhandenen Heiligen Schrift hinzugefügt wurden. Für das Verständnis der Bibel als Buch ist in diesem Zusammenhang bedeutsam, dass das Neue Testament kein selbständiges

Buch ist und als solches auch niemals konzipiert wurde. Wie und warum es zur Sammlung des späteren Neuen Testamentes gekommen ist wird noch eigens zu behandeln und zu klären sein. Unter literaturgeschichtlichem Gesichtspunkt ist eine Grobeinordnung und Datierung dieser Schriften aber recht einfach, weil sie sich inhaltlich auf Leben und Botschaft des Jesus von Nazaret beziehen und die Bedeutung des Christusereignisses für die entstehende Kirche reflektieren, sodass sich als literaturgeschichtlicher Entstehungszeitraum die ersten beiden Jahrhunderte unserer Zeitrechnung ergeben.

1.2 Das Wachsen der Bücher in der Zeit

Im Blick auf die Bücher des Alten Testamentes stellt sich die literaturgeschichtliche Frage wesentlich schwieriger, denn nicht nur die langwierige Fortschreibung an einzelnen Texten lässt keine sichere Datierung zu, sondern auch die inhaltlichen Probleme, die sich aus der in vielen Texten zu findenden Geschichtsreflexion ergeben, weil nie deutlich ist, ob im Sinne der Historie geschichtliche Ereignisse berichtet werden oder ob im Sinne einer Geschichtstheologie Elemente des Vergangenen in ihrer Bedeutung für die Zukunft entfaltet werden. Gerade wenn man bei den Inhalten einsetzt, legt sich nahe, die Literaturgeschichte der Bibel von einschneidenden Ereignissen her zu konzipieren, weil sie sich in recht vielen Texten auf unterschiedliche Weise niedergeschlagen haben. Den deutlichsten Einschnitt in diesem Sinne stellt das so genannte babylonische Exil (587–539 v. Chr.) dar, das das Ende der staatlichen Existenz Israels durch die Eroberung der Babylonier und die Deportation der Jerusalemer Oberschicht bedeutete. Der Verlust des Landes, das Israel nach eigenem Verständnis als „verheißenes Land" von Gott bekommen hatte, und die Zerstörung des Tempels als Ort der Gegenwart Gottes haben einen deutlichen Widerhall in theologischen Entwürfen unterschiedlichster biblischer Texte ebenso gefunden wie das Edikt des Perserkönigs Kyros, der den 597 und 587 aus Jerusalem Deportierten nach 539 die Rückkehr ermöglichte.

Auf diesem Hintergrund kann man in ähnlicher Weise die biblische Literaturgeschichte zunächst in drei Hauptphasen einteilen, wobei die schon erwähnte Phase der Entstehung der neutestamentlichen Schriften als „Sonderfall" noch hinzuzuziehen ist.

1. Die vorexilische Zeit (? – 587 v. Chr.)
2. Die exilische Zeit (587–539 v. Chr.)
3. Die nachexilische Zeit (539– ?)

Diese Grobgliederung zeigt am Anfang und am Ende Unsicherheiten – durch das Fragezeichen markiert –, die sich daraus ergeben, dass es sehr unterschiedliche Auffassungen über die Anfänge der Literatur (mündliche Vorstufen, Arten von Schriftzeugnissen etc.) gibt, und dass das Ende der Literaturgeschichte von der Fixierung einer Schriftensammlung (Kanon) abhängt (s. u.). Auf diese drei Phasen aufgeteilt erweist sich die Epoche des Exils als die Zeit größter literarischer Produktivität, was ja auch insofern verständlich ist, als Israel die national-religiöse Krise, die durch dieses Ereignis hervorgebracht wurde, aufzuarbeiten hatte und sich in einer neuen Umgebung neu orientieren und konstituieren musste.

Krisenliteratur

Diese Konzentration der literarischen und damit auch theologischen Arbeit in der Exilszeit wird noch deutlicher, wenn man die Phasen der Literaturgeschichte mit den Hauptphasen der allgemeinen Geschichte in Verbindung bringt. Die Geschichte Israels in der Zeit der Entstehung der biblischen Literatur kann man ebenso wie die literargeschichtlichen

Epochen dreiteilen, wenn man sich als Kriterium an der staatlichen Organisation Israels orientiert. Folgende Phasen lassen sich dann unterscheiden:

1. Die vorstaatliche Zeit (? bis ca. 1000 v. Chr.)
2. Die Zeit der Staatlichkeit (ca. 1000–587 v. Chr.)

[587–539 v. Chr. Zeit des Exils]

3. Die Zeit der Substaatlichkeit (539 v. Chr. – ?)

Wie schon bei der Literaturgeschichte, so sind auch bei dieser Einteilung die Eckpunkte unsicher und abhängig von den Kriterien, die man zur Bestimmung der jeweiligen Phase heranzieht. Das Anfangsdatum hängt hier von der heute schwer zu beantwortenden Frage nach den *Anfängen Israels* ab, d. h. dem Problem, welche Gruppen der vorderorientalischen Bevölkerung zum späteren Volk Israel geworden bzw. in dieses eingegangen sind. Für das Ende stellt sich wiederum parallel zur Literaturgeschichte die Frage, was man noch zur Geschichte Israels rechnen will (die Zerstörung des Jerusalemer Tempels durch die Römer 70 n. Chr. oder den so genannten *Bar-Kochba-Aufstand* 135 n. Chr.). Im Blick auf diese Einteilung fällt das Exil fast schon als kurzes Intermezzo heraus. Nur in der Verbindung mit der Literatur- bzw. Glaubens- und Theologiegeschichte Israels wird das Exil als Wendepunkt der Geschichte greifbar. Von diesem Punkt her und entsprechend der Art der biblischen Literatur kann man auch weiter darauf zurückschließen, dass es gerade die Krisenpunkte in der Geschichte sind, die theologische Reflexionen auslösen bzw. stimulieren, sodass die biblische Literatur grob vereinfacht auch als „Krisenliteratur" verständlich gemacht werden kann. Wenn auch nicht so deutlich wie beim babylonischen Exil, so lässt sich doch in vielen Texten nachweisen, dass auch schon der Untergang

14

des so genannten Nordreiches (722 v. Chr.) als ein solcher Krisenpunkt der Geschichte betrachtet werden kann, der zu entsprechender Literaturproduktion geführt hat, die seinerzeit vor allem dort stattgefunden hat, wohin viele Menschen aus dem Nordreich vor dem Ansturm der Assyrer geflohen waren, nämlich in Jerusalem. Hier findet nach 722 v. Chr. eine intensive Verbindung so genannter Nord- und Südreich-Traditionen statt.

Der Versuch einer groben holzschnittartigen Skizze der biblischen Literaturgeschichte mag auf den ersten Blick den Eindruck erwecken, dass in der Bibel *die* Literatur des Volkes Israel bzw. später dann verbunden mit der der frühen Christen vorläge. Gerade vom Phänomen der gewachsenen Literatur her muss aber beachtet werden, dass diese Literatur weder zeitlich noch sachlich zu einem einfachen Ende gekommen ist, noch vollständig in die Sammlungen der Schriften eingegangen ist. Vielmehr liegt uns in der Bibel die Sammlung eben der Schriften abgeschlossen vor, die als *Heilige Schrift* gegolten hat bzw. gilt. Der damit verbundene Abschluss des Wachstums bzw. die Abgrenzung von Schriften wird mit dem Phänomen und dem Begriff des Kanons markiert und leitet sachlich dazu über, dass die Bibel nicht nur ein *„Buch aus Büchern"* ist, sondern als etwas Besonderes gilt, das man durch den Ehrentitel auszudrücken versucht: Die Bibel ist das *„Buch der Bücher"*.

In dem Titel *„Buch der Bücher"* deutet sich eine besondere Wertschätzung gegenüber diesem Buch an. Darüber hinaus signalisiert der Titel, dass die Büchersammlung, das *„Buch aus Büchern"* eine Einheit darstellt, dass es *ein* Buch ist. Bevor man danach fragen kann, was diese Einheit begründet und ausmacht, muss man sich vor Augen führen, was zu dieser Einheit gehört.

1.3 Die äußere Form der Bibel

Im vorausgehenden Abschnitt ist der literarische Wachstumsprozess der Bibel angesprochen worden, an dessen Ende die uns bekannte Bibel steht, die zwischen Juden und Christen, dann aber auch innerhalb des Christentums, in unterschiedlicher Gestalt (Anordnung) vorliegt. Die Unterschiede betreffen in erster Linie die Anordnung der Hebräischen Bibel/des Alten Testamentes, sodass dieser Teil hier auch zuerst und ausführlicher zu besprechen ist; die tabellarische Übersicht enthält deshalb auf der Seite der christlichen Bibel kein „Neues Testament", dessen Bücher sich später eigens aufgelistet finden.

Die Komplexität der Entstehung des Alten Testamentes wird selbst am fertigen Endprodukt noch sichtbar. Die Fragen, wie viele, welche und in welcher Reihenfolge geordnete Bücher zu dieser Büchersammlung gehören, sind auch heute noch über konfessionelle Grenzen hinweg bestimmend.

	TaNaK		Altes Testament
תורה	**Tora**		
בראשית	Genesis		Genesis
שמות	Exodus		Exodus
ויקרא	Levitikus		Levitikus
במדבר	Numeri		Numeri
דברים	Deuteronomium		Deuteronomium
נביאים	**Nebiim**		
יהושע	Josua		Josua
שפטים	Richter		Richter
שמואל א	1 Samuel		Rut
שמואל ב	2 Samuel		1/2 Samuel
מלכים א	1 Könige		1/2 Könige

מלכים ב	2 Könige	1/2 Chronik
ישעיהו	Jesaja	Esra
ירמיהו	Jeremia	Nehemia
יחזקאל	Ezechiel	Tobit
הושע	Hosea	Judit
יואל	Joël	Ester
עמוס	Amos	1/2 Makkabäer
עבדיה	Obadja	
יונה	Jona	Ijob
מיכה	Micha	Psalmen
נחום	Nahum	Sprichwörter
חבקוק	Habakuk	Kohelet
צפניה	Zefanja	Hoheslied
חגי	Haggai	Weisheit
זכריה	Sacharja	Jesus Sirach
מלאכי	Maleachi	
		Jesaja
כתבים	**Ketubim**	Jeremia
תהלים	Psalmen	Klagelieder
איוב	Ijob	Baruch
משלי	Sprichwörter	Ezechiel
רות	Rut	Daniel
שיר השירים	Hoheslied	Hosea
קהלת	Kohelet	Joël
איכה	Klagelieder	Amos
אסתר	Ester	Obadja
דניאל	Daniel	Jona
עזרא	Esra	Micha
נחמיה	Nehemia	Nahum
דברי הימים א	1 Chronik	Habakuk
דברי הימים ב	2 Chronik	Zefanja
		Haggai
		Sacharja
		Maleachi

handwritten annotations: ursprüngl. Weisheit · Daniel → Wochenfest (Pfingstfest) · Festrolle im NM-Gottesdienst vorgelesen

Die Verwirrung, die in ökumenischen Bibelkreisen schnell wegen fehlender oder zusätzlicher Bücher auf der einen oder anderen Seite und unklarer Terminologie entstehen können, lassen sich recht einfach erklären und auflösen. Was den Umfang des Alten Testamentes, also die Frage der Zugehörigkeit einzelner Bücher zu dieser Sammlung angeht, so bildet die Hebräische Bibel den Kern. Die Hebräische Bibel ist in drei Teilsammlungen unterteilt: *Tora, Propheten und Schriften* (vgl. dazu die Übersicht). Aus den Anfangsbuchstaben der hebräischen Bezeichnungen für diese Teile (*Tora – Nebiim – Ketubim*) hat man ein Kunstwort gebildet; als „TaNaK" (gesprochen und gelegentlich auch geschrieben: *Tanach*) ist es im Judentum zum verbreiteten Begriff für die Hebräische Bibel geworden.

Tora und/oder Propheten?

Ein Blick auf die Konstituierung des dreigliedrigen hebräischen Kanons von *Tora, Nebiim* und *Ketubim* hebt zwei auch für das spätere christliche Alte Testament wichtige Faktoren hervor. Zum einen wird deutlich, dass man nicht einfach von einem offenen Kanon solange sprechen kann, bis definitive Urteile über seinen endgültigen Gesamtumfang und die Textgestalt zu finden sind (s. u.). Zum anderen sieht man, dass es den einen und einzigen Kanon der Bibel Israels nicht gibt, sondern lediglich den Kanon einer bestimmten Glaubensgemeinschaft (s. o.). Im Blick auf die Entstehung der Bibel Israels bedeutet das allerdings auch nicht die völlige Auflösung in eine undurchschaubare Pluralität von diversen Büchern, sondern es lässt sich beobachten, dass das sukzessive Wachstum der Heiligen Schrift bei allen Variationen doch an Fixpunkten orientiert ist, die sich in der älteren zweigliedrigen Struktur von Tora und Propheten widerspiegeln. Dies wird beispielsweise daran deutlich, dass ein prophetisch-apokalyptisches Buch wie Daniel nicht mehr in die „*Propheten*" eingeordnet werden kann, denen es sachlich und thematisch näher steht, sondern in der Hebräischen Bibel unter den „Schriften" geführt werden muss.

Innerhalb dieser drei Teile hat die Tora, der Pentateuch („fünf Bücher"), eindeutig den Vorrang vor allen anderen Büchern und Sammlungen. Dieser Vorrang gründet vor allem in der qualitativen Auszeichnung der Kernüberlieferung dieses Teils. Es ist die Offenbarung Gottes vom Berg Sinai/Horeb, die wie ein Magnet die Überlieferungen Israels, insbesondere die gesetzlichen, anzieht. Christen verstellen sich oft den Blick für die Tora dadurch, dass sie das dort Überlieferte vorschnell und ausschließlich aus der Perspektive einer Opposition *Gesetz – Evangelium* sehen. Wer sich allerdings auf diese Überlieferung einlässt, erkennt sehr bald, dass für das Alte Testament das Gesetz selbst Evangelium ist. Diese absolut positive Konnotation des Gesetzes ergibt sich daraus, dass Israel das Gesetz als von Gott angebotene Hilfe betrachtet, wie es beispielsweise die Gesetzesübermittlung in Ex 34 als Antwort auf Israels Sünde mit dem goldenen Kalb von Ex 32 sehr schön zum Ausdruck bringt. Von hierher ist auch das positive Gesetzesverständnis des Judentums zu sehen, weil letztlich Tora zu dem wird, was Offenbarung für Israel ausmacht.

Auf diesem Hintergrund muss auch das Verhältnis der beiden Kanonteile *Tora* und *Propheten* gelesen werden, weil innerbiblisch die Bücher des Kanonteils Propheten durch ihre Verbindung zur Tora Heilige Schrift werden. Dies wird am Ende der Tora dadurch ausgedrückt, dass Mose, der – als Offenbarungsmittler – für die gesamte Tora steht, selbst als Prophet, und zwar als größter, bezeichnet wird, um so die Nachordnung des Kanonteils Propheten gegenüber der Tora zum Ausdruck zu bringen.

«Niemals wieder ist in Israel ein Prophet wie Mose aufgetreten. Ihn hat der Herr Auge in Auge berufen. Keiner ist ihm vergleichbar, wegen all der Zeichen und Wunder, die er in Ägypten im Auftrag des Herrn am Pharao, an seinem ganzen Hof und an seinem ganzen Land getan hat, wegen all der Beweise seiner starken Hand und wegen all der furchterregenden und großen Taten, die Mose vor den Augen von ganz Israel vollbracht hat» (Dtn 34,10–12).

Den Torabezug bringt der Kanonteil „*Propheten*" an seinem Anfang und Ende – sozusagen als Rahmen – deutlich zum Ausdruck. Eingangs wird der Kriegsmann Josua als eifriger Toraschüler charakterisiert:

> «Sei nur mutig und stark und achte genau darauf, dass du ganz nach der Weisung handelst, die mein Knecht Mose dir gegeben hat. Weich nicht nach rechts und nicht nach links davon ab, damit du Erfolg hast in allem, was du unternimmst. Über dieses Gesetzbuch sollst du immer reden und Tag und Nacht darüber nachsinnen, damit du darauf achtest, genau so zu handeln, wie darin geschrieben steht» (Jos 1,7–8).

Am Ende aller Bücher des Kanonteils „*Propheten*" wird dieser Gedanke wieder aufgenommen, sodass der gesamte Korpus dieser Bücher zusammengebunden werde, um geschlossen auf die Tora zu verweisen:

> «Denkt an das Gesetz meines Knechtes Mose; am Horeb habe ich ihm Satzung und Recht übergeben, die für ganz Israel gelten» (Mal 3,22).

Der Kanonteil *Propheten* der Hebräischen Bibel umfasst aber nicht nur die klassischen Prophetenbücher, sondern auch Bücher, die wir vom christlichen Verständnis her als Geschichtswerke bezeichnen. Es handelt sich um die Bücher Josua, Richter, 1/2 Samuel, 1/2 Könige. Diese Bücher werden in der Terminologie der jüdischen Überlieferung als „frühe/vordere Propheten" bezeichnet – gegenüber den „späten/hinteren Propheten", womit die eigentlichen Prophetenbücher gemeint sind. Dass die Bücher Josua bis 2 Könige zu den Propheten gezählt werden, erklärt man damit, dass sie einerseits von Propheten (z. B. Nathan, Elia, Elischa), und zwar den so genannten „Vorschriftpropheten", handeln und andererseits in prophetischem Geist geschrieben sind. Die ihnen gegenüberstehenden „späten Propheten" – auch „Schriftpropheten" genannt – werden nochmals unterschieden in „große" und „kleine" Propheten. Diese Unterscheidung bezieht sich aber letztendlich nur noch auf den Umfang der Bücher: Bei den drei „großen" Propheten (Jesaja, Jeremia, Ezechiel) handelt es sich um sehr umfangreiche Werke, wobei sich in der Bezeichnung „große Propheten" natürlich auch die Bedeutung und Anerkennung für diese Propheten ausdrückt. Dagegen werden die zwölf kleinen Propheten (Hosea, Joël, Amos, Obadja, Jona, Micha, Nahum, Habakuk, Zefanja, Haggai, Sacharja, Maleachi) in der Überlieferung in einem einzigen Buch, dem Zwölfprophetenbuch (griechisch: Dodekapropheton), zusammengefasst.

Die Sammlung der Schriften im dritten und letzten Kanonteil der Hebräischen Bibel bleibt gegenüber den ersten beiden etwas unklarer, was auch in dem allgemeinen und unspezifischen Ausdruck „Schriften" zum Ausdruck kommt. Er umfasst die Weisheitsliteratur, aber auch Gebets- und Meditationstexte, Prophetisches und Geschichtliches.

Betrachtet man die Anordnung der Bibel in der jetzigen Form, dann zeigt die Gliederung, dass die Aufteilung sowohl zusammenhängende Teile in Bücher untergliedert hat (z. B. im Pentateuch oder in den Geschichtsbüchern Josua bis 2 Könige), als auch Einzelsammlungen zu neuen Büchern zusammengefasst hat (z. B. bei den Psalmen, den Sprichwörtern oder auf eigene Weise beim Buch Jesaja). Die ältesten Zeugnisse über die Zählung der Bücher werfen deshalb auch einige Fragen auf, weil sie zwischen 22 und 47 Büchern für den Bereich des Alten Testamentes bzw. der Hebräischen Bibel schwanken. Ein Grund für diese Differenz liegt darin, dass bei unterschiedlichen Zählungen unterschiedlich zusammengefasst wurde, so z. B. bei den Büchern Samuel, Könige und Chronik, dann bei der Vereinigung der 12 Kleinen Propheten zu einem einzigen Zwölfprophetenbuch oder auch bei den Büchern, die einzelnen jüdischen Festen als Festrollen (Festtagslesung) zugewiesen wurden. Zu dieser Einheit der so genannten Megillot sind die Bücher

Rut, das Hohelied, Kohelet, Klagelieder und Ester zusammengefasst. Dann kommt aber auch noch hinzu, dass es einzelne Bücher gibt, die in der Sammlung der Hebräischen Bibel nicht zu finden sind, sondern erst in der griechischen Übersetzung der Septuaginta (LXX; s. S. 65 f) begegnen, so z. B. das Buch der Weisheit oder das Buch Tobit u. a.

Bücher, Kapitel und Verse

Die Einteilung der Bücher, die uns das Alte Testament (und ebenso das Neue Testament und somit die gesamte Bibel) als Bücherei erscheinen lässt, hat sicherlich auch mit der praktischen Handhabung und dem Umgang mit diesen Schriften zu tun. Während es bei einem modern gebundenen Buch kein Problem ist, eine bestimmte Stelle aufzuschlagen, macht es bei größeren Rollen schon erhebliche Schwierigkeiten, eine gesuchte Textstelle aufzufinden, sodass verständlich ist, dass das Prinzip der Schriftrolle Unterteilungen in kleinere Einzelrollen geradezu notwendig macht. Aber im Laufe der Zeit hat auch dieses Gliederungsprinzip nicht mehr ausgereicht. Schwierigkeiten mussten entstehen, als man begann, verstärkt aus den Heiligen Schriften zu zitieren, und zwar in der Weise, dass man Schriftstellen zum Beleg eigener theologischer Aussagen herangezogen hat. Dies führte dazu, dass der Mönch Stephen Langton 1226 damit begann, die biblischen Bücher in Kapitel zu untergliedern. Diese Kapitelgliederung wurde dann im 15. bzw. 16. Jahrhundert durch Isaak Nathan bzw. Santes Pagnini durch eine zusätzliche Verseinteilung ergänzt.

Die Untergliederung der Bibel, die daraus entstanden ist, erscheint vielleicht äußerst willkürlich und ist in Bezug auf den Inhalt der Texte oft auch unzureichend. Gleichwohl hat sie sich durchgesetzt und ist heute Grundlage fast aller Bibelausgaben. Ältere Untergliederungen des Bibeltextes in der jüdischen Tradition der hebräischen Textausgaben sind zwar noch in den gängigen hebräischen Textausgaben zu finden, werden dort aber auch schon mit den üblichen Kapiteln und Versteilungen kombiniert, um zu anderen Bibelausgaben hin kompatibel zu sein. Die ältere jüdische Textgliederung, die mit Lücken und Absätzen arbeitet, bietet dennoch hilfreiche Ansatzpunkte zur inhaltlichen Strukturierung der Texte. Die inhaltliche Gliederung, der die Kapitel und Verseinteilung oft ganz zuwiderläuft (z. B. bei der Teilung der beiden Schöpfungserzählungen in Genesis 1–3 oder beim so genannten vierten Gottesknechtslied in Jesaja 52,13–53,12), wird in vielen Übersetzungsausgaben des Alten Testamentes dadurch eingeholt, dass die Übersetzer und Herausgeber der jeweiligen Ausgabe Zwischenüberschriften eingefügt haben. Solche Überschriften können und sollen den Bibellesern die Orientierung im Text erleichtern, müssen aber auch immer wieder bewusst gemacht werden als Zusätze zum Bibeltext. Beim privaten Bibellesen oder auch dem Bibelstudium im Bibelkreis sollte deshalb sowohl von den Überschriften als auch von den Kapiteln und Verseinteilungen zwischenzeitlich einmal abgesehen werden, um die Struktur und Gliederung eines Textes von diesem selbst her aufzuspüren. Nicht selten eröffnet nämlich ein Text schon ein neues Verständnis, wenn ein durch Kapiteleinteilung oder Überschriftsystem abgetrennter Vers am Anfang oder Ende hinzugezogen wird.

Aus dem Gliederungsprinzip in Bücher, Kapitel und Verse ergibt sich für uns ein überaus präzises Zitationssystem, das dem schnellen Auffinden einer Bibelstelle dient. Dabei folgt auf das Kürzel für das biblische Buch – je nach Buchbezeichnung können die Abkürzungen variieren (vgl. die jeder Bibelausgabe beigefügten Buchabkürzungen) – die Zahlenangabe, die das Kapitel angibt. Nach einem Komma folgt die Zahl, die den Vers bezeichnet. Sind mehrere Verse gemeint, wird durch Bindestrich oder Querstrich der Anfangs- und Endvers bezeichnet, bzw. durch f oder ff angegeben, dass der folgende oder die folgenden Verse damit gemeint sind. Bisweilen findet man hinter der Versangabe noch lateinische und/oder griechische Buchstaben, die Versteile angeben (so z. B. bei der berühmten Trennung am Anfang der Bibel in Genesis 2, wo die erste Vershälfte Genesis 2,4a in den meisten Bibelausgaben dem ersten Schöpfungsbericht zugerechnet wird, während die zweite Vershälfte Genesis 2,4b zum zweiten gezogen wird). Werden nicht zusammenhängende Verse eines Kapitels angegeben, so setzt man einen Punkt zwischen die einzelnen Verszahlen, zwischen Angaben verschiedener Kapitel samt Verse setzt man ein Semikolon (z. B. Gen 3,16.18; 4,1–3). Bezieht man sich eindeutig innerhalb eines Kapitelzusammenhangs auf Einzelverse, so kann man gelegentlich nur noch die Kurzform der Versangabe durch v. oder V. (= Vers) oder vv./VV. (= Verse) benutzen.

Besonderheiten der griechischen Bibel (LXX)

Abgesehen von kleineren Zähldifferenzen, die aus verschiedenen Überlieferungen stammen, ist dieses System einfach und eindeutig. Beim normalen Bibellesen begegnet man den Zähldifferenzen am ehesten in den Psalmen, wo die alternativen Nummern leicht zu Verwirrung führen können. Die Septuaginta (LXX) zählt bei den Psalmen an einigen Stellen anders als der hebräische Text, indem Einzelpsalmen zusammen- oder auseinandergezogen werden: Psalm 9–10 werden in der LXX zusammen als Psalm 9 gerechnet, sodass von da an die LXX-Zählung um 1 niedriger liegt als die des hebräischen Textes; die Psalmen 114–115 werden auch zu einem Psalm, nämlich Psalm 113 zusammengezogen, dann wird Psalm 116 aber in 2 Psalmen (Ps 114–115) geteilt, sodass bis zum Psalm 147 die Septuaginta weiterhin um 1 niedriger liegt; Psalm 147 findet sich schließlich wieder in 2 Psalmen aufgeteilt (Ps 146–147), sodass von dort bis zum Ende wieder alle Zählungen gleich laufen. Die Zähldifferenz wird in vielen Bibelausgaben durch Angaben in Klammern nebeneinander gestellt.

Gegenüber der Hebräischen Bibel weist die Septuaginta (s. S. 65) auch einige Bücher bzw. Buchteile mehr auf. Man ist lange Zeit davon ausgegangen, dass diese Schriften in der griechisch sprechenden jüdischen Diaspora in Griechisch verfasst worden seien und deshalb keinen Eingang in die Sammlung der hebräischen Heiligen Schriften in Jerusalem hätte finden können. Nun hat aber die Entdeckung der Schriftrollen in Qumran eine Reihe von *hebräischen* Textfassungen der bis dahin nur *griechisch* bekannten Bücher zutage gefördert, sodass heute für die Forschung in Bezug auf den Umfang der Sammlung viele Fragen neu zu klären sind. Doch es besteht kein Zweifel daran, dass das frühe Christentum die Bibel Israels über die griechische Übersetzung rezipierte und deshalb das Alte Testament in der etwas umfangreicheren Sammlung besitzt. Die in der Übersicht schnell zu erkennende unterschiedliche Anordnung zwischen Hebräischer Bibel und christlichem Alten Testament wird noch eigens zu behandeln sein. Begrifflich hat man die Differenz im Umfang des Kanons zwischen Hebräischer Bibel und Altem Testament dadurch eingefangen, dass man den inneren Kern des Kanons, wie er durch die Hebräische Bibel repräsentiert wird, als *protokanonisch* (griechisch: *protos* = erster) bezeichnet hat. Die darüber hinausgehenden Schriften der Septuaginta, die Bücher Tobit, Judit, 1/2 Makkabäer, das Buch der Weisheit, Jesus Sirach, Baruch sowie Teile der Bücher Ester und Daniel, hat man demgegenüber als *deuterokanonisch* (griechisch: *deuteros* = zweiter) bezeichnet. Die Unterschiede, die zwischen jüdischem und christlichem Kanon dadurch entstanden sind, haben sich dann aber mit der Reformation nochmals ins Christentum selbst übertragen: Martin Luther brachte den einzigartigen Stellenwert, den er der Heiligen Schrift für das Leben der Christen zumaß, auch dadurch zum Ausdruck, dass er das Alte Testament neu aus dem Hebräischen übersetzt hat und folglich nur die Bücher als kanonisch anerkannt hat, die sich im Kanon der Hebräischen Bibel befinden. Die übrigen Bücher des christlichen Kanons seiner Zeit bezeichnet er als *apokryph* – d. h. verborgen, geheim –, setzt sie aber dennoch als Anhang in seine Bibelausgabe mit der Erklärung, dass die *Apokryphen*, die oft auch „Spätschriften des Alten Testaments" genannt werden, Bücher seien „so der Heiligen Schrift nicht gleichgehalten und doch nützlich und gut zu lesen". Da im evangelischen Sprachgebrauch nun die katholisch *deuterokanonisch* genannten Bücher *apokryph* genannt werden, kommt es zu einer kleinen interkonfessionellen Sprachverwirrung. Denn als *apokryph* werden im katholischen Sprachgebrauch all die Bücher frühjüdischer und frühchristlicher Tradition bezeichnet, die keinen Eingang in den Kanon gefunden haben (z. B. das äthiopische Henochbuch, das Jubiläenbuch, die Himmelfahrt des Mose, das Leben Adams und Evas etc.). Diese Bücher wiederum werden in der evangelischen Terminologie als *Pseudepigraphen* bezeichnet. Dieser Begriff bezeichnet wörtlich die Verfasserangabe als „falsch" und will sagen, dass diese Schriften von anderen Verfassern stammen als sie vorgeben. Im ökumenischen Bibelgespräch kann es also zu Missverständnissen kommen, wenn der Begriff *apokryph* benutzt wird, weil die Protestanten damit die zusätzlichen Bücher aus der Septuaginta bezeichnen, während die Katholiken ihn auf die gesamte außerbiblische Literatur beziehen.

Trotz dieser Korrektur des Kanonumfangs haben Martin Luther und die reformatorische Tradition das Strukturprinzip der Christlichen Bibel im Alten Testament beibehalten. Im Verhältnis zwischen Hebräischer Bibel und Septuaginta in Bezug auf den Kanonumfang ist aber festzuhalten, dass Unterschiede allein den dritten Teil der Hebräischen Bibel, die so genannten „Schriften", betreffen. Für die Bereiche *Tora* und *Propheten* gibt es hingegen keine „Neuzugänge", obgleich wir aus den Qumran-Texten wissen, dass es in der Zeit des 2. bis 1. Jahrhunderts v. Chr. durchaus Bücher gegeben hat, die diesen „kanonischen" Charakter gehabt haben, wie z. B. die Tempelrolle aus Qumran oder auch die selbst mit prophetischem Offenbarungsanspruch verbundenen Kommentare aus Qumran zu Prophetenbüchern (*pesher* genannt). Um die kanonische Gültigkeit einzelner Bücher wird auch im Judentum noch längere Zeit gestritten (z. B. um Kohelet oder das Hohelied). Trotz alledem lässt die Randunschärfe im Bereich der *„Schriften"* keinen Zweifel am Phänomen der Kanonisierung der Hebräischen Bibel in vorchristlicher Zeit aufkommen. Sie ist sogar Voraussetzung für die Entstehung der Christlichen Bibel in ihren zwei Kanonteilen, dem Alten und dem Neuen Testament (s. u.). An dieser Stelle, wo es um die äußere Form der Bibel geht, muss man darauf hinweisen, dass die Schriften, die später das Neue Testament bilden, nicht in ähnlicher Weise *als Heilige Schrift* (Kanon) gewachsen sind, sondern dass sie als – sehr unterschiedliche – Zeugnisse der Christusereignisse gesammelt und – wie z. B. bei den Briefen des Paulus – teilweise unter den christlichen Gemeinden weitergegeben wurden, dann aber in einem eigenen Akt zum vorhandenen Kanon als Heilige Schrift hinzugenommen wurden. Die Zugehörigkeit und damit auch der Abschluss der Schriftensammlung, die zum Neuen Testament wurde, werden durch das Kriterium „Bezug zur Auferstehung Jesu Christi", das im „Tod des letzten Auferstehungszeugen" greifbar wird, fixiert. Dieses Kriterium lehnt sich deutlich an den (kanonischen) Abschluss der Tora durch die Erzählung vom Tod des Offenbarungsmittlers Mose in Dtn 34 an.

Die äußere Gestalt der Zusammenstellung, die die genannten Schriften als zweiter Kanonteil (s. u.) – Neues Testament genannt – dann erfahren haben, hält die fundamentalen Verstehensbedingungen, allem anderen voran die unaufgebbare Verbindung zum „Alten Testament", fest. Wie beim Kanonteil *„Propheten"* wird auch beim Neuen Testament durch Anfang und Ende eine hermeneutische Klammer gebildet, die in der das NT eröffnenden Genealogie von Mt 1 die

Offenbarungsgeschichte des AT rekapituliert und in Offb 22,6–21 einen „Schlussstein" setzt, der die ganze Bibel – AT und NT – zusammenhält (s. u.). Zwischen diesen *Eckpunkten* finden sich die insgesamt 27 Schriften des NT gruppiert:

Evangelium nach Matthäus	Mt
Evangelium nach Markus	Mk
Evangelium nach Lukas	Lk
Evangelium nach Johannes	Joh
Apostelgeschichte	Apg
Der Brief an die Römer	Röm
Der erste Brief an die Korinther	1 Kor
Der zweite Brief an die Korinther	2 Kor
Der Brief an die Galater	Gal
Der Brief an die Epheser	Eph
Der Brief an die Philipper	Phil
Der Brief an die Kolosser	Kol
Der erste Brief an die Thessalonicher	1 Thess
Der zweite Brief an die Thessalonicher	2 Thess
Der erste Brief an Timotheus	1 Tim
Der zweite Brief an Timotheus	2 Tim
Der Brief an Titus	Tit
Der Brief an Philemon	Phlm
Der Brief an die Hebräer	Hebr
Der Brief des Jakobus	Jak
Der erste Brief des Petrus	1 Petr
Der zweite Brief des Petrus	2 Petr
Der erste Brief des Johannes	1 Joh
Der zweite Brief des Johannes	2 Joh
Der dritte Brief des Johannes	3 Joh
Der Brief des Judas	Jud
Die Offenbarung des Johannes	Offb

Nun ist bis hier her schon mehrfach Begriff und Sache des *Kanons* der Bibel angesprochen worden, sodass eine nähere Klärung ansteht.

1.4 Das innere Wesen der Bibel – der Kanon

Der Begriff *Kanon* begegnet zur Bezeichnung der normativen Sammlung Heiliger Schriften erst bei den Kirchenvätern des 4. Jahrhunderts n. Chr., wenngleich das, was er bezeichnet, eine längere Vorgeschichte hat, die selbst wieder in dem Begriff zusammengefasst wird. Das griechische Wort *kanon* ist sprachlich zurückzuführen auf das hebräische Wort *qanäh*, das das Rohr als geraden Stab bzw. Messrute bezeichnet. Dies ist dann übertragen worden auf viele andere Bereiche (Architektur, Musik, Literatur, Recht etc.) zur Bezeichnung der maßgeblichen Norm, der vollendeten Gestalt, des Standards, der Harmonie, des Maßstabs, des Vorbildlichen u. ä. – und schließlich auch auf die Sammlung und die abgeschlossene Zusammenfassung der Bücher, die von der Gemeinschaft der Gläubigen als autoritativ und als normative Grundlage anerkannt werden.

Werden und Wachsen einer Heiligen Schrift

Lange Zeit hat die Forschung das Problem des biblischen Kanons als rein historische Frage nach Zeitpunkt und Anlass der Festlegung solcher Schriftensammlungen betrachtet, vor allem auch, weil man vom Gedanken einer Gremienentscheidung für oder gegen die Zugehörigkeit einzelner Bücher zum Kanon her dachte. Auf diesem Hintergrund erklärt sich auch die immer neue Suche nach den in den Quellen selbst nie genannten „Kriterien" der Kanonizität. Erst in jüngerer Zeit hat die Bibelwissenschaft entdeckt, dass das Phänomen des biblischen Kanons nicht auf die Festlegung eines bestimmten Umfangs dieser Sammlung reduziert werden darf. Erst, wenn die innere Motivation und Kraft erkannt wird, die zur Herausbildung des biblischen Kanons geführt hat, kann dieser in seiner theologischen Bedeutung wahrgenommen werden. B. S. Childs, einer der führenden Vertreter dieser Forschungen zum Kanon, hat immer wieder mit Nachdruck darauf hingewiesen, dass es bei der Frage nach dem Kanon um etwas geht, das tief in diesem Schrifttum selbst verwurzelt ist und nicht von außen herangetragen wird. Er unterscheidet deshalb zwischen der eigentlichen „Kanonisierung", die Abschluss und Abgrenzung einer Sammlung Heiliger Schriften meint, und einem „kanonischen Prozess", der die in der Sammlung, Fortschreibung und Bearbeitung von Schriften zum Ausdruck kommende Haltung bezeichnet, die erkennen lässt, dass eine Gemeinschaft solche Schriften als Ausdruck ihres eigenen Glaubenszeugnisses anerkennt. Verdeutlichen lassen sich diese beiden Aspekte, die zum biblischen Kanon gehören, durch die in der Bibel selbst belegte so genannte „Kanonformel", die in Variationen mehrfach in der Hebräischen Bibel vorkommt (vgl. Dtn 4,2; 13,1; Koh 3,14; Jer 26,2; Spr 30,6) und in zwei verschiedenen Aspekten auf die Sicherung des zu überliefernden Textes abzielt. In den beiden Aspekten der Kanonformel, „du sollst nichts weglassen!" und „du sollst nichts hinzufügen!", spiegeln sich die beiden genannten Aspekte des biblischen Kanons wider. Der kanonische Prozess ist durch Sammlung und Weitergabe charakterisiert, wobei Fortschreibung, Ergänzungen, Erklärungen, Aktualisierungen etc., also kurz gesagt Hinzufügungen, möglich, ja geradezu notwendig sind. Zu unterlassen ist in dieser Phase lediglich das „Weglassen". Ein solcher Prozess hätte natürlich niemals ein Ende finden müssen. Doch in der alttestamentlichen Überlieferung lässt sich ein Umschwung feststellen, der aus der Mitte des kanonischen Prozesses selbst hervorgeht. Vermutlich in der Zeit des Exils reift der Gedanke, dass Aktualisierungen, Fortschreibungen etc. auch und gerade durch Konzentration und Gewichtung der vorhandenen Überlieferung vollzogen werden können. Indem man dann beginnt, nichts Neues mehr „hinzuzufügen", sondern innerhalb der bestehenden Überlieferung zu markieren, was besonders wichtig ist, wie dieses sich im Verhältnis zu anderem Überlieferten verhält etc., kommt man einem

Abschluss der Gesamtüberlieferung immer näher und beginnt, anstelle von weiteren Fortschreibungen durch besondere Formen der Interpretation der vorliegenden Schriften deren Anspruch und Bedeutung für das Leben der Glaubensgemeinschaft darzulegen.

So kann der *Kanon* der Hebräischen Bibel langsam Gestalt annehmen. Dass es sich dabei um einen länger andauernden Prozess und nicht um eine Entscheidung irgendwelcher einflussreicher Vertreter oder Gruppen am Schreibtisch oder in einem Gremium gehandelt hat, lässt sich von den genannten Besonderheiten der drei Kanonteile her aufweisen. Innerjüdische und jüdisch-christliche Differenzen in Bezug auf die Zugehörigkeit einzelner Bücher zum biblischen Kanon betreffen allesamt lediglich Schriften, die zum dritten Kanonteil der Hebräischen Bibel gehören. Dies lässt sich leicht daher erklären, dass die Kanonisierung sich von diesen „Teilsammlungen" her vollzogen hat: Die Tora ist Ausgangspunkt und qualitativer Kern des Kanons als Offenbarung Gottes, die durch Mose vermittelt wurde. Ihr gegenüber stehen die „Propheten", die von ihrem Selbstverständnis her ebenso übermitteltes Gotteswort sind, das aber in Relation zur „Ur-Offenbarung" vom Sinai gesehen werden muss. Deshalb werden die *„Propheten"* von der Tora her kanonisiert. Bei den übrigen Schriften entsteht gewissermaßen der Druck zum Abschluss des Sammlungs- und Konservierungsprozesses, bevor sich ein einheitsbildendes Prinzip für die Zusammenfassung dieser Schriften herauskristallisiert hat, doch weisen auch die *„Schriften"* einen Tora-Bezug auf, der als Rahmen (vgl. Ps 1 – 2 Chr 35f) ihre Kanonisierung „beschließt".

1.5 Gotteswort in Menschenwort

Die behandelte Entstehung des *Kanons*, d. h. die Anerkennung der Bücher als *Heilige* Schrift, findet ihren Ausdruck darin, dass man diese Schrift als „Wort Gottes" charakterisiert. Doch gerade diese Formulierung macht nicht wenigen Menschen Schwierigkeiten, weil sie viele Inhalte der Bibel für allzu menschlich halten oder den Anspruch, dass Gott spreche, als anmaßend und ungerechtfertigt zurückweisen. Selbst Theologen scheinen diese Probleme zu haben, wie sich in den eigentümlichen Vorschlägen zeigt, den liturgischen Abschluss der Lesung durch Formeln wie „Wort Gottes" oder „Wort des lebendigen Gottes" nur dann zu benutzen, wenn es sich um Texte handelt, die diesen Hinweis als Selbstzeugnis enthalten, wie z. B. die prophetischen Texte durch ihr „so spricht der Herr" oder das einfache „Spruch des Herrn". Ein solcher Gebrauch würde aber den entsprechenden prophetischen Texten ebenso wenig gerecht, wie dem Gesamtanspruch der Bibel, „Wort Gottes" zu sein. Zur biblischen Formel „so spricht der Herr" u. ä. ist festzuhalten, dass sie ein wesentliches Gattungselement der prophetischen Rede ist und als solches auf das Selbstverständnis des Propheten als *berufener Rufer* hinweist und nicht auf die direkte Rede Gottes im Unterschied zur menschlichen Rede abzielt.

Die Schwierigkeit, wie das Verhältnis von Gott und Mensch bei der Entstehung der Heiligen Schrift zu erklären ist, wird durch die Rede von der *Bibel als Wort Gottes* besonders hervorgehoben: Die Bibel tritt uns nicht als Buch gegenüber, das lediglich schriftlicher Niederschlag (Protokoll) einer Rede Gottes wäre, sondern sie gibt selbst Zeugnis davon, dass *Menschen* hier geschrieben haben (so z. B. bei der Zuweisung des Pentateuch an Mose, oder den entsprechenden Büchern an die Propheten, oder der Psalmen an David – und ähnlich bei den Evangelien und Briefen des Neuen Testamentes), aber andere Menschen haben in diesen Worten und Schriften ihren Glauben gefunden, sind *Gott* begegnet, sodass sie das Menschenwort als Gottes Wort erfahren und verstehen konnten. Dieses Glaubenszeugnis halten nicht die einzelnen Schriften getrennt und losgelöst voneinander fest, sondern in ihrer Sammlung und Zusammenstellung als *Kanon*. Indem aus den *Schriften* eine *Heilige Schrift* wurde, lässt sich ablesen, dass Menschen hinter der klaren und nicht geleugneten Wirklichkeit der menschlichen Texte eine andere Wirklichkeit, nämlich die Gottes, durchscheinen sahen.

Wort Gottes für und von Menschen

Der übliche liturgische Rahmen für die biblischen Lesungen macht dies auch ganz deutlich, wenn zu Beginn das entsprechende biblische Buch genannt wird (z. B. *Lesung aus dem Buch Jesaja*) und zum Abschluss der Hinweis auf das Wort Gottes folgt (z. B. *Wort des lebendigen Gottes*). Die immer wieder zu hörende Kritik, die Bibel – oder zumindest einige Teile daraus (besonders im Alten Testament) – sei Menschenwort und kein Gotteswort, greift deshalb einfach nicht, weil niemand, weder die Bibel selbst, noch die kirchliche Tradition, behauptet, dass die Bibel Wort Gottes im Sinne menschlicher Worte sei. Gegen die missverständliche Vereinfachung, Gott habe in menschlicher Art und Weise mit menschlicher Sprache gesprochen, wendet sich schon das Zweite Vatikanische Konzil, wenn es darauf hinweist, dass es nur eine *Ähnlichkeit* zwischen dem durch Menschenzunge formulierten *Wort Gottes*, also der Bibel, und der üblichen menschlichen Rede gibt (zu Dei Verbum [DV] 13 s. u.). Im selben Kontext betont das Konzil aber auch noch einmal die kirchliche Lehre von der untrennbaren Einheit der Heiligen Schrift des Alten und Neuen Testamentes dadurch, dass beide in Bezug auf ihren besonderen Charakter, Gotteswort in Menschenwort zu sein, zusammengebunden werden. Dieser Gedanke vom „Gotteswort im Menschenwort" bestimmt grundlegend jüdisches und christliches Offenbarungsverständnis. Im christlichen Kontext lässt sich dies zudem nicht vom Gedanken der Menschwerdung trennen, wie es auch das Zweite Vatikanische Konzil formuliert hat: „*Denn Gottes Worte, durch Menschenzunge ausge-*

drückt, sind menschlicher Rede ähnlich geworden, wie einst des Ewigen Vaters Wort durch die Annahme des Fleisches menschlicher Schwachheit den Menschen ähnlich geworden ist" (DV 13). Die jüdische Tradition hebt den Gedanken stärker hervor, dass die Offenbarung vom Menschen *verstanden* werden könne, weil Gott sich in der Tora auf die Bedingungen des Menschen herabgelassen habe. So heißt es im Talmud prägnant: *„dibbra tora kilschon bene 'adam"* (= die Tora spricht die Sprache der Menschen).

Auf diesem Hintergrund sind die erwähnten ein- und ausleitenden Formeln bei der Verkündigung der biblischen Lesungstexte als einander ergänzende, das Gotteswort im Menschenwort deutende, unaufgebbar; triviale Formeln wie „Worte der Lesung" zerstören demgegenüber den Zugang zum Wesen der liturgischen Schriftlesung.

Die Konzilskonstitution über die Offenbarung (Dei Verbum) begründet dieses Verständnis der Heiligen Schrift, wenn sie formuliert: „Denn die heilige Mutter Kirche hält aufgrund apostolischen Glaubens die Bücher sowohl des Alten wie des Neuen Testaments in ihrer Ganzheit mit all ihren Teilen für heilig und kanonisch, (und zwar) deswegen, weil sie, auf Eingebung des Heiligen Geistes geschrieben, Gott zum Urheber haben und als solche der Kirche selbst übergeben worden sind" (DV 11).

Der Konzilstext macht zwar den Gedanken der Zugehörigkeit zur Heiligen Schrift für Altes Testament und Neues Testament in gleicher Weise am Gedanken der *Inspiration* fest, die sich auf das besagte Zusammenwirken von Gott und Menschen bezieht, er lässt jedoch offen, wie die Schriftinspiration zu denken ist. Alle Versuche, den Gedanken der Inspiration der Heiligen Schrift unmittelbar und ausschließlich am Text selbst entweder in absoluter Form als direkt von Gott eingegebener Worte oder in relativer Form als Wirkungen eines inspirierten Verfassers festzumachen, haben im Laufe der Kirchen- und Theologiegeschichte immer wieder zu Problemen und Auseinandersetzungen geführt, die sich besonders in der Auseinandersetzung mit naturwissenschaftlichen Aussagen beim Problem der Irrtumslosigkeit (*Inerranz*) dieser Schrift göttlichen Ursprungs zugespitzt haben. Die verschiedenen Möglichkeiten, Schriftinspiration zu erklären und zu verstehen, finden sich im Laufe der Zeit in teils modifizierten Ansätzen immer wieder.

Inspirierter Text oder beauftragter Autor?

Die Theorie der *Verbalinspiration*, die davon ausgeht, dass Gott der Urheber (*auctor*) der Heiligen Schrift sei, der den menschlichen Verfasser (*scriptor*) nur als Werkzeug benutzt habe, begegnet von der Zeit der Kirchenväter an in wechselndem Gewand (z. B. in radikalen Theorien der nachreformatorischen Zeit, die diese Form der Inspiration gegen die masoretische Tradition und Intention sogar auf die Vokalzeichen des hebräischen Bibeltextes beziehen, oder auch in modernen Fundamentalismen verschiedenster Art). Die diesem Ansatz entgegengesetzte Theorie der *Realinspiration* setzt demgegenüber bei der menschlichen Verfasserschaft der biblischen Texte an und geht von einer nachträglichen göttlichen Bestätigung (*inspiratio subsequens*) oder Bewahrung vor Irrtümern (*inspiratio concomitans*) durch den Heiligen Geist aus. Erst als verschiedene Aussagen der Bibel als (naturwissenschaftlich) „falsch" erkannt und seitdem aus ihrem zeit- und kulturgeschichtlichen Kontext erklärt werden, wird die Irrtumslosigkeit der Schrift im Zusammenhang mit dem Gedanken der Realinspiration auf theologische Lehraussagen, so genannte Heilswahrheiten, reduziert. Von diesen Verstehensmodellen der Verbal- und Realinspiration lässt sich schließlich auch noch die Theorie der *Personalinspiration* unterscheiden. Sie setzt radikal beim menschlichen Verfasser der Schrift an und redet von Schriftinspiration nur insofern, als die Verfasser der Heiligen Schrift das Glaubensbewusstsein einer Gemeinde repräsentieren, d. h. maßgebende Zeugen dieser Gemeinde sind. Hier deutet sich bereits das an, was in jüngeren Theorien in den Mittelpunkt rückt: die stärkere Berücksichtigung der Glaubensgemeinschaft zum Verstehen des Gedankens der Schriftinspiration. Den entscheidenden Schritt in derart ekklesiologische oder soziologische Erklärungen des Phänomens der Schriftinspiration hat der Theologe Karl Rahner 1958 mit seinem Buch „Über die Schriftinspiration" getan. Er knüpft an die in diesem Zusammenhang seit der Scholastik klassisch gewordene Frage nach dem Verhältnis zweier Ursachen (Gott und Mensch) für eine einzige Wirkung (Heilige Schrift) an, die schon Thomas von Aquin durch seine Unterscheidung von Gott als Hauptverfasser (*auctor principalis*) und dem Menschen als „werkzeuglichem" Verfasser (*auctor instrumentalis*) zu erklären suchte. Er verbindet diese Frage mit dem Problem der Kirchenstiftung, sodass für ihn in diesem Zusammenhang der Glaube der Urkirche als bleibender Grund und verbindliche Norm der Kirche Ausgangspunkt der Bestimmung dessen wird, was Schriftinspiration ausmacht. Gott ist für ihn im strengsten Sinne des Wortes Urheber der Heiligen Schrift, insofern er die Urkirche als normative Größe für alle folgenden Zeiten gewollt hat und die Objektivierung der Urkirche als Norm durch ihre schriftlichen Zeugnisse geschehen ist. Dieser Ansatz von Karl Rahner ist durch das Zweite Vatikanische Konzil und in der Folgezeit aufgenommen und vielfach rezipiert und modifiziert worden. Dabei ist auch immer wieder darauf hingewiesen worden, dass in Rahners Verständnis von Schriftinspiration das Alte Testament ein Schattendasein führt.

Der französische Theologe Pierre Grelot hat den ekklesiologischen Ansatz aufgenommen und an diesem Punkt zu einer umfassenden Soziologie der Schriftinspiration weiter entfaltet, bei der die Inspiration der alttestamentlichen Schriften in Parallele zu der der neutestamentlichen Schriften verstanden wird. Grelot geht von der konkreten Gemeinschaft – Israel oder Urkirche – aus, nimmt vorab Aussagen zu menschlichen Verfassern in der Schrift (z. B. bei den Prophetenbüchern oder den Psalmen Davids oder den Evangelisten) selbst wahr und ernst und berücksichtigt ebenso die in der Bibel erwähnten verschiedenen Dienste des Wortes (z. B. Lehre, Verkündigung). Es ist die auf Dauer angelegte Funktion der verschiedenen Dienste am Wort, durch die ihr charismatischer Grund durchscheint, und so fasst Grelot zusammen, dass die Schriftinspiration in der besonderen Anwendung der besonderen Geistesgaben der Gemeinde bzw. Gemeinschaft zu ihrem Aufbau besteht. Einen solchen Begriff der Schriftinspiration kann man problemlos auf das Gottesvolk Israel anwenden, weil die Anerkennung und der Gebrauch der Bücher durch die Gemeinde gegeben sind, die den Glauben wahrt und artikuliert. Ein solch umfassender Ansatz zur Erklärung der Schriftinspiration macht deutlich, dass der *Prozess* der Entstehung und produktiven Rezeption für die Heilige Schrift konstitutiv ist und letztlich in der Glaubensgemeinschaft gründet, die ihre Glaubenserfahrungen in überkommenen Texten wiederfindet und dann auch in neuen Texten ausdrückt oder in durch Fortschreibung aktualisierten Texten darstellen will. Wenn in dieser Form die Glaubensgemeinschaft vor allem als Rezeptionsgemeinschaft in den Mittelpunkt des Verständnisses von Schriftinspiration gerückt wird, dann entspricht dies auch der Neuorientierung, die – von der Literaturwissenschaft ausgehend – viele Bereiche der Theologie erreicht hat und mit dem Stichwort *Rezeptionsforschung* charakterisiert wird. Solche Ansätze, die vom kommunikationswissenschaftlichen Hintergrund der Rezeptionsgeschichte her Inspiration zu verstehen suchen, heben die Bedeutung der Glaubensgemeinschaft im Prozess der Textproduktion und Rezeption noch einmal deutlich hervor und veranschaulichen, was B. S. Childs in Bezug auf den kanonischen Prozess formuliert hat, dass es sich nämlich beim Kanon um ein tief im Schrifttum selbst wurzelndes Bewusstsein handelt (s. o.).

Zusammenfassend kann man sagen, dass Schriftinspiration nach diesem Verständnis eingebettet ist in den Kontext einer konkreten Gemeinschaft (Israel oder Kirche), die ihren Ursprung im Willen Gottes hat, sodass Schriftinspiration ein Moment der *Gemeindegründung* (Erwählung Israels oder Kirchenstiftung) ist. Daraus folgt, dass die Offenbarung über die Inspiration einer bestimmten Schrift dadurch ergeht, dass diese Schrift als Lebensvollzug der Glaubensgemeinschaft entsteht und in dieser Glaubensgemeinschaft (produktiv) rezipiert wird. Diese spezifische Form der Rezeption, die zutage fördert, was Inspiration aussagen will, stellt zugleich den Ausgangspunkt des *kanonischen Prozesses* dar, sodass letztendlich Inspiration und Kanon dieselbe Wurzel haben und *untrennbar* miteinander verbunden sind.

Inspiration und damit *kanonische Anerkennung* sind aber nur über die Rezeption in der Glaubensgemeinschaft greifbar, d. h. sie sind für spätere Generationen nur aus der *Wirkung der Schrift* einerseits im Lebens- und Glaubensvollzug der Gemeinschaft, andererseits in der sich herausbildenden Schriftensammlung einer Heiligen Schrift erkennbar.

Für das Christentum lassen sich daraus zwei wichtige Konsequenzen ableiten. Die erste betrifft die Auslegung und damit das Verstehen der Heiligen Schrift. Wenn das, was Inspiration der Schrift ausmacht, an/aus der Schriftensammlung, dem biblischen Kanon, abzulesen ist, weil diese das verbindliche Zeugnis der Glaubensgemeinschaft ist, dann kann der *Wort-Gottes-Charakter* der Heiligen Schrift nur unter Berücksichtigung der erwähnten Besonderheiten der einen Schrift in zwei Teilen wahrgenommen werden. Die zweite Konsequenz betrifft das Selbstverständnis des Christentums. Das erwähnte Wechselverhältnis zwischen Schriftensammlung und Glaubensgemeinschaft bedeutet für das Christentum, dass es sich selbst als *rezipierende Gemeinschaft* verstehen muss. Das hat die frühe Kirche auch ganz deutlich getan, insofern sie auf der Basis des verbindlichen Glaubenszeugnisses der Bibel Israels begründet wurde und gelebt hat; und allein deswegen auch Jesus als den Christus verkünden konnte. So gibt es für das Christentum keine Möglichkeit, vom Wort Gottes oder der Heiligen Schrift in Bezug auf das Neue Testament unter Absehung des Alten Testamentes zu sprechen.

2 Das Verstehen der christlichen Bibel Alten und Neuen Testaments

2.1 Der Ursprung der zweieinen Bibel im Christentum

Sehr früh schon haben die Christen damit begonnen, ihre Christusverkündigung nicht nur mündlich weiterzugeben, sondern auch schriftlich zu fixieren. Gleichwohl geschah dies nicht in der Weise, dass die frühen Christen diese Verkündigung als „Heilige Schrift" konzipiert hätten, sondern diese Verkündigung ging von der anerkannten einzigen Heiligen Schrift, der Bibel Israels, aus, wie es in der Kurzform des angesprochenen Grundbekenntnisses „Jesus (ist der) Christus" deutlich wird.

Eine Bibel für Juden und Christen?

Fragt man nun danach, wann, wie und warum es zur zweigeteilten christlichen Bibel (AT + NT) gekommen ist bzw. was dazu geführt hat, dass die Christusverkündigung selbst zur vorhandenen Heiligen Schrift hinzugefügt wurde, dann stößt man auf einen der bekanntesten Häretiker der frühen Kirche, nämlich auf Markion. Dieser Theologe des 2. Jahrhunderts hat nicht das „Alte Testament" als Altes Testament verworfen, wie es nach ihm benannte spätere Tendenzen (Markionismus) in der Kirche immer wieder versuchten, denn ein Altes Testament gab es zu seiner Zeit noch nicht. Markion ging es auch in erster Linie gar nicht um die Bibel Israels im Christentum – also um das spätere Alte Testament. Aus seinem hellenistisch-gnostischen Verständnis heraus unterschied er dualistisch zwischen zwei verschiedenen Göttern mit je eigenen Werken: dem Schöpfergott auf der einen Seite, der die von ihm geschaffene Welt durch sein Gesetz beherrsche, welches sich in der Bibel Israels niedergeschlagen habe, und dem *fremden Gott* (da kein anderer Name bekannt) auf der anderen Seite, der ausschließlich ein guter Gott sei und sich in seiner erbarmenden Güte in Jesus Christus geoffenbart habe. In gewisser Weise führt dieser radikale Dualismus Markions die paulinische Dialektik von Gesetz und Evangelium einseitig weiter, insofern bei Markion die bei Paulus in dialektischer Spannung stehenden Pole zu unvereinbaren Gegensätzen werden. Von seinem Ansatz her ist es dann konsequent und logisch, dass die Bibel Israels für den christlichen Glauben abgelehnt werden muss. Denn sie zeugt vom Schöpfergott und nicht von dem Gott, den Jesus in seiner Verkündigung bezeugt habe.

Doch nicht nur die Übernahme und Anerkennung der Bibel Israels durch die Christen ist für Markion problematisch, sondern auch die in der frühen Kirche immer wichtiger werdende christlich-prophetische Interpretation dieser Schriften. Folglich kann für Markion die Trennung von der Bibel Israels nicht ausreichen, vielmehr muss auch die Christusbotschaft von allen Verbindungen zu ihr gereinigt und gelöst werden, und das umschließt auch alle Methoden, die in der frühen Kirche die Kontinuität zwischen der Bibel Israels und dem Christusgeschehen dadurch herstellen wollen, dass allegorisch oder typologisch ausgelegt wird.

Markion bleibt allerdings nicht bei dieser negativen Abgrenzung stehen, sondern geht noch einen Schritt weiter, indem er einen verbindlichen Kanon von Schriften festlegt. Dazu gehören im oben genannten Sinne von „gereinigten Schriften" 10 Paulusbriefe (Gal, 1 Kor, 2 Kor, Röm, 1 Thess, 2 Thess, Eph, Kol, Phil, Phlm) und das ebenso „gereinigte" Lukasevangelium. Mit diesem „Kanon" bestätigt Markion indirekt Geltung und Autorität der Bibel Israels in der frühen Kirche, denn sein Kanon ist nicht durch Reduktion eines vorliegenden neutestamentlichen oder gar alt- und neutestamentlichen Kanons zustande gekommen. Vielmehr stellte Markion *seine eigene Bibel* als verbindliche Urkunde erstmals zusammen. Die Idee einer solchen verbindlichen

Urkunde übernimmt er von der vorliegenden Heiligen Schrift des Judentums. Markions Bibel beansprucht somit, an die Stelle der Bibel Israels für die Christen zu treten. Der kühne Vorstoß, die Bibel Israels, die einzige Heilige Schrift des frühen Christentums, durch einen Kanon von Schriften zu ersetzen, die die Christusbotschaft beinhalten und betreffen, hat die Kirche dazu gedrängt, ihr eigenes Verhältnis zur Bibel Israels in Verbindung mit der mündlichen und schriftlichen Christusverkündigung zu klären. Wir wissen leider nichts über die entsprechenden Diskussionen in der Kirche, aber uns ist das Ergebnis bekannt. Es liegt in der zweieinen Bibel aus Altem und Neuem Testament vor.

Die Kirche folgte Markion zwar darin, dass sie die Zeugnisse der Christusbotschaft – das spätere Neue Testament – als Heilige Schrift anerkannt hat, gleichwohl ist diese Anerkennung für sie in absoluter Entgegensetzung zu Markion nur in der Verbindung mit der Bibel Israels und nicht losgelöst von ihr denkbar. Die Kirche unterstreicht somit in der zweigeteilten Heiligen Schrift von Altem und Neuem Testament, dass sie den Juden Jesus von Nazaret nur aus der Einheit und Einzigkeit des Gottes heraus verstehen und verkündigen kann, der sich Israel schon offenbart hat. Dieser Gott, so die Antwort der Kirche auf Markions Vorstoß, ist es auch, der sich in und durch Jesus offenbart. Die eine Heilige Schrift der Christen in zwei Teilen hält diesen Glauben an den Gott Israels, den Schöpfer der Welt, den Jesus bezeugt und verkündigt hat, für alle Zeiten unaufgebbar und unumstößlich fest.

Das Bekenntnis zum einen und einzigen Gott

Die christliche Bibel aus Altem und Neuem Testament legt also zuerst einmal ein theologisches Bekenntnis ab: Es ist ein und derselbe Gott, der Israel erwählt und sich Israel offenbart hat und der sich sodann in Jesus, dem Messias/Christus offenbart hat.

Die Antwort auf Markion, wie sie die frühe Kirche in der *einen* Schrift aus *zwei* Teilen vorgelegt hat, hat eine Konsequenz. Markion gilt seither der Kirche als „Häretiker". Das zugrunde liegende griechische Wort bedeutet „auswählen, bevorzugen". Erst durch den spezifisch christlichen Gebrauch bekommt das Wort einen negativen Unterton im Sinne von „leugnen". Im Fall Markion ist der Bedeutungswandel und das damit begründete Verständnis von Häresie noch gut greifbar. Markion wählt aus. Er bevorzugt lediglich einen Teil der für das Christentum konstitutiven Überlieferung. Da man sich in der frühen Kirche noch bewusst war, dass die Botschaft von Jesus dem Christus nur aus dem Ganzen der Offenbarung Gottes heraus verkündigt und verstanden werden kann, hat man auch gesehen, dass eine Auswahl und eine Bevorzugung innerhalb dieses Ganzen zur Leugnung des tragenden Fundamentes führen muss. Das Häresieproblem ist am Anfang ein Problem der Halbwahrheit, dies wird bei Markion ganz deutlich; und die halbe Wahrheit, so ein jüdisches Sprichwort, ist die gefährlichste Lüge, weil sie nicht auf etwas Falschem der Aussage beruht, sondern sich die Wahrheit selbst, als verkürzte und reduzierte, zu Diensten macht, und weil man sie deshalb nicht entlarven kann, indem man sie ihrer Falschheit überführt, also durch eine Richtigstellung, sondern nur durch Ergänzungen, Auffüllungen und Vervollständigung zur ganzen Wahrheit. Gegenüber jeder bewussten Falschaussage ist die Reduktion der Wahrheit, das Verschweigen des Ganzen, juristisch und moralisch kaum oder nur schwer zu greifen.

Die Kirche hat zwar Markions Vorstoß abgelehnt und hat, indem sie sein Ansinnen einer christlichen Bibel ohne die Bibel Israels als Häresie verworfen hat, die Notwendigkeit der Verbindung zwischen Christentum und Judentum festgehalten. Aber sie hat es unterlassen, positiv ein Verständnis der Besonderheit ihrer zweigeteilten Einheit der Heiligen Schrift Alten und Neuen Testaments in ihrer (Glaubens-) Lehre zu formulieren. Deshalb konnte es im Laufe der Kirchengeschichte immer wieder zu Tendenzen kommen, die als Markionismus bezeichnet wurden, die aber anders als Markion selbst den dann schon als Altes Testament bekannten ersten Schriftteil der christlichen Bibel ablehnten bzw. mit unterschiedlichen Argumenten zu entwerten oder zu verwerfen suchten.

2.2 Die Bibel Israels als TaNaK oder Altes Testament

Kann man von Markion her nachvollziehen und verstehen, warum die Kirche die Schriften der Christusverkündigung zur ihr vorliegenden Heiligen Schrift, der Bibel Israels, hinzufügt, so stellt sich nun für das Verständnis dieser „neuen" Bibelausgabe die Frage, warum die Christen die Bibel Israels nicht einfach um diese Schriften erweiterten, um so eine neue christliche Bibel hervorzubringen, sondern die komplexe und komplizierte Konzeption einer zweigeteilten Einheit wählten. Die Antwort auf diese Frage findet man im Rückblick auf die Entstehung bzw. Konstituierung des biblischen Kanons, d.h. der Schriftensammlung der Bibel Israels. Es wurde schon beschrieben, wie die Bibel Israels über die Teilsammlungen von *Tora, Propheten* und *Schriften* gewachsen ist.

Die Gegenüberstellung der dreigliedrigen TaNaK-Struktur der Hebräischen Bibel und des Alten Testamentes (s. die Übersicht auf S. 16f) lässt noch erkennen, dass im christlichen Alten Testament nicht, wie oft gemutmaßt, die Propheten ans Ende – und damit näher ans Neue Testament – gerückt worden sind, sondern dass an Stelle eines dritten Kanonteils die (späteren) „Schriften" in den zweiten Teil, nämlich die Propheten, eingeordnet worden sind. Auszugehen ist nämlich von einer ursprünglichen Zweierstruktur von „Tora-Propheten", wie sie auch noch in der im Neuen Testament zu findenden Bibelbezeichnung „Gesetz/Mose und Propheten" belegt ist. Abgesehen von kleinen Umstellungen bzw. Einordnungen z. B. beim Buch Rut geschieht die Einfügung insgesamt zwischen die Teile „frühe/vordere Propheten" und „späte/hintere Propheten" (s. o.). Diese Kompositionsstruktur einer erweiterten Zweigliedrigkeit von Tora und Propheten ist aber nicht auf die christliche Gestalt des Alten Testaments zurückzuführen, sondern geht wohl schon auf die Tradition der (jüdischen) Übersetzung der Hebräischen Bibel ins Griechische (Septuaginta) zurück.

Die Tora-Propheten-Bibel

Ausgehend von dem zweigeteilten Kanon (*Tora-Propheten*) ist das Wachstum des Kanons in unterschiedlichen Gruppen bzw. Glaubensgemeinschaften verschieden verlaufen. Der Weg eines dritten Kanonteils, der als TaNaK Grundlage des pharisäisch-rabbinischen Judentums wurde, ist nur eine mögliche Fortführung des zweigeteilten Kanons. Die Struktur, die dem Alten Testament zugrunde liegt, muss im Kontext der Septuagintatradition als eine andere Möglichkeit betrachtet werden, die als innere Erweiterung der älteren Zweiteilung zu verstehen ist. Dass eine solche Kanonstruktur mit einem übermächtigen „Propheten-Teil" dem Christentum entgegenkommt, liegt auf der Hand, denn sie unterstreicht die prophetisch-eschatologische Perspektive, unter der das Christentum die Bibel Israels wahrnimmt. Sie sollte schließlich auch zur umfassenden Perspektive des Alten Testamentes im Christentum werden. Dies gilt nicht nur aufgrund der Erweiterung des Schriftenteils „*Propheten*" und des damit einhergehenden Übergewichtes gegenüber der Tora. Die Unvergleichlichkeitsaussage in Bezug auf Mose am Ende der Tora in Dtn 34,10, die ursprünglich den Vorrang der Tora (Mose) vor den „Propheten" sicherstellte, kann nämlich auch umgekehrt in der Weise gelesen werden, dass Mose der größte Prophet aller Zeiten ist und somit die Tora (Mose) selbst prophetisch rezipiert werden kann (Dtn 34,10–12, s. o., S. 19 f).

Diese Auffassung, die gesamte Bibel Israels als Prophetie zu verstehen, spiegelt sich dort in neutestamentlichen Schriften wider, wo generalisierend von „Propheten" gesprochen wird, aber das ganze Alte Testament gemeint ist. So wird Hebr 1,1 formuliert: «Viele Male und auf vielerlei Weise hat Gott einst zu den Vätern gesprochen durch die Propheten». Paulus beschreibt zu Beginn des Römerbriefes sein Evangelium als Wort, «das er (Gott) durch seine Propheten im Voraus verheißen hat in den Heiligen Schriften» (Röm 1,2). Matthäus kann bei seinen vielfältigen Hinweisen auf die Schrift über Nazaret als Wohnort Jesu generell sagen: «Denn es sollte sich erfüllen, was durch die Propheten gesagt worden ist» (Mt 2,23).

Aus den genannten Beobachtungen lässt sich etwas vereinfacht die verschiedene Struktur von TaNaK und Altem Testament auf eine je eigene Rezeption der vorausgehenden bzw. vorgegebenen *Tora-Propheten-Schrift* zurückführen: Der TaNaK mit seinem dritten Kanonteil bleibt ganz deutlich an der Tora als Ausgangspunkt und Grundlage der ganzen Schrift orientiert, denn sowohl die Propheten als auch die Schriften werden von der Tora her und in Bezug auf sie gelesen und verstanden, so als stünden sie parallel nebeneinander, wie die identischen Formulierungen in Jos 1,7–8 und Ps 1,1–2 zeigen.

Demgegenüber bildet die Prophetie den Ausgangspunkt der Rezeptionslinie, die im späteren Alten Testament greifbar wird. Aus der Wirkungsgeschichte wird deutlich, dass die zu Beginn des 2. Jahrhunderts v. Chr. vorliegende Bibel aus Tora und Propheten sowohl von ihrem einen bzw. anderen Ende her rezipiert werden kann und so später auch rezipiert worden ist. Es ergibt sich also eine *Tora-Perspektive* auf der einen Seite und eine *Propheten-Perspektive* auf der anderen Seite. Damit deutet sich nochmals an, dass dieselben Texte unterschiedlich gelesen und verstanden werden können.

In der zweiteiligen Kanonstruktur der Bibel Israels (Tora-

Propheten) liegt der Schlüssel zum Verständnis der zwei-einen christlichen Bibel aus Altem und Neuem Testament. Es ist nämlich nicht von der Hand zu weisen, dass das Modell für die *eine* Schrift in *zwei* Teilen keine christliche Erfindung ist, sondern eine Nachbildung der Struktur der *Tora-Propheten-Schrift*. Die innere Kanongrenze zwischen Tora und Propheten stellt den Ort der hermeneutischen Weichenstellung für das Gesamtverständnis dieser Schrift dar. Der Hinweis, dass es keinen größeren Propheten als Mose geben werde, muss man als Leseanweisung verstehen, die sicherstellt, dass die Propheten von der Tora her gelesen werden (auch dann, wenn im Kontext der beschriebenen Propheten-Perspektive die Tora prophetisch rezipiert wird), sodass deren Position zu Anfang der Schrift auch ihren Vor-rang sicherstellt. Das kontinuierliche Studium der Mose-Tora des Josua (Jos 1,7 ff) ist ein deutendes Zeichen und ein beredtes Beispiel für den Beginn der *„Propheten"*.

Darüber hinaus steht die zweieine christliche Bibel für das Bekenntnis zur Einheit und Einzigkeit Gottes (s. o.). Dieser Gedanke ist aber auch schon prägend für die Komposition der *Tora-Propheten-Schrift* gewesen. Die Bibel Israels gilt dem frühen Christentum uneingeschränkt als die Heilige Schrift, nicht zuletzt aus der Einsicht, dass die Christusver-kündigung nur von dieser Schrift her geschehen kann.

In und durch die Schrift hält die frühe Kirche also fest, dass Gott sich nicht nur – und vor allem nicht zuerst – in Jesus Christus offenbarte, sondern dass er sich zuerst Israel und dann erst in Israel durch Jesus Christus der Welt offen-bart hat. Auf die Heilige Schrift bezogen bedeutet das, dass der Bibel Israels im Christentum eine zeitliche und theolo-gische Vorrangstellung zukommt, die man als das *„Prae"* der Bibel Israels bezeichnen kann. Diese „Vorrangstellung" der Bibel Israels als Altes Testament in der christlichen Bibel, das *„Prae"* der Bibel Israels in der *„Prae-Position"* des Alten Tes-tamentes in der zweigeteilten christlichen Bibel, schreibt das Christentum auch in der Korrelation – nicht Opposition –

der Begriffe „*alt – neu*" (AT – NT) fest. Aus dem Anordnungsprinzip, dass die „Christusbücher" als Neues Testament der Bibel Israels als Altes Testament im Sinne eines zweiten Kanonteils angefügt werden, ergibt sich eine sachlich notwendige Leserichtung – vom Alten zum Neuen Testament –, die auch die Interpretationsrichtung festlegt. Von der Antike bis heute kann man bei redaktionell zusammengestellten Texten dieses Grundprinzip immer wieder feststellen, dass das Vorangestellte zum Verstehensschlüssel des Nachfolgenden wird, d. h. dass die Leserichtung der Interpretationsrichtung entspricht, wobei bei der redaktionellen Zusammenfügung jüngere und ältere Teile in der Position – je nach beabsichtigter Interpretation – durchaus wechseln können. Die Konsequenz, die sich daraus entwickelt, ist, dass das Neue Testament im Lichte des Alten Testaments zu lesen ist. Kanonische Anordnung und Terminologie untermauern diese Forderung. Die angesprochene und skizzierte *Prae-Position* des Alten Testaments in der christlichen zweigeteilten Bibel bestimmt das noch näher zu beschreibende Verständnis der ganzen christlichen Bibel, insofern sie das *Prae* der Bibel Israels festschreibt, wie es auch die vom Christentum verwendete Terminologie von „Altem Testament" und „Neuem Testament" fixiert.

2.3 Das Alte im Neuen – das Neue im Alten

Gegen das übliche und weit verbreitete Missverständnis, dass das Alte das Überholte, das Neue das Gültige bezeichnet, was Christen allzu oft auf das Verständnis des „Alten Testamentes" übertragen haben, ist es wichtig, den biblischen Hintergrund der vom Christentum verwendeten Terminologie zu beleuchten. Im Zusammenhang der großen Verheißung des so genannten Trostbuches im Jeremiabuch (Jer 30–33) findet sich in Jer 31,31 der Hinweis auf einen neuen Bund:

«Seht, es werden Tage kommen – Spruch des Herrn –, in denen ich mit dem Haus Israel und dem Haus Juda einen neuen Bund schließen werde, nicht wie der Bund war, den ich mit ihren Vätern geschlossen habe, als ich sie bei der Hand nahm, um sie aus Ägypten herauszuführen. Diesen meinen Bund haben sie gebrochen, obwohl ich ihr Gebieter war – Spruch des Herrn. Denn das wird der Bund sein, den ich nach diesen Tagen mit dem Hause Israel schließe – Spruch des Herrn: Ich lege mein Gesetz in sie hinein und schreibe es auf ihr Herz. Ich werde ihr Gott sein und sie werden mein Volk sein. Keiner wird mehr den anderen belehren, man wird nicht zueinander sagen: Erkennt den Herrn!, sondern sie alle, Klein und Groß, werden mich erkennen – Spruch des Herrn. Denn ich verzeihe ihnen die Schuld, an ihre Sünde denke ich nicht mehr» (Jer 31,31–34).

Das Alte ist immer neu

Für uns Christen, die wir den Begriff des „Neuen Bundes" – ausgehend von der Bezeichnung des zweiten Teils der christlichen Bibel – zum Inbegriff unseres eigenen Selbstverständnisses gemacht haben, ist bei diesem Text vor allem zu beachten, dass er sich an das Volk Israel wendet, mit dem Gott diesen neuen Bund schließen will. Folglich beendet der „Neue Bund" nicht den Bund mit Israel vom Sinai; vielmehr zeigt der Kontext die Kontinuität zum früheren ganz deutlich dadurch an, dass die tragende Land- und Volks- bzw. Mehrungsverheißung zuvor bestätigt werden (vgl. Jer 30,3 und Jer 31,27f). Dass der Bund von Israel gebrochen wurde, wie es der Text Jer 31,32 sagt, bedeutet ja noch nicht, dass er beendet worden ist und nicht mehr existiert. Ebenso wenig wie ein Vertrag oder auch eine Ehe durch den Bruch eines Partners beendet werden kann, kann der Sinaibund als nicht mehr existent betrachtet werden. Die wichtigsten Elemente dieses Bundes bleiben konstant: Es wird weiterhin vom „Bund" gesprochen, der wie schon der Sinai-Bund Israel uneingeschränkt gilt, und schließlich geht es um Gottes Tora, seine Weisung, die er Israel („dem Haus Israel und dem Haus Juda") wie schon am Sinai geben will. Diese Fortset-

zung und Kontinuität bestätigt auch die Rede vom „Neuen"
Bund; denn im Hebräischen verbindet sich mit dem Begriff
des Neuen nicht das „ganz Andere" oder ein „Nie-Dagewe-
senes", wie im Deutschen. Im Begriff des Neuen kommt im
biblischen Sprachgebrauch vielmehr die Beständigkeit zum
Ausdruck. Wortverwandt mit dem Ausdruck „neu" ist im
Hebräischen das Wort für „Mond/Monat", welches bestän-
dige Wiederkehr zum Inhalt hat. Der Ankündigung vom
„Neuen Bund" im Jeremia-Buch geht es also nicht darum,
dass Gott einmal diesen Bund und ein anderes Mal jenen
(einen neuen) anbietet und schließen würde, sondern darum,
dass Gott seinen Bund mit seinem Volk in neuer Weise gibt,
weil Gott treu zu seiner Zusage steht.

Ähnliche Gedanken äußert Paulus im zweiten Korintherbrief, an der Stelle des Neuen Testamentes, wo entsprechend
vom Alten Bund (Alten Testament) gesprochen wird. Bei
seiner Darlegung des christlichen Glaubens greift Paulus
vielfach und vielfältig auf Texte, Bilder und Vorstellungen
der Bibel Israels zurück, um Jesus als den Christus zu verkünden. In 2 Kor 3 nimmt er in dieser Weise das Bild vom
verhüllten Angesicht des Mose aus Ex 34 auf, um die Besonderheit der Offenbarung in und durch Jesus, den Christus,
darzustellen.

«Während Mose vom Berg herunterstieg, wusste er nicht,
dass die Haut seines Angesichts Licht ausstrahlte, weil er mit
JHWH geredet hatte … Wenn die Israeliten das Gesicht des
Mose sahen und merkten, dass die Haut seines Angesichtes
Licht ausstrahlte, legte er den Schleier über sein Gesicht.»
(Ex 34,29.35)

In diesem Zusammenhang fällt der Begriff des „Alten Bundes", der hier für die Tora, die Heilige Schrift Israels, steht,
die das Zentrum der Offenbarung Gottes an Israel darstellt.
Die Offenbarung in Christus versteht Paulus als „Enthüllung" (Offenbarung) des Bundes mit Israel. So heißt es in
2 Kor 3,14:

«Bis zum heutigen Tag liegt die gleiche Hülle auf dem Alten Bund, wenn daraus vorgelesen wird, sie wird nicht aufgedeckt, weil sie erst in Christus beendet wird.»

An dieser Stelle hat sich das im Christentum über Jahrhunderte gewachsene (Miss)-Verständnis sogar in der Einheitsübersetzung der Bibel niedergeschlagen, dass Gott nicht zu seinem Bund mit Israel stehen würde, sodass jener Bund beendet worden sei. *„Bis zum heutigen Tag liegt die gleiche Hülle auf den Alten Bund, wenn daraus vorgelesen wird, und es bleibt verhüllt, dass er in Christus ein Ende nimmt"* (2 Kor 3,14), so übersetzt die Einheitsübersetzung. Während sie so versteht, dass der Bund in Christus beendet würde, zielt der zugrunde liegende griechische Text deutlich darauf ab, dass die Verhüllung des Bundes – dies ist das tragende Bild in der ganzen Perikope – in Christus beendet wird. Folglich geht es hier, wie schon in Jer 31,31, nicht um zwei verschiedene Bünde, sondern um zwei verschiedene Formen des einen Gottesbundes mit Israel. Gerade der Kontext der paulinischen Argumentation in 2 Kor 3 lässt aber Wichtiges für die Frage nach der Bezeichnung der Schriftteile innerhalb der christlichen Bibel – Altes und Neues Testament – erkennen. Paulus bezieht den Begriff „alt" auf die Zeit der Verhüllung des Bundes und „neu" auf dessen Enthüllung. In dieser Dimension werden beide folglich nicht in Opposition einander gegenübergestellt, sondern einander zugeordnet.

Mit dem Begriffspaar *alt – neu* ist keine Opposition verbunden, wie wir sie im Deutschen zumeist assoziieren, sondern eine Korrelation. Als Korrelationspaar funktioniert „alt" und „neu" nur in Verbindung miteinander, sodass nicht mehr verselbständigt „das Alte" und „das Neue" betrachtet werden können, sondern beides, das, was als *alt* bezeichnet wird, und das, was als *neu* bezeichnet wird, kann und muss aus der Beziehung zum anderen heraus verstanden werden. Das Neue Testament aus der Korrelation von *alt – neu* in der zweieinen christlichen Bibel zu verstehen bedeutet, dass das Neue Testament in einer ausschließlichen Verbindung zu der

Schrift besteht, die als Altes Testament bezeichnet wird, denn die Korrelation von alt und neu lässt keine dritte Größe zu. Darüber hinaus hält die Korrelation von *alt* und *neu* bleibend die Reihenfolge fest: *alt* geht immer *neu* voraus! Eigentlich scheint diese Reihenfolge nichts Besonderes zu sein, weil wir sie inhaltlich als historische Reihenfolge betrachten. In Bezug auf die beiden Kanonteile innerhalb der christlichen Bibel hat sich aber die Negativassoziation bei *alt* und *neu* bzw. das Verständnis als Oppositionspaar dadurch noch verstärkt, dass die lateinische Übersetzung den biblischen Bundesbegriff durch *testamentum* wiedergibt, was im Lateinischen gleichzeitig auch die letztwillige Verfügung bezeichnet, so wie wir sie auch im deutschen Begriff „Testament" kennen. Dieser juristische Hintergrund führt in Verbindung mit dem Begriffspaar *alt – neu* natürlich dazu, dass das Neue Testament als Ersatz für das Alte angesehen wird, weil es zum Wesen einer letztwilligen Verfügung gehört, dass allein ihre letzte Fassung gültig ist. Gleichwohl hätten Christen sich bei diesem Verständnis, das sie allzu oft im wahrsten Sinne des Wortes praktiziert haben, fragen müssen, warum und wozu sie das so genannte Alte Testament dann noch brauchen. Das christliche Bekenntnis hat nämlich die theologische Notwendigkeit der Bibel Israels für den christlichen Glauben immer festgehalten.

Der Vorrang des Alten

Insofern gibt es nicht nur einen zeitlichen, sondern auch einen sachlichen Vorrang des „Alten Testaments" für den christlichen Glauben. Diesen Vorrang kann man auch als theologisch bezeichnen und die Begrifflichkeit von *alt – neu* im Sinne der skizzierten Korrelation im *Prae* der Bibel Israels in der zweigeteilten christlichen Bibel ausgedrückt finden. Das *Prae* der Schriftsammlung Altes Testament in der christlichen Bibel verweist aber auf die Verbindung zum Gottesvolk Israel. Nachdrücklich hat der Neutestamentler

Franz Mußner darauf aufmerksam gemacht, dass die Trennung von Judentum und Christentum, die sich im Neuen Testament selbst niedergeschlagen hat, zu einer für die spätere Zeit folgenschweren „Israelvergessenheit" geführt hat, weil man im Christentum immer wieder versucht hat, das Spezifische und das Eigene des Christentums, die eigene Identität, ausschließlich vom Neuen Testament her zu bestimmen.

> „Das Neue Testament bezeugt die sich in der Urkirche vollziehende und tatsächlich vollzogene Trennung der Kirche von Israel. Ohne diese Trennung gäbe es vermutlich kein Neues Testament neben dem Alten, obwohl bei aller Diskontinuität ein wichtiges Kontinuum bleibt: Das Festhalten der Kirche am Alten Testament" (Die Kraft der Wurzel, Freiburg 1987, 170 f).

Betrachtet man die einseitige Fixierung auf das Neue Testament im Christentum als häretisches Problem im wörtlichen Sinne, d. h. als Auswahl und Bevorzugung, dann ist es evident, dass diese „Bibel-Häresie", die in der Israelvergessenheit der Kirche ihren deutlichsten Ausdruck findet, einer Korrektur bedarf, um der Identität der Glaubensgemeinschaft willen, die auf der Basis der Bibel Alten und Neuen Testaments gründet, also der Christenheit. Die Ur-Kunde des christlichen Glaubens, die zweieine Heilige Schrift, definiert das Christentum in Israelverbundenheit.

Die durch Begriff und Sache im frühen Christentum festgelegte Reihenfolge der beiden Teile der christlichen Bibel stellt auch eine Lesenanweisung und damit verbunden eine Weichenstellung für das Verstehen dar. Von der Anordnung der christlichen Bibel her ist *zuerst* das Alte Testament zu lesen, *darauf folgend* das Neue Testament. Daraus ergibt sich, dass das Neue Testament im Lichte des Alten Testamentes und nicht umgekehrt verstanden werden will und muss.

Wenn wir Christen diese Texte unserer Heiligen Schrift in dieser Weise lesen und zu verstehen suchen, werden wir unweigerlich damit konfrontiert, dass wir nicht die Adressaten des ersten und größten Teils unserer Bibel, nämlich des Alten Testamentes, sind, weil die Bibel Israels nicht nur aus Israel hervorgegangen ist, sondern sich an „Israel" wendet. Uns wird damit vor Augen geführt, dass wir als Christen die Bibel Israels, das Alte Testament der christlichen Bibel, als „*Zweitadressaten*" lesen. Eine im jüdisch-christlichen Dialog einmal verwendete Formel, die davon spricht, dass die Christen sozusagen die Post eines Anderen lesen würden, wenn sie die Bibel Israels als Altes Testament lesen, legt den Finger zweifellos auf die entscheidende Stelle des christlichen Selbstverständnisses. Will man nicht der gelegentlich von Christen und Juden erhobenen Forderung „den Juden die Hebräische Bibel, den Christen das Neue Testament" nachgeben, weil es einer Selbstaufgabe des Christentums gleichkäme, dann muss man sich Rechenschaft über unseren Ort gegenüber der Schrift Israels geben. Im Begriff und Bewusstsein der „Zweitadressaten" können wir unsere Israelverbundenheit als Christen anzeigen, weil wir dann nicht fremde Post lesen, sondern die Post, die unsere „älteren Brüder", die Juden, erhalten haben, bevor es uns, die Christen gab; wenngleich diese „Post" für sie – und für uns – bleibend gültig ist.

2.4 Das Alte Testament zweimal lesen!

Aus der Anlage der Schrift Alten und Neuen Testamentes und im Bewusstsein der Christen als „Zweitadressaten" ergibt sich schließlich auch, dass wir Christen das Alte Testament in zweifacher Weise lesen und verstehen. In der idealen Form, d. h. so, wie das Buch der Bibel es als Buch vorgibt, müssen wir zuerst das Alte Testament lesen, bevor wir zum Neuen Testament kommen. Wenn wir das Neue Testament dann schließlich lesen, werden wir durch seine Rückverweise und Zitationen immer wieder zu einem er-

neuten Lesen des Alten Testamentes aufgefordert und ge-
drängt. Aus dem Gelesenen ergibt sich folglich eine zweite
Leserichtung, ein Rückweg vom Neuen Testament zurück
ins Alte. Dieser „Rückweg" ergibt sich daraus, dass der
Leser des Neuen Testamentes alttestamentliche Texte oder
Stoffe *einspielen* muss, um die neutestamentlichen Texte zu
verstehen, die durch die in ihnen enthaltenen Zitate, Rückverweise etc. den Bezug zum Alten Testament markieren.
Dies führt zu einer *relecture* des zuvor schon gelesenen
Alten Testamentes. Diese *relecture* erst, das zweite Lesen,
impliziert eine christliche Interpretation der alttestamentlichen Texte.

Die zweigeteilte Einheit der christlichen Bibel fordert für
ihren ersten Teil, das Alte Testament, folglich eine doppelte
Leseweise. Schon in der alten Kirche finden wir Hinweise
darauf. So berichtet die berühmte Pilgernonne Egeria (Ete-
ria) davon, dass der Bischof (in Jerusalem im 4. Jh. n. Chr.) in
den 40 Tagen vor der Taufe den Katechumenen die Schrift
zweimal erklärt, indem er sie zuerst *wörtlich* auslegt, dann
geistlich.

> „Angefangen von der Genesis geht er (= der Bischof) in den
> 40 Tagen alle Schriften durch; zuerst legt er sie wörtlich
> (carnaliter) aus, dann deutet er sie geistlich (spiritualiter)"
> (Egeria, Itinerarium 46,2).

2.5 Verbindliche Erinnerung

Dieses bewusste Verstehen der Bibel Israels als Altes Testament führt uns Christen zum Ursprung, zu Israel, zurück.
Sie verbindet uns Christen mit der jüdischen Wurzel und
hält die Verbindung mit Israel wach. Es gelingt allerdings
nur, wenn Christen damit Ernst machen, dass ihr Altes
Testament nicht Erbe ist, so als gäbe es kein Judentum mehr,
sondern dass die Bibel Israels die Voraussetzung des Christentums ist, die das Christentum in der Weise festhält, dass

es die Bibel Israels rein und unvermischt als Altes Testament an den Anfang seiner Heiligen Schrift stellt. Die Kategorie der *Erinnerung* hält bei der Verbindung gerade auch die Differenz fest. Das Christentum, die Kirche, ist nicht Israel, d. h. sie ist nicht mit Israel identisch und tritt auch nicht (erbend) an die Stelle Israels. Die *Erinnerung* markiert die ursprüngliche, wesenhafte und notwendige Verbindung des Christentums mit Israel, die das Christentum an dem, was Israel theologisch bedeutet (z. B. Erwählung, Bund), teilhaben lässt. Die zweieine christliche Bibel hält auch die bleibende Verbindung des Christentums mit dem Judentum fest, die Papst Johannes Paul II. 1980 in Mainz vor den Vertretern des Judentums in seiner viel beachteten Rede zum ungekündigten Bund treffend formuliert hat:

> „Die erste Dimension dieses Dialogs, nämlich die Begegnung zwischen dem Gottesvolk des von Gott nie gekündigten (vgl. Röm 11,29) Alten Bundes und dem des Neuen Bundes, ist zugleich ein Dialog innerhalb unserer Kirche, gleichsam zwischen dem ersten und zweiten Teil ihrer Bibel".

Insofern ist das Alte Testament in der christlichen Bibel auch mehr als ein altehrwürdiges Fundament; es hat durch seine Position die theologische Priorität und Prävalenz in der christlichen Bibel, weil nur sie die Verkündigung von Jesus als dem Christus ermöglicht.

Die Erinnerung der Bibel Israels im Christentum führt wie alle Erinnerung folglich zum Ursprung zurück, der für das Christentum in der Konstitution seiner Bibel aus Altem und Neuem Testament besteht. Ein Verstehen des Alten Testamentes kann es nur von diesem Ursprung her geben. Das bedeutet, dass mit den Besonderheiten der zweigeteilten Einheit der christlichen Bibel theologisch Ernst zu machen ist. Verstehen des Alten Testamentes vergewissert sich dann von einer Erinnerung als *Wieder-Holung* und *Umkehr* her. Das Wiederholen des eigenen christlichen Ursprungs in der Zweieinheit der christlichen Bibel kann nicht ohne Umkehr geschehen, d. h. nicht ohne Eingeständnis der Schuld, die das

Christentum im Umgang mit dem Alten Testament und dessen Missverstehen auf sich geladen hat. Solche Umkehr, die aus der Vergangenheit in die Gegenwart und Zukunft blickt, gelangt im Wissen um die eigenen Wurzeln zur Kraft eines neuen Wachstums aus der Erinnerung.

„Gedenken wird dann zum vorwärtsgerichteten Denken" (Verena Lenzen, Jüdisches Leben und Sterben im Namen Gottes, München 1995). Die Sinnhaftigkeit und Bedeutung der Umkehr und Wiederholung in der Erinnerung wird auf subtile und doch für ein Verstehen des Alten Testaments entscheidende Weise dort greifbar, wo aus der Anlage der christlichen Bibel Alten und Neuen Testaments die Grundlage ihres Verstehens unmittelbar gewonnen wird. Das geschieht aus der Einsicht, dass die Leserichtung die Interpretationsrichtung festlegt. Sie entlässt als Folge eine doppelte Leseweise des Alten Testaments. Es ist also die Edition der christlichen Bibel, die das Interesse der tradierenden Glaubensgemeinschaft bewahrt und dies als Vorgabe des Verstehens voraussetzt. Nur wenn wir dieser Vorgabe folgen und das Alte Testament zuerst rein und unvermischt – ohne christologische Bezüge – als Bibel Israels lesen und erst danach, wenn wir beim Neuen Testament angelangt sind und durch seine rückverweisenden Zitate die christologische Interpretation eröffnen, bildlich gesprochen zum Anfang des Alten Testamentes umkehren, um es *wieder zu holen*, gelangen wir zum wirklichen Verstehen der Schrift im Christentum und damit letztendlich zur „Seele der Theologie", wie das Zweite Vatikanische Konzil die Heilige Schrift treffend genannt hat.

Von der Israelvergessenheit zur Israelverbundenheit

Gerade dann, wenn man die Konzeption der doppelten Leseweise, die sich aus der Anlage der Heiligen Schrift im Christentum ableitet, ernst nimmt, kann man auch einen legitimen Zugang zu den unterschiedlichen Verstehensweisen alttestamentlicher Texte im Christentum erlangen. Denn die doppelte Leseweise bedeutet ja nicht, dass in freier Wahl der erste Teil der christlichen Bibel entweder als Bibel Israels, d. h. ohne irgendeinen christologischen Bezug, gelesen werden kann oder, wie es das Neue Testament darlegt, als auf Christus hin gedeutete Urkunde des Glaubens. Beide Leseweisen gehören komplementär zusammen, was die Zweiteilung der Einheit der Schrift im Christentum unterstreicht und als Editionsprinzip fordert, sodass bei jeder einzelnen Verstehens- und Zugangsweise, die im Christentum gewählt wird, die je andere als Korrektiv im Hintergrund stehen bleibt.

Auf diese Art und Weise kann und muss christliches Verstehen den Ursprung in der Bibel Israels wach halten und ebenso die Deutung des Christusereignisses von dieser Schrift her, die ja als Offenbarungsgrundlage die Legitimität dieser Deutung darstellt. Das korrelierende und sich korrigierende Nebeneinander der Verstehensmöglichkeiten, das sich für das Alte Testament aus der Besonderheit der zweigeteilten Einheit der christlichen Bibel ableitet, findet seine Entsprechung im Christentum dort, wo das christliche Glaubensbekenntnis *an die Seite* der Heiligen Schrift tritt, denn das Credo, das die Glaubenswahrheiten der Offenbarung zusammenfasst, ersetzt nicht die Bibel.

Nur ein Verstehen des Alten Testamentes, das von den biblischen Basisbedingungen, die die Heilige Schrift Alten und Neuen Testamentes selbst vorgibt, ausgeht, kann zum wirklichen Verstehen dieser Schrift führen. Wenn dies heute gelingt, führt es zur Israelerinnerung. Dann findet das Christentum seine – ihm von der Heiligen Schrift vorgegebene (!) – Verbindung zu Israel. Dann kann Kirche zu ihrer eigenen Identität finden, weil die „Israelvergessenheit", die sich aus der Ablösung der Kirche von Israel ergeben hat, „aufgehoben" wird in der „Israelerinnerung", die nicht das Unterschiedene und das je Eigene unterdrückt und verwischt, sondern den gemeinsamen, aber je anders gearteten

Ursprung im Volk Gottes herausstellt. Der Verweischarakter auf das Judentum, der das Christentum in seinem Wesen von der Schrift her ebenso wie vom Begriff des Volkes Gottes her bestimmt, wird von der Heiligen Schrift selbst dort aufgenommen, wo Christen im ersten Teil ihrer Heiligen Schrift ihren Israel-Ursprung erkennen und im Bewusstsein des je anderen Verstehens der Bibel Israels als jüdische Bibel und als Altes Testament den Anspruch des einen und einzigen Gottes zu hören vermögen.

Den Anspruch des im Wort der Schrift sprechenden Gottes vernehmen wir Christen in der doppelten Kunde, von der das jüdische und christliche Verstehen der Bibel Israels Zeugnis gibt. Insofern markiert das Alte Testament als erster Teil der zweigeteilten Bibel für die Christen Ursprung und Ziel, die in „Israel" als Erstadressat der Heiligen Schrift und als Volk des ewigen Bundes Gottes liegen.

Israelerinnerung steht somit im Zentrum eines christlichen Verstehens dieses Alten Testamentes, sie gehört zu seinem Wesen. Christliches Verstehen des Alten Testamentes – präzise: der Bibel Israels als Altes Testament – *ist Israelerinnerung*. Dabei steckt in dem Indikativ dieser Aussage selbstverständlich auch ein Imperativ, der uns Christen herausfordert, die theologischen Konsequenzen der eigenen Offenbarungsurkunde zur Sicherung und Findung der eigenen Identität eben über die Israelerinnerung, die die eine Heilige Schrift der Christen fordert, zu ziehen. Wenn der evangelische Alttestamentler A. H. J. Gunneweg am Anfang seines Buches „Vom Verstehen des Alten Testamentes" (1988) betont: „Es ist keine Übertreibung, wenn man das hermeneutische Problem des Alten Testamentes nicht bloß als ein, sondern als *das* Problem christlicher Theologie betrachtet", dann darf und muss man sagen, dass ein Verstehen des Alten Testamentes, das Israelerinnerung ist, *die* Chance christlicher Theologie in heutiger Zeit ist. Das erwähnte Dokument der Päpstlichen Bibelkommission „Das jüdische Volk und seine Heilige Schrift in der christlichen Bibel"

(2001) hat die Chance und Notwendigkeit der Besinnung auf das Alte Testament in der christlichen Bibel gesehen und dies in vielen Bildern und Beispielen zum Ausdruck gebracht:

> „Ohne das Alte Testament wäre das Neue Testament ein Buch, das nicht entschlüsselt werden kann, wie eine Pflanze ohne Wurzeln, die zum Austrocknen verurteilt ist" (Nr. 84).

3 Die Bibel hat mir etwas zu sagen

3.1 Bibel lesen heute – in Übersetzung

Trotz sehr vieler und großer Gemeinsamkeiten zwischen biblischer, altorientalischer und antiker Literatur, die derselben Zeit oder demselben Kulturraum entstammen, hat die Bibel als heute gelesenes Buch ihre Besonderheit. Sieht man von rein wissenschaftlich orientierter Beschäftigung durch Sprach-, Literatur- oder Religionswissenschaften ab, wird, anders als bei allen anderen antiken Schriften, der Bibeltext stets auf seine Aktualität für uns hier und heute ausgelegt. Dies artikuliert sich oft schlicht – aber darin gerade präzise – in der Aussage: „Die Bibel hat mir etwas zu sagen". In dieser doppeldeutigen, indikativisch oder imperativisch aufzufassenden Form meldet sich sowohl ein Erfahrungsmoment (sie hat mir etwas gesagt) als auch ein Hoffnungsmoment (sie soll mir etwas sagen) zu Wort. Auch der moderne Mensch, dem die Bibel vielleicht nur noch in den Widerspiegelungen der abendländischen Kultur begegnet, kommt nicht umhin, einen Unterschied zwischen dem Bemühen um eine aktuelle Bedeutung der Bibel und dem interessierten und intensiven Erforschen alter Literaturwerke festzustellen. Die Besonderheit, die die biblische Literatur gegenüber der antiken oder altorientalischen aufzuweisen hat und die darin zu erkennen ist, dass niemand versucht, alte Inschriften, Gesetzeswerke oder Korrespondenzen durch immer neue Methoden zu aktualisieren, besteht alleine in der Rezeptionsgemeinschaft, der Glaubensgemeinschaft, die diese Literatur tradiert hat und weiter tradiert. Der „garstige Graben" der Geschichte, der dabei zuerst zu überwinden ist, betrifft den tradierten Text selbst, denn wir lesen die Bibel meist unreflektiert wie selbstverständlich in unserer eigenen modernen Sprache, d.h. in Übersetzungen, weil die Bibel selbst in hebräischer, in kleineren Teilen in aramäischer und in griechischer Sprache vorliegt. Die damit verbundenen Probleme werden sehr schön im Prolog zur griechischen Übersetzung des späten (deuterokanonischen) Weisheitsbuches des Jesus Sirach festgehalten:

«Vieles und Großes ist uns durch das Gesetz, Propheten und die anderen Schriften, die ihnen folgen, geschenkt worden … Doch soll jeder, der sie zu lesen versteht, nicht nur sich selbst daran bilden, sondern die Gelehrten sollen auch im Stande sein, andere durch Wort und Schrift zu fördern. So befasste sich mein Großvater Jesus sorgfältig mit dem Gesetz, mit den Propheten und mit den anderen von den Vätern überkommenen Schriften. Er verschaffte sich eine gründliche Kenntnis von ihnen und fühlte sich dann gedrängt, auch selbst etwas zu schreiben, um dadurch Bildung und Weisheit zu fördern. Wer es sich mit Liebe aneignet, wird es in einem gesetzestreuen Leben noch vermehren. Ihr seid nun aufgefordert, mit Wohlwollen und Aufmerksamkeit zu lesen. Doch mögt ihr Nachsicht üben, wenn wir vielleicht einige der schwer zu übersetzenden Ausdrücke unbefriedigend wiedergegeben haben. Es ist ja nicht gleich, ob man etwas in der hebräischen Grundsprache liest, oder ob es in eine andere Sprache übertragen wird. Nicht nur dieses Buch, sondern auch das Gesetz, die Propheten und die übrigen Schriften weisen keinen geringen Unterschied auf, wenn man sie in der Grundsprache liest.»

Dass uns diese Selbstverständlichkeiten gerade bei der Bibel kaum bewusst sind, sondern dass sie vielen Menschen nah und vertraut erscheint und nicht als etwas, das aus einer langen, vergangenen und fernen Kultur zu uns Heutigen hin *übersetzt* wurde, hängt wohl damit zusammen, dass unsere eigene Sprache, das Neuhochdeutsche, ihren Ursprung in einer Bibelübersetzung hat. Martin Luthers Übersetzung hat unsere Sprache und über diese die gesamte Kultur so nachhaltig geprägt, dass wir biblische Wendungen oder Vorstellungen in unserer Alltagssprache oft schon gar nicht mehr als biblische erkennen.

Bei jeder Übersetzung treten Fragen und Probleme auf, die sich nicht nur der Übersetzer, sondern auch der Benutzer einer Übersetzung mit Gewinn bewusst macht, vor allem dann, wenn er die Möglichkeit hat, zwischen verschiedenen Übersetzungen desselben Textes zu wählen, oder wenn ihm daran liegt, das Spezifische und Eigene des ursprünglichen Textes durch die Übersetzung hindurch noch ein wenig aufzuspüren. Da es auf der Welt keine zwei Sprachen gibt, die einen Wortschatz mit der gleichen Anzahl von Wörtern besitzen, die dann auch noch die gleichen Bedeutungsnuancen aufweisen und in der gleichen Weise in Sätze oder Satzgruppen usw. geordnet sind, hat jede Übersetzung die Entscheidung zu treffen, welche Aspekte des ursprünglichen Textes (Klang, Bedeutung, Satzstruktur, Inhalt, Intention) so wichtig sind, dass sie in der übersetzten Fassung nicht verloren gehen dürfen. Die Übersetzung geht also von einer Rangliste in Bezug auf die genannten Dimensionen des Textes aus, die fachwissenschaftlich als die phonologische, semantische, syntaktische und pragmatische Dimension bezeichnet werden. Dabei bestimmt in der Regel die Funktion, die der Text in der neuen Sprache einnehmen soll, die Rangfolge bzw. die Schwerpunktsetzung. Bei der Übersetzung einer Gebrauchsanweisung für ein technisches Gerät wird man folglich lediglich auf die inhaltlichen Fakten zu achten haben, der Klang der Ursprache spielt hier ebenso wenig eine Rolle wie die Satzstruktur. Bei der Übersetzung eines Gedichtes muss man hingegen sicherlich auch großen Wert auf die äußere Sprachgestalt legen. Bei der Übersetzung eines Gesetzestextes kann man demgegenüber die logische Anordnung der einzelnen Sätze, also die Syntax, nicht unberücksichtigt lassen, weil Ursprungstext und Übersetzung dieselben Fälle betreffen und die gleichen rechtlichen Wirkungen zeitigen sollen. Das berühmte italienische Wortspiel bzw. Sprichwort *traduttore – traditore* vermag selbst schon die ganze Schwierigkeit der Übersetzungskunst aufzuzeigen. Ist hier zu übersetzen: „Der Übersetzer ist ein Verräter" oder „übersetzen – versetzen"? Im ersten Fall habe ich im Deutschen einen schlichten Aussagesatz gebildet, der den Inhalt des italienischen Wortspiels wiedergibt; verloren gegangen ist dabei der Klang, das eigentliche Wortspiel und somit alles das, was den Reiz der Formulierung ausmacht. Übersetzt worden ist also rein *funktional*. Im zweiten Fall habe ich durch ein Wortspiel versucht, den besonderen Klang und Reiz durch die Offenheit auf das, was verraten oder versetzt wird, nachzuahmen. Dies gelingt natürlich nur auf Kosten der inhaltlichen Präzision, denn die Ursprungs- oder Zielsprache durch eine Übersetzung zu *verraten* ist natürlich etwas anderes, als sie zu *versetzen,* also sie unbeachtet zu lassen. Hier ist also rein *formal* übersetzt worden.

Stimmt das Sprichwort *traduttore – traditore* aber unabhängig von seinem schönen Klang überhaupt? Wird der Übersetzer in jedem Fall zum Verräter? Am Beispiel erkennt man sehr schnell, dass das Wortspiel sich nur am Verhältnis der Übersetzung zur Ursprungs- oder Zielsprache orientiert. Völlig außer Acht lässt es die eigentliche Übersetzungsleistung, die doch darin besteht, einen neuen Text in einer anderen Sprache entstehen zu lassen, ohne dass er als Fremdkörper in dieser Sprache erkannt wird. Die unüberbietbare Wirkung der Bibelübersetzung Martin Luthers mag nicht zuletzt ihren Grund darin haben, dass Luther sich in erster Linie um das Deutsche seiner Übersetzung bemüht hat, also an der Zielsprache orientiert hat. Er selbst sagt dazu: „Ich habe deutsch, nicht lateinisch noch griechisch reden wollen, da ich beim Übersetzen mir vorgenommen hatte, deutsch zu reden … Man muss nicht die Buchstaben in der lateinischen Sprache fragen, wie man deutsch reden solle, wie's diese Esel tun, sondern muss die Mutter im Haus, die Kinder auf der Gasse, den einfachen Mann auf dem Markt danach fragen und denselben auf das Maul sehen, wie sie reden, und danach übersetzen; da verstehen sie es dann und merken, dass man deutsch mit ihnen redet." Gerade die großen Bibelübersetzungen zeigen durch ihre Wirkung aber, dass die unterschwellige Abwertung im italienischen Wortspiel *traduttore – traditore* unberechtigt ist, denn wir wären geistig sehr arm, würden wir nur das wahrnehmen, was wir durch eigene sprachliche Kompetenz in der jeweiligen Originalsprache aufnehmen können. Übersetzungen sind deshalb auch keine Hilfestellungen für die Ungebildeten, sondern notwendige Hilfsmittel zur Kommunikation, und das Übersetzen ist in jedem Fall eine eigene Kunst, bei der der Künstler (Übersetzer) etwas Neues gestaltet. Die Schwierigkeiten und Besonderheiten dieser Gestaltung spiegeln die folgenden Sentenzen wieder:

„Übersetzen ist die Kunst des Möglichen." (Y. T. Radday)
„Übersetzen heißt zwei Herren dienen." (F. Rosenzweig)
„Übersetzen = Üb' ersetzen!" (K. Kraus)
„Wer einen Vers wörtlich übersetzt, ist ein Lügner."
(Talmud)

3.2 Bibel lesen damals – antike Übersetzungen und hebräischer Text

Nicht erst in der Neuzeit ist die Bibel in zahllose Sprachen übersetzt worden. Schon sehr früh forderte der Kulturkontakt und die Situation des Diasporajudentums im Mittelmeerraum eine Übersetzung der Hebräischen Bibel. Wenn sie auch zur wichtigsten Ausgabe der Bibel für das Christentum wurde, so ist die griechische Übersetzung der Hebräischen Bibel, die so genannte Septuaginta (LXX), doch nicht als *spezifisch* christliche Bibelausgabe zu betrachten. Ihre Anfänge liegen bereits im ägyptischen Alexandria in der ersten Hälfte des 3. Jh.s v. Chr. Eine Legende berichtet davon, dass der zweite Ptolemäerkönig Ptolemäus II. Philadelphos (283–246 v. Chr.) beim Hohenpriester Eleasar in Jerusalem um eine griechische Übersetzung des hebräischen Gesetzbuches (Tora) für die weltberühmte alexandrinische Bibliothek bittet, woraufhin 72 Übersetzer in 72 Tagen das Gewünschte erbringen. Daher heißt die Übersetzung „Septuaginta" (wörtlich: die der 70) und hat zu dem häufigen Kürzel durch das römische Zahlzeichen für 70 (LXX) zur

Bezeichnung dieser Übersetzung geführt. Die Geschichte findet sich im so genannten Aristeas-Brief aus dem 2. Jh. v. Chr. Die ursprüngliche Übersetzung der Tora ins Griechische ist im Laufe der Zeit auch weitergegangen, sodass nicht nur der Pentateuch, sondern die übrigen Bücher der Hebräischen Bibel ins Griechische übersetzt wurden, wie es das oben zitierte Vorwort zum Buch Jesus Sirach bestätigt.

Als griechische Übersetzung der Bibel ist die Septuaginta aber nicht allein geblieben; es folgten bald schon andere griechische Übersetzungen, die aufgrund ihrer Unterschiede kritische Arbeiten zum Bibeltext geradezu heraufbeschworen, wie sie dann in der am Anfang des 3. Jh.s n. Chr. von Origenes erstellen *Hexapla* zu finden sind. Diese Hexapla (wörtlich: die Sechsfache) ist eine riesige Bibelausgabe, die auf über 6000 Blättern den Bibeltext in unterschiedlicher Fassung in sechs nebeneinander stehenden Kolumnen bietet. Neben dem hebräischen Text und einer Kolumne mit der Umschrift des hebräischen Textes in griechischen Buchstaben finden sich verschiedene griechische Übersetzungen. Dieses Prinzip des Origenes, unterschiedliche Textfassungen nebeneinander zum Vergleich zu bieten, findet sich bis in die Neuzeit hinein in den großen so genannten Polyglotten-Bibeln, die die Übersetzungen in verschiedenen Sprachen als Grundlage kritischer Rückfragen zum Bibeltext nebeneinander stellen.

Für die kritische Textarbeit sind neben den griechischen Übersetzungen aus der Frühzeit vor allem die aramäischen Targume zu nennen, die auf mündliche Paraphrasen des hebräischen Textes in die aramäische Umgangssprache zurückgehen. Sie werden gegen Ende des ersten nachchristlichen Jahrhunderts schriftlich fixiert. Aus dem Bereich der orientalischen Sprachen ist schließlich noch die syrische Übersetzung, die so genannte *Peschitta* („die Einfache [Übersetzung]") zu nennen. Wichtig für die christlichen Kirchen im Westen sind dann natürlich die lateinischen Bibelübersetzungen geworden. Spätestens seit dem 3. Jh. n. Chr. liegen lateinische Bibeltexte vor. Der zentrale Bezugspunkt für den lateinischen Bibeltext ist im 4. Jh. mit dem heiligen Hieronymus und seiner Bibelübersetzung anzusetzen. Sein intensives Bibelstudium – teils unter Anleitung jüdischer Gelehrter – führt ihn zur so genannten *„hebraica veritas"*, der Einsicht, dass das Alte Testament direkt aus dem Hebräischen zu übersetzen sei. Seine Bibelübersetzung erlangte großes Ansehen und wurde zur allgemein gebrauchten Kirchenbibel, zur *„Vulgata"* („die Allgemeine").

Die Suche nach dem „Urtext"

Die neuzeitliche Bibelkritik hat viel Mühe und Arbeit darauf verwendet, die unterschiedlichen Bibelübersetzungen bzw. überlieferten Fassungen in verschiedener Übersetzung zu sammeln und auszuwerten. Das leitende Interesse dieser so genannten Textkritik war lange Zeit die Suche nach dem *Urtext* der Bibel. Da aber schon die Vorlagen der ältesten Übersetzungen stellenweise nicht übereinstimmen oder, anders gesagt, nicht alle Übersetzungen auf einen einzigen Text zurückgeführt werden können, ist die Suche nach *dem Urtext* ein müßiges Unterfangen. Gleichwohl hilft die Textkritik dem Bibelwissenschaftler, die Textgrundlage seiner Arbeit abzusichern. Unter Berücksichtigung der spezifischen Entstehungsumstände der einzelnen Textfassungen und Übersetzungen kann die Bibelwissenschaft die Geschichte des Bibeltextes in Richtung auf seine frühesten Formen zurückverfolgen.

Für die Hebräische Bibel lässt sich die Sorgfalt und Treue der Textüberlieferung zum Teil noch erkennen. So haben beispielsweise die so genannten *Masoreten*, die den hebräischen Bibeltext im frühen Mittelalter fixiert haben, durch unterschiedliche Kontrollprinzipien – z. B. wird die Anzahl der Buchstaben eines Buches gezählt und der Buchstabe in der Mitte deutlich markiert – die Abschriften perfektioniert. Dass diese Art der Perfektion schon eine längere Vorgeschichte hat, beweisen die Textfunde aus Qumran. Durch den Zufallsfund von Bibelhandschriften aus dem 2.–1. Jh. v. Chr. ist die etwa tausendjährige, kaum noch zu rekonstruierende Überlieferung des hebräischen Bibeltextes mit einem Mal übersprungen worden. Gegenüber dem bis 1947 ältesten Text des Jesaja-Buches aus dem 10. Jh. n. Chr. weist die gut 1000 Jahre ältere Jesaja-Rolle aus Qumran – abgesehen von einer Menge von Schreibvarianten – keine entscheidenden Unterschiede auf.

Wer die Bibel in Übersetzung liest, stößt auf unverständliche Ausdrücke, Redewendungen oder Sprachbilder. Mit diesem Problem sah sich schon Augustinus konfrontiert. In seinem Werk „De Doctrina Christiana" gibt er Ratschläge, was in solchen Fällen zu tun sei:

> „Dabei ist bezüglich der Worte ein zweifacher Irrtum möglich: Der Leser kommt in Verlegenheit, entweder weil er das Wort an sich nicht kennt, oder weil ihm das Satzgefüge unbekannt ist (‚in dem das betreffende Wort steht'). Stammen diese Wörter aus einer fremden Sprache, so hat man sich entweder bei Menschen zu befragen, die diese Sprache reden, oder man lernt, falls Muße und Talent zur Verfügung stehen, einfach gleich die betreffenden Sprachen selbst, oder man muss die Angaben mehrer Übersetzer zu Rate ziehen" (14. Kapitel).

Hinter diesen Vorschlägen steht nicht nur die bis heute gültige Einsicht, dass ein übersetzter Text niemals völlig identisch mit dem Original ist, sondern auch die wichtige Erfahrung, dass mehrere verschiedene Übersetzungen desselben Textes, die nebeneinander gelesen werden, ein Gefühl für die Besonderheiten des Originals vermitteln können. Die grundlegenden Probleme der Bibelübersetzung hat Augustinus auch mit seinen Zeitgenossen, dem Bibelübersetzer Hieronymus, in mehreren Briefen diskutiert, denn Hieronymus hat nicht nur bei schwierigen Stellen des hebräischen Textes kundige Juden gefragt, sondern seine Übersetzung des Alten Testamentes mit ihrer Hilfe erstellt.

Zwei Optionen lassen sich aus diesen kleinen Beobachtungen für unser heutiges Bibellesen und Verstehen ableiten:

1. Wenn man die Bibel nicht in ihrer Originalsprache (hebräisch/aramäisch und griechisch) liest, sind verschiedene Übersetzungen hilfreich.
2. Die Bibel drängt die christlichen Leser geradezu zum Kontakt mit dem Judentum, weil der erste und größte Teil der christlichen Bibel, das so genannte Alte Testament, vom Judentum übernommen ist und sie mit ihm verbindet – und weil der zweite Teil, das Neue Testament, ohne den ersten nicht zu verstehen ist.

3.3 Als Buch lesen und als Glaubenszeugnis verstehen

Dass die Bibel selbst in ihrer Entstehung schon Produkt von Auslegung ist, darauf wurde schon im ersten Kapitel (S. 12 ff) hingewiesen, in dem das Wachstum der Schriften zur Bibel Israels skizziert wurde. Ebenso deutlich wird es vom Begriff „Altes Testament" her, der in der christlichen Bibel den ersten und größten Teil der zweigeteilten christlichen Bibel bezeichnet, weil diese Bezeichnung selbst schon Resultat der frühchristlichen Auslegung ist, die ihren äußeren Niederschlag in der Entstehung der Bibel aus Altem und Neuem Testament gefunden hat. Anders als das, was später und bis heute unter Exegese, Auslegung biblischer Texte, verstanden wird, sind diese Formen noch nicht darauf ausgerichtet, einen isolierten Text für sich selbst zu erklären. Vielmehr geht es ihnen darum, ihn in einen neuen Kontext zu stellen, um ihn so zu aktualisieren, weil ihm bereits Autorität zukommt. Dieses Phänomen lässt sich in besonderer Weise an Zitaten oder Anspielungen, so genannten intertextuellen Bezügen, usw. erkennen. Auslegung ist folglich in den Anfangsformen noch sehr nah mit der Herausbildung der Heiligen Schrift verbunden, gelegentlich kaum von ihr zu trennen. Erst mit dem Kanonabschluss entstehen spezifische Formen der Auslegung.

Mit der Entstehung immer neuer Auslegungsformen hat man sich im Laufe der Geschichte des Christentums auch immer gefragt, ob die Auslegung, die das frühe Christentum für die Bibel Israels angewendet hat, die richtige Interpretation dieser Texte sei oder ob es überhaupt eine spezifisch christliche Bibelauslegung gebe. Aus den Anfängen wird deutlich, dass Bibelauslegung gar nicht getrennt werden kann von den Besonderheiten der Bibel, d. h. vor allem von dem sich langsam herausbildenden Kanon. Gar nicht hoch genug kann in diesem Kontext die jeweilige Gemeinschaft als Konstitutivum eingeschätzt werden, denn die Auslegung der biblischen Texte erfolgt ja nicht im Rahmen von philologischem oder historischem Interesse einzelner *Schriftgelehrter*, sondern sie ist integraler Bestandteil des Glaubenslebens der jeweiligen Gemeinschaft. Deutlich ist dies im frühen Christentum zu erkennen, wo das Verständnis der Bibel Israels, des späteren Alten Testaments, ausgespannt ist zwischen der Glaubensgemeinschaft (Kirche), in und für die diese Schrift als Wort Gottes ausgelegt wird, und dem spezifischen Glaubensinhalt der Kirche, ihrer Lehre im Sinne der apostolischen Tradition, die das Verständnis der Schrift bestimmt und ihre besondere Auslegung normiert. Als bestes Beispiel für diesen Zusammenhang ist auf den 1. Korintherbrief des Apostels Paulus zu verweisen, in dem Paulus die Verbindung zwischen der *neuen* christlichen Lehre und der *vorgegebenen* Heiligen Schrift herstellt:

«Denn ich habe euch vor allem überliefert, was ich selbst empfangen habe: Christus ist für unsere Sünden gestorben, gemäß der Schrift, und er ist begraben worden. Am dritten Tage wurde er auferweckt gemäß der Schrift» (1 Kor 15,3f).

Paulus verweist hier auf eine spezifische Tradition („überliefert", „empfangen"), die das christliche Glaubensbekenntnis als *schriftgemäß* ausweist. Dabei bezieht sich die Wendung «gemäß der Schrift» nicht auf irgendeine einzelne Schriftstelle, die im Sinne eines Erfüllungszitates hier herangezogen werden könnte – nirgends ist im AT von der Auferstehung am dritten Tag die Rede! Vielmehr geben Paulus und mit ihm die frühe Kirche auf der Basis der anerkannten Autorität der Bibel Israels als Wort Gottes zu verstehen, dass sie ihren spezifischen Glauben als in Übereinstimmung mit der ergangenen und „Schrift gewordenen" Offenbarung sehen. Kurz gesagt hält die Kirche fest, dass es ein und derselbe Gott ist, der Gott Israels, der sich zuvor schon in der Bibel und dann in Jesus Christus *zu Wort meldet.*

3.4 Bibel lesen damals – antike Auslegungswege, mehrfache Schriftsinne

Zwischen den beiden erwähnten Größen, der kirchlichen Gemeinschaft und der kirchlichen Lehre, ist das Verständnis der Bibel Israels in der frühen Kirche ausgespannt und in sie eingebunden. Um die Bibel Israels in diesem Kontext zu lesen und zu verstehen, wendet man die auch im Judentum dieser Zeit beliebten Auslegungsmethoden an, die ihren Ursprung in der hellenistischen Umwelt haben, vor allem die so genannte allegorische Methode. Bei dieser Auslegungsart, die in besonderer Weise Origenes angewendet hat, geht es darum, die Bilder oder Metaphern, die in einem Text vorkommen, so aufzulösen und zu erklären, dass sie den Text für eine neue Situation erschließen. Weitergehend nimmt diese allegorische Methode dann aber auch generell – und nicht nur bei den Metaphern – einen verborgenen tieferen Sinn des Textes hinter dem Wortverständnis an.

Schrittweise gelangt man zu den verschiedenen *Sinnen,* die ein Text besitzt. Neben den wörtlichen Sinn, auch Literalsinn genannt, traten zuerst der *allegorisch-moralische Sinn,* der das christliche Leben betrifft, und dann der eschatologische Sinn, der sich auf die zukünftige Hoffnung der

Christen bezieht. Das System wurde immer weiter verfeinert und erreichte in der so genannten *Lehre vom vierfachen Schriftsinn* seine Blüte. In vier aufeinander aufbauenden Schritten wird der biblische Text dabei ausgelegt: Am Anfang steht der *Literalsinn*, der die wörtliche und historische Auslegung betrifft, dann folgt der *allegorische Sinn*, der die Auslegung auf den Glauben hin meint, gefolgt vom *tropologischen Sinn*, der die moralisch-ethische Seite der Auslegung vertritt, und zum Schluss folgt der *anagogische Sinn*, was die Auslegung im Blick auf die endzeitliche Hoffnung der Christen umfasst. Zur Verdeutlichung dieser verschiedenen Sinne wird das Beispiel „Jerusalem" gewählt. Beim Literalsinn meint Jerusalem die konkrete Stadt im Lande Israel, beim allegorischen Sinn ist Jerusalem Bild für die Kirche, während Jerusalem im tropologischen Sinn zum Bild der menschlichen Seele wird und schließlich beim anagogischen Sinn die himmlische Herrlichkeit darstellt.

Solche Auslegungen nach mehreren Schriftsinnen erfüllen im Christentum zwei wichtige Aufgaben: Zum einen wird der Bibeltext für die aktuelle Situation der Gläubigen erschlossen, zum anderen vermag das Christentum so gerade den ersten Teil seiner Heiligen Schrift, das Alte Testament, auf seine eigene Art und Weise zu lesen. Wechselnde Schwerpunktsetzungen innerhalb der Auslegung nach mehreren Schriftsinnen zeigen das besondere Anliegen christlicher Bibelauslegung im Laufe der Zeit an. Während die Auslegung in der Frühzeit vor allem bei der Identitätsfindung des Christentums im Rahmen einer übernommenen Heiligen Schrift half und dabei der allegorischen Auslegung die größte Bedeutung zukam, trat diese Art in einer vom Christentum schon stark geprägten Gesellschaft zugunsten einer Auslegung zurück, die an der Glaubensunterweisung und moralischen Stärkung der Christen orientiert war. Ihren besonderen Ausdruck fand sie in der stärkeren Betonung der tropologischen und anagogischen Interpretation.

Betrachtet man das Konzept dieser Auslegungen, dann

wundert es nicht, dass auch die jüdische Exegese des Mittel-
alters ähnliche Formen entwickelt hat. Auch diese Formen
zielen nicht auf historische oder literarische Informationen
ab, sondern versuchen vor allem, die Relevanz des in der
Heiligen Schrift übermittelten Gotteswortes für das konkrete Leben der Gläubigen aufzuweisen. Im Christentum
wie im Judentum wurden mit der Auslegung nach verschiedenen Schriftsinnen aber auch schon Ansätze zur metho-
dischen Kontrolle bzw. zur reflektierten Reduktion des mit
dieser Auslegungsart gegebenen Subjektivismus entwickelt.

3.5 Bibel lesen damals – die Wende zur Neuzeit

Durch die philologische Orientierung der Exegese im Spät-
mittelalter wurde im Christentum das Interesse am hebräischen und griechischen Text der Bibel neu geweckt, das
schon eine erste Blüte zur Zeit der Kirchenväter erlebt hatte.
In gewisser Weise ist auch der Reformator Martin Luther
hier einzureihen, der für seine Bibelübersetzung nicht nur
auf hebräische Texte zurückgriff, sondern die hebräische
Bibel selbst als Ursprung im Blick auf den Kanon zugrunde
legte. Die Suche nach den Ursprüngen des Christentums
trifft sich also mit den philologischen Forschungen zum Urtext der Bibel. Dadurch finden die im Mittelalter nicht enden
wollenden Diskussionen um die innere Relation der verschiedenen Schriftsinne im Kontext der Schriftauslegung
nach dem Prinzip des vierfachen Schriftsinns einen deutlichen Abschluss. Luther lehnt die übertragenen Sinne der
Schrift weitgehend – bei der eigentlichen Auslegung, nicht
der Predigt – ab und lässt nur den buchstäblichen Sinn gelten. Allerdings liest und versteht er das Alte Testament im
Ganzen christologisch, was er aber als prophetischen Sinn
dieser Schrift im Hinblick auf das Christentum deutet.
Damit knüpft er ebenso wie bei der Bestimmung, dass die

Schrift in den für die Kirche relevanten Beziehungen von Schrift, Glaubensbekenntnis und Glaubensgemeinschaft Vorrang habe, an bereits frühchristlich virulente Fragen an. Gegen die von der Kirche im Laufe der Zeit vorgenommene autoritative Fixierung der Auslegung der Schrift und damit ihrer Bedeutung setzt Luther den Gedanken, dass die Schrift „durchsichtig" sei und keines kirchlichen Lehramtes für die Auslegung bedürfe. Orientierung und Maßstab für die Auslegung gibt dem Reformator die so genannte Rechtfertigungslehre. Von ihr aus wird das reformatorische Schriftprinzip *sola scriptura* formuliert, das besagt, dass die Bibel Grundlage und Maßstab der christlichen Lehre und des christlichen Lebens sei. Als Reaktion darauf legt das Konzil von Trient das Gewicht auch auf die anderen gegenüberliegenden Pole und betont die Rolle der Verbindung von Heiliger Schrift und Tradition sowie die Funktion des kirchlichen Lehramtes für die Auslegung der Schrift. Die protestantische Orthodoxie des 16. und 17. Jh.s setzt dem den Gedanken der Verbalinspiration, der unmittelbaren Verständlichkeit und unmittelbaren aktuellen Bedeutung, entgegen. Die Konzentration der Reformatoren auf die Heilige Schrift begünstigt und fördert freilich die Beschäftigung mit den ursprachlichen Bibeltexten.

Hatte man bis zum Mittelalter immer wieder versucht, sozusagen neue Sinne in der einen Heiligen Schrift zu entdecken, so führten die reformatorischen Orientierungen an den Anfängen und Ursprüngen des Christentums zusammen mit den historischen und philologischen Interessen der Neuzeit dazu, dass man die vielen Sinne der Schrift zugunsten eines einzigen aufgab, nämlich zugunsten des *ursprünglichen Schriftsinns*. Die nun einsetzende und intensive Quellenforschung in den Geschichts- und Literaturwissenschaften tat das Ihre dazu, das anfängliche, ursprüngliche und wieder entdeckte Alte als das Wahre und Richtige anzusehen. Nicht nur in der Theologie und Bibelwissenschaft breitete sich der Gedanke aus, dass geschichtliche Entwicklungen zu Minimierungen und Verwässerungen der idealen Ideen und Gedanken der Anfänge geführt hatten, sodass der Ruf „zurück zu den Anfängen" zu hören war. Auf diesem Hintergrund ist die Überzeugung verständlich, dass der (vermeintliche) Ursprungssinn der jeweils aktuelle, heutige Sinn sei. Gefördert durch die Einsichten der Vernunft in der Aufklärung entstand im 17. Jahrhundert mit dem katholischen Priester Richard Simon die so genannte „historisch-kritische" Forschung. Da sie von den Intentionen her mit dem reformatorischen Gedankengut in Einklang stand, konnte sie sich auch schnell und umfassend in der evangelischen Theologie durchsetzen und weiterentwickeln, während sie auf katholischer Seite zurückgedrängt wurde und erst durch die Enzyklika „Divino afflante spiritu" von Papst Pius XII. 1943 offiziell anerkannt wurde. Mit dieser Enzyklika wurde auf katholischer Seite auch endgültig die allegorische Schriftauslegung zurückgestellt zugunsten der Bedeutung des Literalsinns der biblischen Texte.

3.6 Historisch-kritische Exegese

Will man die Bedeutung der so genannten „historisch-kritischen Exegese", die die gesamte Bibelwissenschaft bis heute entscheidend geprägt hat, für die Auslegung der Bibel verstehen, ist es hilfreich, die einzelnen Methodenschritte genauer zu betrachten. Sechs Methodenschritte sind es, die die konkrete Textauslegung im Horizont historisch-kritischer Forschung bestimmen.

I. Textkritik

Der *Textkritik* geht es um die Prüfung und Sicherung des Untersuchungsgegenstandes, des Textes. Im Einzelnen ist dazu die komplizierte Textgeschichte durch Vergleich von unterschiedlichen Textüberlieferungen in verschiedenen

Sprachen (s. o., 3.2) zu erheben, wobei versucht wird, eine wenigstens näherungsweise sichere älteste Textstufe als Grundlage zu erhalten, bzw. den zugrunde gelegten Text in seiner entsprechenden Fassung reflektiert von seiner Entstehung her bearbeiten zu können.

II. Literarkritik

Der *Literarkritik* geht es um die Prüfung der Einheitlichkeit des Textes. Im Einzelnen sind damit mehrere verschiedene Analyseschritte gemeint. Zuerst muss der zu untersuchende Textabschnitt extern und intern abgegrenzt werden, d. h. durch entsprechende Hinweise aus dem Text muss die Abgrenzung zum vorausgehenden und nachfolgenden Text plausibel gemacht werden und intern die Geschlossenheit des Abschnittes begründet werden. Sodann folgen mehrere so genannte „Kohärenzprüfungen", die auf verschiedenen Ebenen nach möglichen Brüchen im Text suchen, die selbst wiederum Hinweis für die Uneinheitlichkeit des Textes sein könnten. Es erfolgt:

- die Überprüfung der thematisch-logischen Kohärenz (logische Brüche, Entfaltungen des Themas, Grundgedanken, Eintragungen, Randbemerkungen etc.),
- die Überprüfung der syntaktisch-stilistischen Kohärenz (Störungen der linearen Textverknüpfung auf der Ebene von Worten bzw. Wortgruppen, Sätzen, Eigenarten der Verbindung von Wortgruppen, der Wahl von Satztypen, der Aufbau des Textes),
- die Überprüfung der semantischen Kohärenz (Bedeutungsidentität von Begriffen im Text, Kombinierbarkeit der Verbindungen von Wortbedeutungen, Eigenarten in der lexikalischen Füllung von Sätzen etc.)

Auf der Grundlage dieser Überprüfungen wird eine Hypothese zur Entstehung des vorliegenden Textes formuliert, bei der folgende vier Basismöglichkeiten begegnen können:

- Es handelt sich um eine einfache Texteinheit (geschlossener und einheitlicher Text).
- Es handelt sich um eine erweiterte Texteinheit (ein ursprünglicher Text ist durch Zusätze im Text erweitert worden).
- Es handelt sich um eine ergänzte Texteinheit (unabhängig voneinander existierende Texteinheiten sind zusammengearbeitet worden).
- Es handelt sich um eine erweiterte und ergänzte Texteinheit (die beiden zuvor genannten Möglichkeiten des Textes finden sich kombiniert).

III. Form- und Gattungskritik

Der *Form- und Gattungskritik* geht es um das Aufspüren der Kommunikationsschemata in einem Text. Dazu ist es nötig, zuerst die individuelle Gestalt (Form) des Textes zu erfassen, dann die typische Struktur (Gattung) durch Vergleich mit ähnlich gestalteten Texten zu ermitteln, um schließlich die Kommunikationssituation des Textes durch Vergleich von Funktion und Intention des Einzeltextes mit Funktion und Intention der Gattung zu untersuchen.

IV. Motiv- und Traditionskritik

Der *Motiv- und Traditionskritik* geht es um die Untersuchung der verarbeiteten Gedanken bzw. Vorstellungen. Dazu müssen zuerst Motive aufgespürt werden, diese dann auf mögliche vorhandene Traditionen hin geprüft werden, um schließlich die Art und Weise der Verarbeitung der Motive bzw. Tradition(en) im vorliegenden Text zu ermitteln.

V. Überlieferungskritik

Die *Überlieferungskritik* versucht, den gesamten Prozess der Entwicklung zu erfassen, indem mögliche vorliterarische (mündliche) Stadien des Textes untersucht werden. Verfechter einer enggezogenen und strengen Methodik modifizieren diesen Arbeitsschritt oder lehnen ihn vollständig ab, weil sie den Übergang in der Analyse von schriftlicher zur mündlichen Form mit Methoden, die an und für schriftlich fixierte Texte entwickelt wurden, als nicht zu rechtfertigen ablehnen.

VI. Kompositions- und Redaktionskritik

Der *Kompositions- und Redaktionskritik* geht es um die Untersuchung des Wachstumsprozesses des Textes. Dieser Arbeitsschritt korrespondiert unmittelbar mit dem zweiten, der Literarkritik, weil er in gewisser Weise die Synthese zur Analyse der Literarkritik darstellt. Die am Ende der Literarkritik erstellte Hypothese zur Entstehung des Textes findet ihre notwendige Überprüfung in diesem Arbeitsschritt, der das Wachstum von der einfachen Einheit zum vorliegenden Gesamttext zu erklären hat. Dazu ist es nötig, die einzelnen erarbeiteten Textstufen den aus anderer Literatur bekannten Bearbeitungsstufen (Makro-Text) zuzuweisen bzw. im Horizont bekannter literaturgeschichtlicher Entwicklungen des Alten Testamentes zu erklären. Sein Ziel findet dieser Arbeitsschritt in der Beschreibung des situativen und literarischen Kontextes des jeweiligen analysierten Mikro-Textes von der Situation und Intention des Makro-Textes her. Es geht also um die plausible Einordnung des im Kleinen erarbeiteten in den größeren Zusammenhang.

Das so entwickelte Instrumentarium der historisch-kritischen Bibelwissenschaft versucht also, durch breit angelegte Einzelarbeiten, die alle aufeinander bezogen sind, den ursprünglichen Textsinn herauszuarbeiten. Im Laufe der Geschichte lässt sich aber feststellen, dass einzelne Methodenschritte dieses Gesamtkonzeptes immer wieder herausgelöst wurden und sich verselbständigt haben, sodass ganze Forschungsrichtungen von den Schwerpunkten einzelner Methodenschritte bestimmt waren.

3.7 Die alte Bibel neu erschließen

Den meisten Menschen, die sich heute mit der Bibel beschäftigen, geht es aber vornehmlich um das Verstehen der Texte, nicht um das Wissen über deren Entstehung. Wie man nicht unbedingt Automechaniker sein muss, um gut Auto fahren zu können, so muss man auch nicht die Genese eines Textes analysieren können, um ihn zu verstehen. Wichtiger scheint es zu sein, dass man Verstehensgrundlagen der Bibel reflektiert und berücksichtigt, um die Bibel dann im Sinn der Bibel auszulegen („Biblische Auslegung"), in Bedenken dessen, was die Bibel ist (Heilige Schrift) und wie sie uns vorliegt (Büchersammlung). Will man die hermeneutischen Leitlinien zur christlichen Bibel konkret und praktisch anwenden, dann ist man als christliche/r Leser/in zuerst auf das „Lesen" verwiesen, denn die Bibel ist Buch gewordenes Glaubenszeugnis, d. h. viele Generationen haben ihre Erfahrungen und Zeugnisse in die Texte einfließen lassen und dabei ein Zeugnis von ihren eigenen „Leseerfahrungen" abgelegt. In den traditionellen Ausgaben der Hebräischen Bibel finden sich von den großen jüdischen Gelehrten, den „Masoreten", Hinweise auf solche Verbindungen, die im Text der Bibel als Randbemerkung notiert sind. Die Leser finden dort in der so genannten *Randmasora* Anleitungen, um einen Text aus seiner Verbindung zu anderen Texten heraus zu verstehen. Gleiche Worte, ähnliche Wendungen oder syntaktische Eigentümlichkeiten, die als Signal dienen, um Bezüge zwischen Texten herzustellen, stellen die Brücke dar, über die die Lesenden von einem Text zum anderen gelangen, bzw. den einen Text in einen anderen Text einspielen können. So kann beispielsweise ein Leser des Jona-Buches entdecken, dass die Äußerung des Propheten „Darum nimm mir jetzt lieber das Leben, HERR! Denn es ist für mich besser zu sterben als zu leben" (Jona 4,3) keine Äußerung eines Lebensmüden ist, sondern ein Hinweis auf den Propheten Elija, von dem in 1 Kön 19,4 ein entsprechender Wunsch überliefert ist. Dort bei Elija ist die Äußerung aber eingebettet in einen großen Zusammenhang von Textverbindungen zur Geschichte und Gestalt des Mose in Num 11 bzw. Ex 33, sodass in der Zusammenschau der verschiedenen Texte deutlich wird, nicht dass alle großen Gestalten des Alten Testamentes lebensmüde waren, sondern dass Jona wie Elija wie Mose um ihren prophetischen Auftrag ringen und dabei Gott herausfordern, weil es beim Propheten um das Ganze seiner Existenz, um Leben und Tod, geht.

Dieses „Zusammenspiel" der Texte, das schon das Verstehen der großen Textsammlung des Alten Testamentes erschließt, bestimmt den Zusammenhang von Altem und Neuem Testament ebenso stark, sodass die – literaturwissenschaftlich gesprochen – intertextuellen Bezüge für das Verständnis des Neuen Testamentes noch intensiver zu beachten sind.

Dabei zeigt schon das erste „Erfüllungzitat" im Neuen Testament (Mt 1,22f) sehr schön, dass „Erfüllung" nicht als Beweis in dem Sinn zu verstehen ist, dass nun ein (orakelhaftes) Wort eines Propheten „eingetroffen" ist. Das entspricht überdies weder dem biblischen Prophetenverständnis, das einen „berufenen Rufer" und keinen „Vorhersager/ -seher" meint, noch dem biblischen Denken von „Verheißung und Erfüllung". Mit dem Zitat aus Jes 7,14 wird in Mt 1,23 zuerst einmal eine bedeutsame „Glaubensgeschichte" aus dem AT „eingespielt" (vgl. den Deutevers in Jes 7,9 «glaubt ihr nicht, so bleibt ihr nicht»). Dann aber verhindert der Evangelist eine allzu schnelle Gleichsetzung dadurch, dass er dieses Erfüllungszitat an den an Josef ergangenen Auftrag, das Kind „Jesus" zu nennen, anfügt, sodass eine Spannung durch die unterschiedlichen Namen „Jesus" und „Immanuel" entsteht. Die Spannung wird dann zum Spannungsbogen, der das ganze Evangelium zusammenhält, denn er wird erst im letzten Satz des Evangeliums aufgelöst. In Mt 28,20 sagt der Auferstandene seine Jüngern «Seid gewiss: Ich bin bei euch alle Tage bis zum Ende der Welt».

Das „Immanuel" – „Gott mit uns" erklärt sich also in dieser Zusage des Auferstandenen. Vom Erfüllungsgedanken her ist dabei beachtenswert, dass auch hier die Verheißung aus Jesaja nicht eingetroffen und „erledigt" ist, sondern der Auferstandene bestätigt sie ja gerade bis ans Ende der Tage. Die Erfüllung einer Verheißung meint also eine Bestätigung oder Bewahrheitung. In der Erfüllung erweist sich die Verheißung als gültig!

Auf diesem Hintergrund deutet sich das Verhältnis von AT und NT, und dieses „Bezugssystem" eröffnet auch einen konkreten Zugang zum Verstehen der Texte der Bibel. Das Aufdecken solch intertextueller Bezüge in der Bibel kann folglich nicht nur anregend sein, sondern stellt eine elementare Leseforderung dar, ohne die es gar kein Verstehen der Texte in ihrem „eigenen Sinn" geben kann. Bei jedem Lesen eines biblischen Textes – auch und gerade beim wiederholten – wird und kann man neue Bezüge entdecken, besonders wenn man zwischenzeitlich andere Bibeltexte gelesen hat und diese erinnernd einbringen kann. Viele Bibelausgaben geben durch Querverweise auch gute Hilfestellung zum Einstieg in ein solches Lesen der Bibel (man muss diese Stellenangaben allerdings so verstehen, dass nicht ein Vers nachgeschlagen, sondern der entsprechende Abschnitt, der Kontext, herübergeholt wird). Mit jedem Lesen der Bibel bzw. ihrer Texte sammelt man folglich nicht nur neues Wissen über ein spezielles Buch, sondern man bekommt einen Schlüssel, um in immer neue Räume in diesem „Lebenshaus" Bibel vorzudringen.

4 Die christliche Bibel – gelesen als „EIN Buch"

4.1 Das Unterfangen einer „bibelkundlichen Nacherzählung"

«Was wir hörten und erfuhren, was uns die Väter erzählten, das wollen wir unseren Kindern nicht verbergen, sondern dem kommenden Geschlecht erzählen: die ruhmreichen Taten und die Stärke des Herrn, die Wunder, die er getan hat.» So formuliert Ps 78,3–4 ein wesentliches Konzept der Bibel: die Weitergabe des Schatzes an Erfahrungen, die Menschen mit Gott gemacht haben, und der wesentlichen Texte, die Menschen als Weisungen und Offenbarungen Gottes erkannt und angenommen haben (z. B. „Gesetz" und „Weisung" in Ps 78,5). Der 78. Psalm selbst verwirklicht dieses Konzept, indem er die Geschichte Israels vom Auszug aus Ägypten bis zu König David nacherzählt und dabei keinen Zweifel an der Bewertung und Deutung der Ereignisse lässt: Gott hat sein Volk befreit und zeigt sich auch dann, als sich die Israeliten von Gott abwenden, immer wieder als barmherzig, vergebend, hilfreich und liebevoll. In ähnlicher Weise wird in Dtn 26,5–9 eine Geschichte erzählt, um ein Bekenntnis abzulegen und die Treue zum Gott der Befreiung auszudrücken.

Die Bibel erzählt eine Geschichte Gottes mit den Menschen und wie die Menschen diese Geschichte erlebt, reflektiert, durchlitten und bejubelt haben. Das Ergebnis ist eine große Vielfalt an Stimmen und Stimmungen, an Textsorten und theologischen Perspektiven. So ist die Bibel keine systematisch geordnete Sammlung theoretischer Abhandlungen. Ihr Ordnungsprinzip ist vielmehr über weite Strecken hinweg eben die „Geschichte" Gottes mit den Menschen und der Menschen mit Gott. Dabei heißt „Geschichte" aber nicht, die Ereignisse so darzustellen, „wie es wirklich war". „Geschichte" ist im biblischen Sinn vielmehr ein Mittel, die dynamische Entwicklung einer Beziehung zwischen Gott und den Menschen, näherhin Gottes auserwähltem Volk, in Form von „Geschichten" erzählerisch auszugestalten. Geschichte wird nicht aus dem Interesse heraus erzählt, geschehene Fakten wiederzugeben, sondern um eine Botschaft zu vermitteln: wie Menschen ihre Herkunft von alters her, ihre Rolle in der Welt und ihr eigenes persönliches Ergehen als das Handeln dieses Gottes deuten und wie sie darauf angemessen reagieren, wie sie zu Gott stehen, wie sie sich zu ihren Mitmenschen und zu sich selbst verhalten. Diese Botschaft wird in einen durchgehenden Strom der Erzählung gekleidet.

Insofern ist das „Erzählen" eine ganz typische Form der biblischen Rede von Gott und somit auch eine sehr geeignete Weise, Theologie zu treiben. Sie widerspricht etwas dem heutigen, modernen Denken in systematischen Abhandlungen und abstrakten Texten. Und doch ist das Erzählen eine sehr gut geeignete Methode, menschliche Erfahrungen (mit Gott und in der Welt) zu bündeln, auf den Punkt zu bringen und an die nachfolgenden Generationen weiterzugeben. Daher erscheint es legitim, erzählend an den biblischen Texten entlangzugehen und so biblische Rede von Gott nachzuvollziehen. Das Neue Testament tut das sehr häufig mit dem Alten: Stephanus erzählt vor dem Hohen Rat die biblische Geschichte von Abraham bis zum Tempelbau durch König Salomo (Apg 7), Paulus greift bei seiner Predigt in Antiochia in Pisidien ebenfalls auf den Auszug aus Ägypten, die Landnahme sowie Saul und David zurück (Apg 13,17–23). Das Wissen um die Geschichte Gottes mit den Menschen und der Menschen mit Gott – wie sie in der Bibel erzählt wird – ist ganz entscheidend dafür, dass Menschen ihr Vertrauen auf Gott setzen können und nach seiner Weisung leben (Ps 78,6–7). Eine solche Nacherzählung wird auf den folgenden Seiten versucht.

Dabei wird eine christliche Perspektive eingenommen, die

sich bewusst ist, dass wir Christen im ersten und größten Teil unserer Heiligen Schrift als „Altes Testament" die Bibel Israels lesen, die bis heute die Heilige Schrift des Judentums ist. Die Grundlage für die folgende Nacherzählung ist – aufgrund praktischer Überlegungen – die christliche Bibel, wie sie in den heute üblichen Gesamtausgaben der Einheitsübersetzung oder der Lutherbibel (mit Spätschriften/Apokryphen) vorliegt. Diese Bibelgestalt ist ungeheuer einflussreich – aber sie ist nicht die einzig mögliche Form (s. o., Die äußere Form der Bibel, S. 16 ff). Die heutige „Standardbibel" im katholischen Bereich, die „Einheitsübersetzung" (EÜ), geht hinsichtlich ihres Umfangs und ihrer Anordnung weitgehend auf die Kanonaufstellung der *lateinischen* Bibel des Konzils von Trient 1546 (DH 1502–1503) zurück, übersetzt aber aus dem *hebräischen* bzw. *griechischen* Text. Insofern schöpft die EÜ aus einer langen Tradition und vermischt diese Überlieferungen. Ist man sich dessen bewusst, kann man mit der EÜ als sehr weit verbreiteter deutschsprachiger Übersetzung arbeiten.

Von dieser Textgrundlage her geht es hier um die möglichen Wahrnehmungen durch Leserinnen und Leser, denen das Ganze der Bibel vor Augen steht. Entscheidend für das Verstehen eines Textes ist immer auch der Zusammenhang, in dem er steht – bei biblischen Texten, die in christlicher Perspektive gelesen werden, ist dies die gesamte Bibel Alten und Neuen Testaments. Sie liefert einen Hintergrund für den einzelnen Abschnitt, der dem, was Leserinnen und Leser an Sinn und Bedeutungen in ihm finden können, noch einmal einiges hinzufügt: Durch die Einbettung in den gesamtbiblischen Kontext entstehen bei jedem Einzeltext neue Sinnmöglichkeiten, die ihn in einem anderen (vielleicht helleren) Licht erscheinen lassen, als wenn man ihn „isoliert" liest. Es ist ein großes Privileg der modernen Zeit, „Vollbibeln" zur Verfügung zu haben, sodass es viel leichter als in früheren Jahrhunderten ist, sich einen Gesamtüberblick über die Bibel zu verschaffen.

In der hier unternommenen Nacherzählung geht es also nicht um Details. Diese können *in eigener Lektüre*, für die „Lesetipps" gegeben werden, nachgearbeitet werden. Es sollen die „großen Bögen" vorgestellt werden, die durchlaufenden Linien, die Vernetzungen und Verklammerungen, die über Abschnitte, Kapitel, Bücher und Buchgruppen hinwegreichen. Die „normale" Wahrnehmung der Bibel, die meist über das Hören einzelner Texte im Gottesdienst läuft, ist häufig in Abschnitte zergliedert. Insofern versteht sich diese Nacherzählung als Hilfestellung, das Ganze wieder in den Blick zu bekommen und damit – wenigstens im Ansatz – das zu erkennen, was der jüdische Religionsphilosoph und Bibelübersetzer Martin Buber „die gewaltige Synoptik der Bibel" genannt hat (M. Buber, Zur Verdeutschung des letzten Bandes der Schrift. Beilage zu „Die Schriftwerke", Köln/Olten 1962, S. 3). Syn-Optik ist das „Zusammenschauen" der vielen Abschnitte, Teile und Bücher, in die die Bibel zerfällt. Und man wird – wie sooft im Leben – sehen, dass das Ganze mehr ist als die Summe der Einzelteile. Insofern ist diese Nacherzählung als Hilfe für einen ersten Zugang gemeint: Der gutwillige Vorsatz „ich lese jetzt die ganze Bibel" soll nicht zu Frustrationserfahrungen führen, weil man an Details hängen bleibt und den Wald vor lauter Bäumen nicht mehr sieht. Mit einem Gesamtüberblick, wie er hier als Vorschlag unterbreitet wird, mag es einladend erscheinen, die Lektüre zu beginnen. Vom Wissen um das Ganze kann dann wieder leichter ins Detail gegangen werden, und dieser Vorgang wird sicher nicht nur einmal, sondern immer wieder stattfinden. Es ist nicht angezielt, die Lektüre der Bibel selbst zu ersetzen – im Gegenteil: Die Bibel sollte beim Lesen der folgenden Seiten immer griffbereit sein. „Lesetipps" werden grau hinterlegt .

4.2 Die fünf Bücher des Mose

Das Buch Genesis

Genesis – „Ursprung": Dieses Buch erzählt die Ursprünge der Welt, der Menschen und des Volkes Israel. Dabei geht es nicht um Naturwissenschaft, Ahnenforschung oder Soziologie, sondern um die theologische Deutung der Welt, wie sie ist, und um die Beantwortung der Frage: Woher kommen wir – als Menschen und als Israeliten? Es wird nicht theoretisiert, sondern es werden Geschichten erzählt: Das Buch Genesis lässt sich als Fortsetzungsroman in zehn unterschiedlich langen „Kapiteln" mit einem Vorwort lesen. Die zehn „Kapitel" werden jeweils mit der Wendung „Das ist die Geschlechterfolge nach ..." und einem Personennamen eingeleitet. Diese Personen und die mit ihnen verbundenen Geschichten bilden das Ordnungsprinzip der Genesis.

Das Vorwort der Genesis Gen 1,1–2,3 setzt grundsätzlich an, eben: „im Anfang". Dahinter wird nicht zurückgefragt – und das erste, was Gott tut, ist sprechen. „Gott sprach: Es werde Licht! Und es wurde Licht." Und dann wird die gesamte wahrnehmbare Welt als ein wohlgeordnetes, gutes Ganzes geschildert. Am Ende sieht Gott alles an und beurteilt es als „sehr gut". Auch die Menschen haben darin ihren Platz, zweigeschlechtlich, wie sie eben sind, und ihre Aufgabe ist es, Gott, den Schöpfer, zu repräsentieren: Gott schuf sie „als sein Bild", wie damals das Bild eines Herrschers den Herrscher selbst repräsentierte und sein Recht in Kraft setzte. Der Gipfel des Idealbildes, die Krone der Schöpfung, ist die Ruhe Gottes am siebten Tag, am Sabbat. So verankert die Bibel den Rhythmus aus sechs Arbeitstagen und dem göttlichen Geschenk des Ruhetages „im Anfang", in der idealen Schöpfungsordnung.

Ab Gen 2,4 wird die Geschlechterfolge (die EÜ hat hier „Entstehungsgeschichte") des Himmels und der Erde erzählt, wie sie gerade geschaffen wurden, einschließlich des

Menschen: Es geht um das (unrühmliche) Benehmen der ersten Menschen. Das erste Kapitel Gen 2,4–4,26 zeigt, wie die Wirklichkeit wirklich ist: Der Mensch ist ein vom Staub des Ackerbodens genommenes Wesen, das eigentlich den Garten Gottes pflegen sollte, aber nach Erkenntnis strebt und Gottes Gebot missachtet. Mit dem Mythos von den Bäumen erklärt die Bibel zwei menschliche Grundeinsichten: Der Mensch isst vom „Baum der Erkenntnis von Gut und Böse", was bildhaft die Erfahrung ausdrückt, dass der Mensch als ein sittliches Wesen sehr wohl um Gut und Böse weiß: Er kann keine indifferenten Handlungen tun oder Haltungen einnehmen, er muss sich entscheiden, muss tagtäglich Lebensförderliches und Lebensabträgliches unterscheiden. Ist der Mensch darin „wie Gott" geworden, ja hat er sogar seine Sterblichkeit erkannt, so fehlt ihm jedoch zur Göttlichkeit die Unsterblichkeit: Der Mensch darf nicht vom „Baum des Lebens" essen. Erkenntnis wie ein Gott – und sterblich wie ein Tier: so beschreibt die Bibel in Anlehnung an andere Mythen des alten Vorderen Orients das Grunddilemma des Menschen. Der Brudermord Kains an Abel ist nur ein erster Vorbote künftiger Konflikte. Trotz eines Neuansatzes danach (Gen 5) nimmt die Bosheit der Menschen so überhand, dass Gott in der großen Flut Gen 6,5–9,29 eigentlich die Schöpfung zurücknehmen möchte. Die Erzählung spiegelt das Ringen mit der Grundspannung zwischen dem an sich „sehr guten" Werk Gottes und dem doch darin auftretenden Bösen wider. Dass Gott eine derartige Totalvernichtung nie wieder vornehmen will (8,21–22), erklärt das stetig erfahrbare Nebeneinander von Gut und Böse in der Welt des Menschen. Im Zuge des Neuanfangs nach der Flut kommt es zur Ausbreitung der Menschen über die Erde, wobei Gott sogar durch die Verwirrung der Sprache(n) etwas nachhelfen muss: Gen 11,1–9 .

Hatte Gott schon mit dem aus der Flut geretteten Noach einen Bund geschlossen, so stellt er ab Gen 12 die Beziehung zu den Menschen auf eine persönliche Basis: Gott erwählt einen Menschen als personales Gegenüber. Abraham erhält zwei Verheißungen und die Zusage, ein Segensmittler für die Menschheit zu sein (Gen 12,1–3). Land und Nachkommenschaft, zwei wesentliche Grundvoraussetzungen menschlicher Existenz in größerer Gemeinschaft, sind diese Versprechungen Gottes, die ein erhebliches Spannungspotential in sich bergen. Es dauert lange, bis der verheißene Nachkomme Abrahams als Sohn in Fleisch und Blut da ist: Isaak. Die eigenmächtige Lösung Abrahams mit Hagar und ihrem Sohn Ismael handelt die Bibel knapp ab (Gen 16,1–16; 25,12–18). Aber erst am Anfang des Buches Exodus wird festgehalten, dass aus den Nachkommen Abrahams wirklich ein großes Volk geworden ist (Ex 1,7). Und die Landverheißung kommt innerhalb der fünf Bücher des Mose (dem Pentateuch) noch nicht zu ihrem endgültigen Ziel.

Das Buch Genesis erzählt eine Fülle von Geschichten voller Gefährdungen, von Konflikten zwischen Brüdern (Jakob und Esau) und unter Frauen (Gen 29,1–30,24), Krisen und viel Mühsal, bis aus der Abraham-Isaak-Jakob-Linie endlich zwölf Söhne dastehen, die den Grundstock des Volkes Israel bilden. Es sind keine Heldengeschichten und keine Ruhmestaten, die das Buch Genesis erzählt. Israel beweist sowohl Selbstbewusstsein als auch die Einsicht in die eigene Heterogenität und Hinfälligkeit sowie einen Schuss Ironie und Humor, wenn es die Ursprungsgeschichte des eigenen Volkes so darstellt. Viele andere Völker hatten dazu nicht den Mut und entwickelten ideologische Wunschgebilde.

Das letzte und längste der zehn Kapitel, die „Geschlechterfolge nach Jakob", Gen 37–50 , ist besser als „Josefsgeschichte" bekannt und inspirierte immer wieder zu künstlerischen Bearbeitungen (man denke nur an Thomas Manns Roman „Joseph und seine Brüder" oder das Musical „Joseph and the Amazing Technicolor Dreamcoat" von Andrew Lloyd Webber). Doch alle zwölf Söhne spielen ihre Rolle in diesen Kapiteln. Von Juda wird die Geschichte seiner außergewöhnlichen Schwiegertochter Tamar erzählt, die sich in einer von Männern dominierten Welt durchsetzt und – zu ihrem eigenen Nutzen – die gefährdete männliche Abstammungslinie Judas fortsetzt. Diese Linie wird immerhin zu König David führen! (Gen 38; Rut 4,18–22)

Die Josefsgeschichte selbst ist dadurch gekennzeichnet, dass durch viel Böses und Unglück hindurch dennoch Gutes geschehen kann – durch das nahezu unsichtbare und doch effektive Wirken Gottes. Am Ende kommt es zur großen Versöhnung aller Brüder. Ein für die gesamtbiblische Linie nicht unerheblicher Nebeneffekt der Josefsgeschichte besteht darin, dass sie erklärt, wie die Kinder Israels nach Ägypten kamen. So wird hier schon die Bühne bereitet für das größte aller Wunder Gottes, das im nächsten Buch erzählt wird.

Das Buch Exodus

Der Übergang vom Buch Genesis zum Buch Exodus entspricht dem Übergang von der Großfamilie zum Volk: 70 Personen sind nach Ägypten gezogen, die zwölf Söhne werden in Ex 1,1–4 noch einmal aufgezählt. In Ägypten erwächst daraus ein großes Volk, das zum „Ausländer-Problem" für die Ägypter wird: Die Ägypter begegnen dem Volk Israel mit Unterdrückung und Diskriminierung bis hin zum Völkermord (Tötung der männlichen Neugeborenen). Mit der Unterdrückung Israels beginnt ein Spannungsbogen, der bis zur Buchmitte reicht. Nach Kindheit und Jugend des Mose kommt es in Ex 3–4 zur ersten direkten Begegnung zwischen Gott und Mose. Trotz seiner Einwände wird Mose berufen, das Volk Israel aus der Unterdrückung durch die Ägypter zu führen. Der Höhepunkt dieser Kapitel ist die Offenbarung des „Eigennamens" Gottes: JHWH (EÜ: Jahwe). Die Erklärung dieses Namens als „der Ich-bin-da" ist mehr ein Rätsel als eine Antwort, offen für vielerlei Deutungen, sodass z. B. die griechische Übersetzung daraus

Der Gottesname ist in der Hebräischen Bibel unvokalisiert überliefert und besteht aus den vier Konsonanten J-H-W-H (יהוה – das so genannte Tetragramm, das bisweilen auch in christlichen Darstellungen, z. B. der Dreifaltigkeit, auftaucht). Jüdischer Tradition zufolge darf der Name gar nicht ausgesprochen werden, um das Verbot des Namensmissbrauchs in den Zehn Geboten nicht zu verletzen. Die jüdischen Gelehrten, die den Konsonantentext der Hebräischen Bibel im 8.–10. Jh. n. Chr. mit Vokalzeichen versehen haben (die Masoreten), haben zu diesen vier Konsonanten die Vokale eines anderen Wortes gesetzt, sodass die Leser sofort wissen, dass etwas anderes zu lesen sei als eigentlich geschrieben steht. Als Ersatz wurde das hebräische Wort für „Herr" (*'adonaj*) gewählt (bzw. dort, wo bei JHWH schon „Herr" stand, das Wort *'elohim* = Gott). Wenn man nicht durchschaut, dass die Vokalzeichen andeuten, dass ein ganz anderes Wort laut zu lesen sei (nämlich *'adonaj* oder *'elohim*), versucht man künstlich die Vokale mit JHWH zu verbinden, sodass die berühmt gewordene Fehllesung „Jehova" entsteht. Dagegen konnte die sprachwissenschaftliche Forschung mit gewisser Wahrscheinlichkeit erheben, dass das Tetragramm vermutlich *Jahwe* oder *Jahwä* ausgesprochen wurde. Es ist jedoch nicht ratsam, den Gottesnamen aufgrund einer hypothetischen Rekonstruktion auszusprechen, sondern eher sinnvoll, den Respekt der Tradition vor diesem Gottesnamen beizubehalten. Damit ergibt sich ein Unterschied zwischen Schriftsprache und gesprochener Sprache, wie er auch im Alltag immer wieder begegnet. Auch in diesem Buch wird die Schreibweise JHWH beibehalten.

Eine inhaltliche Füllung der Namensoffenbarung anhand von Ex 3,14 mit Hilfe des dort genannten hebräischen Verbs *hajah*, das zwar mit „sein" als eine Art Hilfsverb im Satz eine Funktion übernimmt, aber nicht im Sinne von „existieren" o. ä. zu verstehen ist, gelingt nicht. Es bleibt das Rätsel „Ich (bin) ich" (*'Ehje ascher 'Ehje*) – eine Wendung, die auf Ex 34,6 vorausverweist, wo wörtlich „JHWH ist JHWH" steht und dann eine nähere Bestimmung Gottes folgt (s. S. 94). Im Gegensatz zu den vielen „sprechenden", d. h. eine klare Bedeutung und Zuständigkeit ausdrückenden Götternamen der Antike zeigt sich hier eine Besonderheit des israelitischen Gottesglaubens.

Es ist klar, dass sich daraus Schwierigkeiten bei der Übersetzung ergeben. Die griechische Übersetzung (Septuaginta; S. 65 f) greift auf das genannte Ersatzwort „Herr" zurück, wenn sie JHWH durch *kyrios* (Herr, Besitzer) wiedergibt. Im Griechischen bezeichnet *kyrios* denjenigen, der über eine andere Person oder Sache entscheidet – was gut zu Menschen und Göttern passt. Hingegen geht es nicht um die vielleicht im Deutschen mitklingende Assoziation von „Herr" als Gegensatz zu „Dame". In den modernen deutschen Übersetzungen finden sich die Wiedergaben mit *JHWH, Jahwe, Herr* und *HERR*. Martin Buber und Franz Rosenzweig wählen als eigenen Weg die Großschreibung des Personalpronomens zur „Umschrift" des Tetragramms, also *ER, SEIN, ICH, MEIN* – je nach Kontext. Ein Übersetzungsvergleich (s. S. 68) kann also auch in der Frage des Gottesnamens hilfreich sein. Moses Mendelssohn gibt in seiner Toraübersetzung (ca. 1774–1776) den Namen mit *der Ewige* wieder, was die jüdische Tradition in aller Welt bis heute sehr stark prägt. Eine weitere Umschreibung bzw. Leseweise ist *Ha-Schem* („der Name").

„den Seienden" macht, was gut in die griechische Philosophie passt. Gott wird durch diesen „Namen" nicht greifbar und verfügbar, anders als es sonst mit Namen der Fall ist: Hier verleiht die Kenntnis des Namens keine Macht über das Wesen. Dennoch ermöglicht die „Namensoffenbarung" eine enge Beziehung zwischen Mose und Gott, die für das nun Folgende auch notwendig ist. Die Namensoffenbarung wird aber erst in Ex 34,5–7 vollendet, wenn im Zuge der Bundeserneuerung der eigentliche „Inhalt" der Gottesoffenbarung mitgeteilt wird (s. S. 90 und 91).

Die folgenden Kapitel des Exodusbuches sind gekennzeichnet von der Auseinandersetzung zwischen Gott und Pharao. Sie sind die eigentlichen Kontrahenten, Mose fungiert gegenüber Pharao als Sprachrohr Gottes. Aus einem Wettbewerb in Sachen Magie wird bald blutiger Ernst für die Ägypter: Gottes Macht geht so weit, dass er selbst die erstgeborenen Söhne und dann die gesamte Armee vernichten kann. Die Bibel formuliert ganz aus der geschichtlichen Opferperspektive Israels und hegt keinerlei Mitleid mit den Unterdrückern. Hier spiegelt sich die lange Erfahrung der Israeliten und der Juden mit Fremdherrschaft, Besatzung und Ausbeutung – Leser, die damit nicht vertraut sind, stoßen sich an diesen grausamen biblischen Texten. Man muss jedoch berücksichtigen, dass die Bibel nicht „objektiv" Gott beschreibt, „wie er ist" (wer kann das schon?), sondern die Erfahrungen Israels subjektiv deutet und insofern Gott als „parteiisch" (immerhin aber auf der Seite der Unterdrückten und der Opfer, hier „Israel" gegenüber „Ägypten") schildert.

In diesem Sinne dominiert hier aus der Sicht Israels der Gedanke der Rettung und Befreiung – zur Erinnerung an diese Ereignisse wird das Pessach-Fest gestiftet: Ex 12,1–13,16 . Bis heute wird beim Pessach-Fest in der jüdischen Familie dieses Geschehen gegenwärtig. Auf das Fest folgt der Aufbruch und die Rettung Israels durch das Wunder am Schilfmeer: Ex 13,17-14,31 . Am Ende steht der Glaube

Israels an Gott und Mose, seinen Knecht. Das ist das Ziel: Zu diesem Glauben sollen die Leser dieser Geschichte auch kommen.

Nach dem Wunder kommt der Alltag: der mühevolle Weg durch die Wüste. Der nächste Halt- und Höhepunkt ist die Lagerung am Sinai, wo der Auszug aus Ägypten offiziell zu seinem Ende kommt (vgl. Ex 3,12). Hier ist der Ort, an dem Israel die zentrale Offenbarung der Weisung Gottes, der Tora, bekommt. Daher sind in der Konzeption der Erzählung alle folgenden Kapitel, das gesamte Buch Levitikus und die ersten zehn Kapitel des Buches Numeri am Sinai verankert (Sinaiperikope). In Ex 19 erscheint Gott in gewaltiger Weise Mose und dem Volk am Berg Sinai. Dieses entscheidende Kapitel thematisiert die ausdrückliche Erwählung Israels zu einem heiligen Volk, die Zustimmung des Volkes – noch vor der Offenbarung der Weisungen Gottes (vgl. Ex 19,8; 24,7)! – und die Etablierung des Mose als Vermittler der göttlichen Offenbarung.

Noch nicht das Volk in der Erzählung, wohl aber die Leser des Exodusbuches erhalten in Ex 20 eine Vorab-Zusammenfassung der wichtigsten Inhalte der Weisung Gottes: die „Zehn Worte", die mit der grundlegenden Voraussetzung beginnen, dass Gott das Volk aus der Unterdrückung in Ägypten befreit hat. Die Akteure in der Erzählung erfahren von diesen Worten Gottes noch nichts, denn die Reaktion des Volkes in Ex 20,18 lässt nicht erkennen, dass es inhaltlich etwas mitbekommen, sondern nur eine eindrucksvolle Erscheinung gesehen hat. Das Volk bittet Mose um Vermittlung (Ex 20,19–21), was sowohl in der Erzählung selbst als auch für den Leser die Autorität des Mose (und damit seiner Schrift, der Tora!) mit großem Gewicht versieht. Erst viel später, im Lande Moab (Dtn 5), teilt Mose dann dem Volk die „Zehn Worte" mit. In Ex 21–31 folgen nun viele Weisungen und Vorschriften für Gottesdienst und Alltagsleben. In Ex 21–23 verschriftet Mose die Rede Gottes als Bundesurkunde. Nach dem feierlichen Bundesschluss in

Ex 24 steigt Mose allein auf den Berg und erhält die Anordnungen für den Bau des Heiligtums, durch das Gott mitten unter dem Volk wohnen will.

Die lange Abwesenheit des Mose löst eine Krise im Volk aus – die Israeliten wählen nun eine andere Manifestation des Göttlichen und übertragen die positiven Erfahrungen mit ihrem Gott JHWH („Befreiung") auf das „Goldene Kalb": Ex 32. Diese Geschichte thematisiert den grundsätzlichen Abfall von JHWH. Es ist ein dorniger Weg, der zur Versöhnung führt, die Mose als Fürbitter für das Volk erwirkt. Am Ende dieses Versöhnungsprozesses wird die Namensoffenbarung von Ex 3,14 (s. o.) mit der Wendung „JHWH ist JHWH" (so wörtlich, gegen EÜ) fortgeführt und inhaltlich gefüllt: JHWH zeigt sich dem Mose als barmherziger und gnädiger Gott, langmütig und reich an Huld und Treue: Ex 34,5–7. Tausenden Generationen erweist Gott seine Huld – ein Zeitraum, den der Mensch nicht überblicken kann. Doch Gott lässt den Sünder nicht ungestraft, d. h. der Mensch bleibt sittlich verantwortlich, und Gott überprüft (nicht „verfolgt" wie in EÜ!), ob sich das Fehlverhalten der Väter bei den Söhnen und Enkeln wiederholt. Die dritte und vierte Generation – das ist ein Zeitraum, den ein Mensch in seinem Leben noch überblicken kann. So versucht die Formel, die Grundspannung von Gottes Barmherzigkeit und Gottes Gerechtigkeit in eins zu bringen – unter dem eindrucksvollen Verhältnis von 1000 zu 3(4). Diese „Gnadenformel" – ein ganz zentraler Satz für die Frage nach dem Gottesbild des Alten Testaments! – wird in der Bibel mehrfach aufgegriffen (vgl. Num 14,18; Neh 9,17; Ps 86,15; 103,8; 145,8; Joël 2,13; Jona 4,2).

Der Schluss des Exodusbuches (35–40) beschreibt den Heiligtumsbau genau nach den Vorschriften von 25–31. Aufgrund der Versöhnung wird die Gegenwart Gottes mittels dieses Zeltes als Offenbarungsort mitten unter den Menschen möglich.

Sofort am Beginn des Buches Levitikus wird praktisch umgesetzt, was im Buch Exodus konzipiert wurde: Gott spricht zu Mose vom „Offenbarungszelt" aus und gibt erste Anordnungen. Wenn in Exodus die Bauordnung gegeben wurde, so folgt in Levitikus die Hausordnung des Heiligtums. Detaillierte Vorschriften regeln den Kultbetrieb und den Dienst der Priester. Sie sind Angehörige des Stammes Levi – daher kommt ihre Bezeichnung „Leviten" und der Name des Buches Levitikus. Die genauen Regelungen dienen dem Schutz der Menschen, wenn sie mit dem heiligen Gott in Beziehung treten. Mensch und Gott sind grundverschieden, was die Heilige Schrift mit dem Gegensatz von „heilig" und „profan" ausdrückt. Doch erst diese Verschiedenheit macht Begegnung und Nähe möglich, denn das, was eins oder gleich ist, kann sich nicht begegnen. Die Begegnung des Verschiedenen ist jedoch – eben aufgrund der Gegensätze – zwar möglich, aber nicht unproblematisch. Schon im Buch Exodus wird mehrfach deutlich, dass die Begegnung zwischen Gott und Mensch besonderer Vorbereitung und Absicherung des Menschen bedarf. Levitikus setzt diese Anordnungen fort.

Heilig und profan, rein und unrein sind die Grundkategorien des Buches Levitikus. Genau geregelt ist auch das Ritual des Versöhnungstages, das die Mitte des Buches und der Tora ausmacht: Lev 16–17. Inhaltlicher Kern dieses Rituals, das uralte, z.T. nicht mehr deutbare Einzelheiten aufgenommen hatte, ist die Ermöglichung, einmal im Jahr eine generelle und grundlegende Versöhnung zwischen Mensch und Gott zu erlangen. Sie ist ein großartiges Geschenk Gottes, das die Menschen dankbar annehmen sollen. Erneut wird hier Gott als vergebender, stets einen Neuanfang gewährender Gott dargestellt. Der Mensch wird in seiner sittlichen Verantwortung ernst genommen – und zugleich wird ihm gezeigt, wie ein Scheitern in dieser Verantwortlichkeit aufgearbeitet werden kann und ein neuer Anfang gelingt, weil eben Gott barmherzig und langmütig ist. Im Judentum entwickelte sich daraus das wichtigste Hochfest *Jom Kippur*.

An den Neuanfang schließen sich Regelungen für das Alltagsleben an. Teils sind es rituelle Vorschriften, teils ethische. Darunter sind das Gebot der Ehrfurcht gegenüber den Eltern, das mit dem Verbot, fremde Götter zu verehren, gleichsam auf einer Stufe steht (Lev 19,3–4), das Verbot, andere auszunützen, den Lohn vorzuenthalten, Blinde in die Irre zu führen, und vor allem das Gebot der Nächstenliebe (Lev 19,18; vgl. Mt 5,43; Lk 10,25–37).

Das Gebot der Nächstenliebe – die „Goldene Regel"

Lev 19,18: «Du sollst deinen Nächsten lieben wie dich selbst.» – Fast könnte man sagen, die so genannte „Goldene Regel" (wann der Begriff auftaucht, ist nicht bekannt) gehöre zu den Universalien der Menschheit. Vielleicht ist die Formulierung in Lev 19,18 die älteste Fassung. Rabbi Hillel (um die Zeitenwende) fasste die gesamte Tora zusammen: „Was dir nicht lieb ist, das tue auch deinem Nächsten nicht" (vgl. auch Tob 4,15). Jesus greift das Gebot auf, Rabbi Akiba nennt es das Hauptprinzip der Tora. Möglicherweise hat auch Konfuzius die negative Formulierung gelehrt; als abstraktere Form begegnet sie im „kategorischen Imperativ" von Immanuel Kant: „Handle so, dass die Maxime deines Willens zugleich als Prinzip einer allgemeinen Gesetzgebung gelten könne".

Von christlicher Seite wird mitunter unterstellt, das Gebot von Lev 19,18 habe nur den jüdischen Volksgenossen als „Nächsten" im Auge, während Jesus eine weitere Perspektive habe und jeden Menschen meine. Dabei wird übersehen, dass in Lev 19,34 – nur wenige Verse weiter – eine ebensolche Liebe zum Fremden gefordert wird: «Der Fremde, der sich bei euch aufhält, soll euch wie ein Einheimischer gelten, und du sollst ihn lieben wie dich selbst; denn ihr seid selbst Fremde in Ägypten gewesen.» Hier kann also kein Gegensatz zwischen Jesus und dem Judentum aufgebaut werden, denn die universale Perspektive gilt sowohl für die Formulierungen im Buch Levitikus wie die in den Evangelien. Im Übrigen muss sich dieses Gebot stets im konkreten Alltag bewähren, es gilt immer im Bereich unserer konkreten Beziehungen, für die Menschen, die uns hier und heute physisch nahe sind. Da in der modernen Zeit – anders als in der Antike – die Menschen aber auch vom Schicksal der Leute in fernen, armen Ländern wissen, entsteht eine neue Herausforderung: sowohl die physisch nahe stehenden Menschen als auch die Armen weitab sind „Nächste", die es zu lieben gilt.

Vieles im Buch Levitikus erscheint heutigen, insbesondere christlichen Bibelleserinnen und -lesern fremd. Der Opferbetrieb, aus dem diese Vorschriften kommen, sowie der Tempel selbst sind ferne Vergangenheit. Was bleibt, ist der große Ernst, mit dem die Begegnung zwischen Menschen und dem lebendigen Gott betrachtet wird. Gott bleibt Gott, wird nicht verfügbar und planbar. Es ist eine große Gnade, sich Gott nahen zu dürfen, und die Vorschriften des Buches Levitikus – auch wenn sie im Christentum nicht mehr wörtlich umgesetzt werden – bezeugen diese Gnade. Aus der Begegnung mit Gott folgen zahlreiche Maßstäbe für das soziale Verhalten der Menschen untereinander. Hier dürfen heutige Leser die Perlen des Buches Levitikus sammeln. Als Beispiele seien neben der Goldenen Regel (s. o.) nur genannt: die Ehrfurcht gegenüber den Eltern (Lev 19,3), die Fürsorge für Arme und Fremde (Lev 19,10), die Verbote zu betrügen, den Lohn vorzuenthalten, den Blinden zu behindern, bei Gericht parteilich zu sein (Lev 19,11–18), das Gebot der Ehrfurcht vor dem Alter (Lev 19,32), das Verbot, andere zu übervorteilen (Lev 19,35–36), das Gebot der Dankbarkeit für die Ernte (Lev 23,9–14), die Idee einer generellen Entschuldung nach einem bestimmten Zeitraum, um Verarmung zu verhindern (Jobeljahr: Lev 25,8–31), die soziale Verantwortung für den Armen (Lev 25,35–38).

Das Buch Numeri

Im Buch Numeri wird viel gezählt (daher der Name) und inventarisiert. Zwei große Volkszählungen (Musterungen) rahmen es: Num 1–4 und Num 26. Zwischen beiden liegt die große Wüstenwanderung, denn in Num 10,11–12 bricht zuerst die Wolke als Verkörperung Gottes und dann das Volk vom Sinai auf. Diese Wüstenwanderung ist von zahlreichen Konflikten überschattet, vom wiederholten Abfall des Volkes von JHWH und stets neuer Versöhnung. Die zweite Volkszählung kommt dann zu dem Ergebnis, dass die erste Generation in der Wüste gestorben ist – nur Kaleb, Josua und natürlich Mose sind übrig geblieben. Josua wird der Nachfolger des Mose werden. Selbst Aaron ist gestorben – sein priesterlicher Dienst wird von seinen Söhnen und Enkeln wahrgenommen, darunter vor allem vom Priester Pinhas (Num 25). Die Priester erhalten die Aufgabe, den Segen Gottes, der einst der Schöpfung zugesprochen und dann Abraham weitergegeben wurde, dem Volk zu vermitteln: Num 6,22–27 .

Schon geht der Blick ins gelobte Land, es finden sich konkrete Vorschriften zur Verteilung des Landes und zum Leben dort, z. B. Institutionen und Erbrechtsbestimmungen. Das Volk steht an der Schwelle: in den Steppen von Moab, am Jordan bei Jericho – doch noch ist es nicht so weit.

Deuteronomium ist als lange Abschiedsrede und Vermächtnis des Mose konzipiert: In ermahnender und werbender Form gibt Mose dem Volk einen Rückblick auf das bisherige Geschehen unter der Führung Gottes sowie Weisungen für das Leben in dem Land, in das es hineinziehen wird. Auch werden hier erstmals die „Zehn Worte" (der Dekalog) dem Volk verkündet (Dtn 5,1–22 ; in Ex 20 ist es „nur" eine Information für die Leser des Buches). Zwangsläufig tauchen viele von den bisher schon genannten Rechtsvorschriften wieder auf – daher auch der Name: „deuteros nomos", griechisch „das zweite Gesetz" (vgl. Dtn 17,18). Mehrfach wird auch auf die Ereignisse während der Wüstenwanderung zurückgeblickt. Entscheidendes Zentrum ist die alleinige Verehrung JHWHs, und zwar als einzigem Gott: Dtn 6,4–9 . Das „Höre Israel" ist zunächst die Aufforderung zum Hören auf die folgenden Weisungen – später ist es zum Grundbekenntnis des Judentums zum einen und einzigen Gott geworden. Dem korrespondiert die alleinige Verehrung JHWHs ausschließlich in Jerusalem (die so genannte „Kultzentralisation", Dtn 12).

Das „fünfte Buch Mose" enthält zahlreiche Weisungen für den Gottesdienst, für das zwischenmenschliche Zusammenleben (Ehe: z.B. Dtn 22,13–29; 24,1–5, Rechtsalltag: Dtn 19,15–21), für Institutionen (König: Dtn 17,14–20; Militär: Dtn 20,1–20; 24,5, Prophetie: Dtn 18,9–22), insbesondere aber auch Anordnungen zur Fürsorge für die Armen (z.B. Dtn 15; 24,17–22). Genannt sind als Typen der besonders benachteiligten Personenkreise die Waisen, die Witwen und die Leviten. Letztere haben keinen eigenen Grundbesitz, sondern sind für den Priesterdienst bestellt und auf die Opfergaben der anderen Israeliten angewiesen. An diesen Anordnungen sieht man bereits, dass die Weisungen aus viel späterer Zeit stammen und gesellschaftliche Probleme und soziale Spannungen widerspiegeln. Als Lösung wird eine soziale Utopie der innerisraelitischen Solidarität entworfen und als „Gesetz" in die idealtypische Ursprungssituation „in der Wüste" zurückprojiziert. Zu dieser Utopie gehören so fortschrittliche Vorschriften wie die Befreiung Neuvermählter vom Kriegsdienst (24,5), die Schonung des Baumbestandes im Belagerungsfall (20,19–20), das Verbot der Sippenhaft (24,16) und anderes mehr.

Immer wieder wird – mit Rückverweisen auf die eigene Geschichte Israels als Sklaven der Ägypter – für die Einhaltung der Gebote, insbesondere der für die soziale Gerechtigkeit, geworben (vgl. z. B. 24,20–22). Am Ende wird betont, dass das Wort Gottes nicht weit weg ist (im Himmel oder jenseits des Meeres), sondern in Mund und Herz der Menschen (Dtn 30,11–14): «Du kannst es halten». Dem entspricht auch, dass bereits Deuteronomium eine *schriftliche* Fassung der Weisung Gottes voraussetzt (Dtn 31,9.24–29) und so das enorme Gewicht der „Heiligen *Schrift*" grundgelegt ist. Auf der personalen Ebene wird Mose als Anführer des Volkes durch Josua abgelöst (Dtn 31,1–8), auf der Ebene der Offenbarungsvermittlung durch die *schriftliche Tora* – konsequenterweise bildet der Tod des Mose den Abschluss des Pentateuch (griech., die „fünf Bücher") als Schrift gewordene Offenbarung Gottes (s. o., S. 19 f und 44 ff).

In Dtn 34,1–12 stirbt Mose – er hat das Land, das Abraham in Gen 12,1.7 verheißen wurde, noch gesehen, durfte selbst aber nicht hineingehen. In 34,10–12 wird gesagt, dass nie wieder in Israel ein Prophet wie Mose aufgetreten ist, der derart unmittelbar Gott begegnete. Damit wird Mose letztlich als der größte Prophet aller Zeiten bezeichnet, und alle folgenden Propheten, auch die großen Prophetenbücher, werden der Tora des Mose untergeordnet. Mit der abgeschlossenen Unter-Weisung Gottes für das Leben im Land kann das Volk nun hineinziehen.

Die Tora (Genesis bis Deuteronomium) spannt sich damit von der Erschaffung der Welt bis zum Tod des Mose kurz vor dem Einzug ins gelobte Land. Die meiste Zeit sind die Menschen unterwegs, „in der Wüste", und diese lange Periode ist die idealtypische Ur-Zeit der Gesetzesoffenbarung und der Vorbereitung. Große Themen ziehen sich durch die Tora: die *Erwählung* des Volkes Israel aus der gesamten Menschheit und der *Bund* Gottes mit dem Volk, die *Verheißungen* von *Land* und *Nachkommenschaft* und der besondere *Segen,* der auf der Schöpfung ruht, dann aber Abraham persönlich zugesprochen und von Generation zu Generation weitergegeben wird, bis den Priestern die Aufgabe zufällt, den Segen Gottes institutionell zu vermitteln (Num 6,22–27). Die Landverheißung, die sich bis zu einem Eid Gottes an die Erzväter steigert (vgl. z.B. Gen 26,3; Ex 6,8; 13,5.11; 32,13; Lev 20,24; 25,38; Num 11,12; 14,16.23; 32,11; Dtn 7,8), erhält ihre ausdrückliche Verwirklichung nicht innerhalb der Tora, zieht sich aber als roter Faden durch alle Bücher: Das spiegelt die Verhältnisse der Entstehungszeit dieser Kompositionen wider, als das „Land" an die Fremdherrschaft der Babylonier (6. Jh.), Perser (6.–4. Jh.) und Griechen (4.–2. Jh. v.Chr.) verloren war und daher die *Verheißung* des Landes als *bleibend gültiges* Gotteswort eine enorm wichtige Bedeutung gewinnt.

Zur *Erwählung* gehört der *Bundesgedanke* und damit auch eine besondere ethisch-moralische Verpflichtung des erwählten Volkes (Ex 19,3–6). Die Tora ist aber realistisch genug, die Bosheit und die Defizite der Menschen, auch der Israeliten, zu sehen: Berichte und Klagen über Verfehlungen gegen Gott ziehen sich vom Sündenfall über Kain und Abel und das Goldene Kalb bis hin zum Lied des Mose (Dtn 32). Im „Idealprogramm" ist gleichsam das Scheitern mit einkalkuliert und daher die Möglichkeit der Bundeserneuerung und *Versöhnung* mit Gott integriert: das Ritual des großen Versöhnungstages (*Jom Kippur*) steht im Zentrum (Lev 16–17).

4.3 Die Bücher der Geschichte des Volkes Gottes

Das Buch Josua

Josua ist in vielerlei Hinsicht der Nachfolger des Mose: In der Erzählung führt er nach dem Tod des Mose das Volk ins gelobte Land; das nach ihm benannte Buch folgt in allen Bibelausgaben den fünf Büchern des Mose und ist – gerade am Ende mit der Verpflichtung auf die Tora, dem Rückblick auf die Bücher Genesis bis Deuteronomium, dem Bundesschluss und dem Tod des Josua (Jos 23–24) – in deutlicher Parallele zu Mose gestaltet. Zugleich ist Josua der erste Tora-Student (Jos 1,7–8 , s.o., S. 20). Ganz am Anfang des auf die Tora folgenden Kanonteils wird so die herausragende Bedeutung der Tora betont und ihr ausschlaggebendes Gewicht für das Wohl und Wehe des Volkes unterstrichen. In Ps 1 wird am Anfang des Psalters die gleiche Begrifflichkeit wieder auftauchen (s.o., S. 20 und 46).

Das große Thema des Buches Josua ist die Einnahme des gelobten Landes mit der Hilfe Gottes (Jos 1–12) sowie die Verteilung des Landes per Los bzw. auf Anordnung Gottes (Jos 13–22). Die zahlreichen kriegerischen Ereignisse mit bisweilen sehr grausamen Praktiken stoßen heutige Leserinnen und Leser ab und spielen im Konflikt um das „Heilige Land" heute eine sehr problematische Rolle. Dabei ist zu beachten, dass die Texte bereits innerbiblisch in mehrfacher Hinsicht „neutralisiert" sind: Die Vertreibung und Vernichtung der Völker im Land durch die „Eroberungszüge" Josuas und der Israeliten haben aus historisch-archäologischer Sicht so nie stattgefunden, vielmehr handelt es sich um die Formulierung von Befreiungserfahrungen in Bildern von Krieg und Gewalt – heutige Actionfilme sind eine gewisse Analogie zu dieser Darstellungsweise. In der Welt des biblischen Textes werden Landnahme und Völkervertreibung als einmalige Ereignisse dargestellt, die sich nie wiederholen werden und die auch nicht typologisch so ausgelegt werden dürfen, als solle Israel „später" (wenn es einmal aus dem Land vertrieben ist) das Land wieder gewaltsam zurückerobern. Mehrfach, sowohl im Buch Deuteronomium als auch bei den Propheten, wird für den Fall des Exils der Gedanke der „Heimkehr" ins Land als Verheißung Gottes entwickelt, der aber nie militärisch-gewaltsam und nie in Anlehnung an das Josua-Buch formuliert wird. Liest man das Buch Deuteronomium und das Buch Josua im Zusammenhang, wird deutlich, dass man die Situation des Josuabuches (insbesondere die Vernichtung der sieben Völker im Land, so auch Dtn 20,16–18) niemals auf spätere Zeiten, also auch nicht auf die heutige Situation applizieren darf. Für die Sammlung Israels im verheißenen Land *nach* einem Exil des Volkes – und diese Situation gilt bis heute – ist Dtn 29,21–30,10 einschlägig: Der Abfall Israels von der Weisung JHWHs führt zur gewaltsamen Vertreibung, doch wenn Israel umkehrt und die Gebote Gottes wieder hält, wird *Gott* es in das verheißene Land zurückführen – von einer gewaltsamen Eroberung nach Art des Josuabuches ist nicht die Rede. Auch die Tatsache, dass die Tora mit dem Tod des Mose endet und das Josuabuch nicht mehr zur fortlaufenden Lektüre im Gottesdienst gehört, weist darauf hin, dass das Josuabuch nicht für alle Zeiten gültige Weisungen enthält und nicht als biblische Legitimation für heutiges (u. U. verkehrtes) Handeln herangezogen werden darf. Auch in der späteren Prophetie wird für die Heimkehr Israels nie die Vernichtungsrede des Josuabuches aufgegriffen, sodass es sich auch deshalb verbietet, die gewaltsame Landnahme typologisch für die heutige Zeit zu übernehmen.

Die auf Josua folgenden „Richter" sind charismatische Rettergestalten, die in schweren militärischen Bedrohungssituationen die Hilfe Gottes für das Volk repräsentieren und mit Heldentaten den Verbund der Stämme Israels aus der Übermacht der Feinde befreien. „Richter" darf also nicht juristisch eng geführt werden: Es sind im Grunde Herrscher oder Heerbannführer. Die Analogie zu „Heldensagen" liegt durchaus nahe.

Im ersten Kapitel wird aufgelistet, was Israel in Kanaan *nicht* erobern konnte („negatives Besitzverzeichnis"). Diese Angaben liefern das Spannungspotenzial für das Kommende: Weil Israel die Kanaanäer nicht vollständig vernichten konnte, bleibt die ständige Versuchung bestehen, sich mit dieser Bevölkerung zu vermischen und vor allem andere Götter (neben JHWH) anzubeten. Das zweite Kapitel, Ri 2,11–23, zeigt dann schematisch, wie es zu einem Kreislauf kommt: (1) Israel bleibt Gott – trotz der erfahrenen Zuwendung – nicht treu, sondern verehrt andere Götter. (2) Gottes Zorn entbrennt, und er lässt mächtige Feinde gegen Israel erstehen, die das Volk heftig bedrängen. (3) Das Volk in Not besinnt sich, schreit zu JHWH, seinem Gott, um Hilfe – und Gott lässt sich das Übel gereuen. (4) Gott erweckt einen charismatischen Retter, der Israel von den Feinden befreit und dem Volk Ruhe verschafft. Dann geht es von vorne los. Dieses Schema kehrt im Richterbuch mehrfach wieder und beherrscht im Grunde auch die Geschichtskonzeption der Samuel- und Königsbücher.

Nicht unerwähnt bleiben sollen folgende Charakteristika des Richterbuches: die tapferen Frauen Jaël und Debora (Ri 4,1–5,31), die Geschichte von Simson und Delila (Ri 16,4–22), in der unter anderem bemerkenswert ist, dass es eine Frau war, die den größten Richter und damit zugleich die Epoche der Richter zum Ende brachte, sowie die ätzende

Kritik am monarchischen Königtum in der Jotam-Fabel (Ri 9,7–21).

Das Buch Rut

[handschriftlich: Offenbarung der Tora (vgl. Pfingsten)]
[handschriftlich am Rand links: 0.11 A7 · Midrasch]

Durch seine Rahmenteile wird das Buch Rut geschichtlich in die Zeit zwischen den Richtern (Rut 1,1a) und König David (Rut 4,22) eingeordnet. Es ist jedoch kein Geschichtsbuch im herkömmlichen Sinne, sondern eine Lehrerzählung zum Umgang mit der Tora sowie über die Kreativität und Solidarität von Frauen. Es wird beispielhaft gezeigt, wie durch geschickte Auslegung und Verknüpfung von Stellen der Heiligen Schrift (Tora) komplizierte Rechtsprobleme und verfahrene Situationen gelöst werden können und soziale Gerechtigkeit (hier die Versorgung der Witwen Rut und Noomi) erreicht werden kann (Lesetipp: das ganze Buch Rut).

[handschriftlich am Rand rechts: wegen soften (A & lettel) · aktiv, positiv beschrieben]

[handschriftlich: 4 Kapitel = 4 lit. Einheiten]

Die Bücher 1/2 Samuel

Der Namensgeber für diese Bücher ist Samuel, der große Gottesmann, der an der Schwelle zwischen einzelnen charismatischen Führergestalten (von Mose bis zu den „Richtern") und dem institutionellen Königtum, zwischen dem lockeren Stämmeverbund und dem territorial gebundenen Nationalstaat, zwischen einer ad-hoc-Religionsausübung „aus gegebenem Anlass" (z. B. einer militärischen Bedrohung) und einem institutionalisierten Kult- und Tempelbetrieb steht. Eigentlicher Zielpunkt ist der Aufstieg Davids zum Königtum über ganz Israel.

Die Erzählungen über die Einführung des Königtums (1 Sam 7,2–10,27) sind ambivalent und mehrdimensional – hier fließen nicht nur unterschiedliche Traditionen zusammen, sondern auch unterschiedliche Konzepte, die die z. T. erheblich negativ geprägten Erfahrungen mit der irdischen Monarchie widerspiegeln. Treibende Kraft ist stets der Druck von außen: die Bedrohung der Stämme Israels durch die Interessen benachbarter Völker, insbesondere der Philister an der Mittelmeerküste.

In diesen Auseinandersetzungen mit den Philistern entwickelt sich um Saul, den ersten König Israels, eine letztlich tödliche Tragik: Auf der Ebene der Erzähllogik entsteht sie durch seine mangelnde Anpassungsfähigkeit an veränderte politische, militärische und religiöse Verhältnisse. In biblischer Perspektive wird sie als Verwerfung durch Gott erklärt. Davon profitiert eine Gestalt, die wie kaum eine andere geschichts- und imageprägend wirkt: David. Mehrfach heißt es, dass Gott mit David ist, und so entsteht eine beispiellose Karriere. David wird zunächst König in Juda, erhält dann, gleichsam als „Erbe", das Königtum Sauls über Israel angetragen. Im Zenit seines Aufstiegs und seiner Macht verheißt der Prophet Natan, dass Gott dem Königsthron Davids ewigen Bestand verleihen wird und stets ein leiblicher Nachfolger König sein wird (2 Sam 7). Angesichts der Ereignisse um den Untergang des irdischen Königtums in Israel (722 v. Chr.) und Juda (587 v. Chr.) liegt hier die biblische Wurzel der Erwartung eines wiederkommenden Königs aus Davids Haus, der – wie David – ein Gesalbter, hebräisch *Maschiach*, *Messias*, griechisch *Christos* ist. Die neutestamentliche Rede von Jesus als *Sohn Davids* und *Messias* knüpft hier an.

Doch Davids Leben ist auch von Sünde und Gewalt überschattet. David eignet sich in überheblicher Machtwillkür Batseba, die Frau des Hetiters Urija, an (2 Sam 11–12) und löst damit eine Kette von Strafaktionen und Konflikten in der eigenen Familie aus, vor allem auch um seine Thronnachfolge. Da es vorher nur das Gottkönigtum oder einen von Gott ausgesuchten König gab, wird die Thronfolge mit der Verheißung einer ewigen Dynastie nach 2 Sam 7 zum Problem und zum Konfliktfall! Der Rest des zweiten Samuelbuches erzählt diese blutigen Auseinandersetzungen, doch der Tod Davids und die endgültige Lösung wird erst im ersten Königsbuch mitgeteilt.

Die Bücher der Könige spannen sich von der Thronfolge Davids bis zum Untergang des Königtums in Israel und Juda. Dass Salomo, der Sohn Davids und Batsebas, der neue König wird, geht nicht konfliktfrei und unblutig ab. Doch nach diesen Wirren wird von Salomo eine ähnliche Karriere erzählt wie von David. Das zentrale Ereignis der Geschichte Salomos ist zweifellos der Bau des Tempels in Jerusalem (1 Kön 6–8). Nach weiteren, mitunter sehr märchenhaft anmutenden Episoden folgt ähnlich wie bei David ein „Sündenfall": Salomo erliegt der Versuchung der Verehrung fremder Götter (1 Kön 11). Nach seinem Tod zerbricht – historisch gesehen – die Personalunion zwischen den Nordstämmen („Israel") und dem Südreich Juda (1 Kön 12 ff). Die Königsbücher, die aus der Perspektive Jerusalems geschrieben sind, stellen dies als „Abfall" des Nordreichs dar, das sich einen eigenen König „macht". Fortan gibt es zwei Königreiche, deren Königsgeschichten parallel nebeneinander erzählt werden. Während es in Jerusalem, der Hauptstadt des Südreiches, die ununterbrochene Davids-Dynastie gibt, wechseln im Nordreich die Dynastien, da Usurpatoren immer wieder die Königswürde an sich reißen.

Die Könige und ihre Taten, ihre Kämpfe und Verfehlungen sowie die Prophetengestalten ihrer Zeit sind die Hauptelemente der Erzählungen. Die Propheten Elija (1 Kön 17–19) und Elischa (2 Kön 2,1–8,15) wirken im Nordreich Israel. Sie treten unerschrocken und unter Lebensgefahr für die alleinige Verehrung JHWHs und die Abschaffung des kanaanäischen Baals-Kultes ein. Auch werden von ihnen Wundergeschichten (Speisewunder, Totenerweckungen) erzählt, die in ähnlicher Weise bei Jesus in den Evangelien wiederkehren.

In den Königsbüchern dominiert die Geschichte des fortwährenden Abfalls von JHWH und der Verfehlungen gegen Gott. Unter dieser Perspektive wird auch der Untergang des

Nordreiches (Hauptstadt: Samaria) gesehen, das 722 v. Chr. von den Assyrern erobert wird (2 Kön 17). Jerusalem kommt im Jahre 702 unter dem positiv beurteilten König Hiskija noch einmal davon (2 Kön 18,13–19,37). Als Prophet wirkt in dieser Zeit Jesaja. Ein weiterer, letzter Lichtblick ist die Reformtätigkeit des Königs Joschija (622–609 v. Chr.; 2 Kön 22–23). Aufgrund der Schwäche des Assyrerreiches gelingen Joschija Ausgriffe auf das ehemalige Nordreich sowie religiöse Neuordnungen. Die Bibel berichtet von der Auffindung eines Gesetzbuches im Tempel, das zur Grundlage der Reformen herangezogen wird, schweigt aber darüber, um welches Buch es sich handelt. So, wie das Tun Joschijas dargestellt wird, scheint der Text auf den Grundbestand des Buches Deuteronomium (Dtn 12–26) hinzuweisen. Allerdings bleiben die sozialen Reformen im Ansatz stecken. Joschija stirbt viel zu früh in einer Auseinandersetzung mit dem Pharao Necho von Ägypten. Von da ab läuft die Geschichte schnell auf den Untergang Judas und Jerusalems (597 und 587/6 v. Chr.) zu. Gegen alle Ideologie, die den Zion für unverwundbar hielt, wird der Tempel von den Babyloniern zerstört, die Stadt in Schutt und Asche gelegt. Große Teile der Bevölkerung werden nach Babylon deportiert (das „Babylonische Exil"). In biblischer Darstellung wird das Land völlig entvölkert, denn die zunächst verbleibenden Leute, die einen bescheidenen Neuanfang versuchten, fliehen nach einem politischen Mord an dem judäischen Statthalter Gedalja aus Angst vor den Babyloniern nach Ägypten. Dieser „tabula rasa" entspricht die Haltung der Bücher Esra und Nehemia, nach denen das „wahre Israel" allein aus den aus Babylon heimgekehrten Judäern besteht (s. u.).

Das zweite Königsbuch endet mit einem „Silberstreif am Horizont": die Begnadigung des letzten legitimen davidischen Königs Jojachin, der an der Tafel des babylonischen Königs speisen darf.

Von Josua bis 2 Könige entsteht ein geschlossener Geschichtsbogen, der nahtlos an die Tora anschließt. Zwar sind diese Texte nicht in einem Guss entstanden, sondern aus Traditionsmaterial komponiert, doch lassen sich charakteristische theologische Grundlinien ausmachen, die den Komplex zusammenhalten. Es geht um ein Konzept von Vergangenheit, mit dem die Gegenwart gedeutet und bewältigt wird. Es wird Geschichte erzählt, vielleicht besser: konstruiert, um aus diesen Erzählungen etwas für heute zu lernen.

Dieses Konzept der Vergangenheit als Deutung und Beeinflussung der Gegenwart versucht, die Katastrophe der Eroberung und Zerstörung Jerusalems und des Tempels durch die Babylonier im 6. Jh. v. Chr. und das folgende Babylonische Exil großer Bevölkerungsteile aufzuarbeiten und zu bewältigen. Die große Frage war: Wie konnte Gott es zulassen, dass Heiden, die Babylonier, dem Volk Gottes so große Gewalt antun konnten und die Heilige Stadt und den Tempel Gottes zerstören durften? Die Antwort des theologischen Konzeptes war: Das Volk und seine Anführer, besonders die Könige, haben sich nicht an das Gebot Gottes gehalten. Daher musste Gott sie bestrafen. Das Gebot Gottes, das hier gemeint war, ist mit dem Kern des Buches Deuteronomium zu identifizieren, sodass die Bewegung, die hinter diesem theologischen Konzept stand, als deuteronomisch bzw. deuteronomistisch bezeichnet wird.

Zusammen mit der Tora ergibt sich ein geschlossener Bogen von der Schöpfung bis zum Babylonischen Exil (Genesis bis 2 Könige). Nach dem zweiten Königsbuch kommt ein tiefer Einschnitt, da – nach dem Arrangement der Einheitsübersetzung – das erste Buch der Chronik wieder „von vorne" anfängt und die Geschichte unter bestimmten Leitlinien rekapituliert.

Die Bücher der Chronik spannen den Geschichtsbogen erneut von der Schöpfung bis zur Erlaubnis des Perserkönigs Kyrus an die in Babylon im Exil befindlichen Judäer, in ihre Heimat zurückzukehren (2 Chr 36,22–23). Diesem neuen Geschichtsentwurf gab der Kirchenvater Hieronymus, der die Bibel aus dem Hebräischen ins Lateinische übersetzte, den Namen „Chronik", im Hebräischen sind es „die Ereignisse der Tage". Als Quellen werden darin vor allem die Bücher Genesis bis 2 Könige verwertet sowie einige außerbiblische Werke, die heute nicht mehr erhalten sind (vgl. z.B. 2 Chr 16,11; 25,26: „Das Buch der Könige von Juda und Israel" – das ist nicht 1/2 Könige!).

Der Einstieg erfolgt mit langen Namenslisten, mit deren Hilfe die Chronik auf knappstem Raum die „Vorgeschichte" zusammenfasst. Ein Beispiel: 1 Chr 1,1–4 listet 13 Namen von Adam bis Jafet auf und spielt damit die gesamte Geschichte von der Erschaffung Adams bis zu den drei Söhnen Noachs, Sem, Ham und Jafet, ein – die Kapitel Genesis 2 bis 9 werden kurzerhand als bekannt vorausgesetzt und nur nach Art einer Inventur erinnert. In ähnlicher Weise fassen die vielen Namen in 1 Chr 1–10 die Geschichte Israels bis König Saul zusammen. Die Grundlegung der Identität Israels, die in Genesis bis 1/2 Samuel narrativ breit entfaltet wird, wird hier knapp in Form von Listen und kurzen Zwischenbemerkungen resümiert.

Wesentlich breiter setzt die Chronik dann bei David an (1 Chr 11–29): Seine Geschichte wird vor allem unter der Leitlinie des *Tempelplaners* erzählt: Das Stichwort ist das unscheinbare „bereitstellen" (EÜ) in 1 Chr 22,3.5.14; 28,2; 29,2.16; 2 Chr 1,4; 2,6 u.ö. – das hebräische Verb kann in anderen Zusammenhängen auch das Schöpferhandeln Gottes bezeichnen („bereiten", „gründen", z.B. Ps 65,7; 74,16; 89,3; 103,19; 147,8). Die Chronik übergeht völlig die Sünde Davids mit Batseba und die Konflikte in seiner

Familie und um seine Thronnachfolge. Stattdessen wird der Bestellung und Ordnung des Dienstpersonals im Heiligtum (für den späteren Tempel) in Form der Priester, Leviten, Sänger und anderer Dienste breiter Raum gewidmet.

Salomo ist laut 2 Chr 1–9 als Nachfolger Davids der *Tempelerbauer*. Auch er steht in glänzendem Licht da, ohne den Makel der Verehrung fremder Götter (anders als in 1 Kön 11). Man sieht deutlich, wie die Geschichtsdarstellung der Chronik unter einem bestimmten Interesse „auswählt". Das gilt auch für den weiteren Verlauf: 2 Chr 10–36 referiert nur die Ereignisse um die Südreichkönige bis zum Untergang Judas und Jerusalems – die Geschichte des Nordreichs wird übergangen, da es sich in der Perspektive der Chronik um einen „Abfall", um ein abtrünniges Gebiet handelt (vgl. 2 Chr 10,19). Warum dies geschah, wird als „Verfügung Gottes" (2 Chr 11,4) „erklärt", womit auch die Versuche des Südreichkönigs Rehabeam, das Nordterritorium zurückzuholen, im Keim erstickt werden.

Die Chronikbücher sehen ihre wichtigste Vorlage (Gen bis 2 Kön) ganz deutlich bereits als „Heilige Schrift" an und verstehen sich als „schriftgelehrte Auslegung". Die Leitlinie ihrer Deutung ist die Tora, das Gravitationszentrum ist der Tempel und das damit verbundene Glaubensleben und der Gottesdienst mit seinen Ordnungen. Als das alles am Ende verloren geht, wird das Edikt des Perserkönigs Kyros in 2 Chr 36,22–23, das nicht wörtlich zitiert, sondern eine literarische Fiktion ist, zum „Programm": der Tempel in Jerusalem soll wieder aufgebaut werden, und jeder, der zum Volk JHWHs gehört, soll „hinaufziehen". Das Hinaufziehen der Juden zu ihrem religiösen und kulturellen Zentrum, dem Zion und dem Tempel in Jerusalem, wird zu einer Konzeption, die teils konkret umgesetzt, teils spirituell überhöht wird und über Jahrhunderte hinweg wirksam bleibt. Zugleich zeigt sich hier die innerbiblische Tendenz, nur die aus dem Exil Heimgekehrten (also die „hinaufzogen") als das

„wahre Israel" zu bezeichnen. Das setzt sich im Buch Esra/Nehemia fort.

Das Buch Esra/Nehemia

Die Thematik der Identität des jüdischen Volkes, die Frage nach dem „wahren Israel" ist auch für Esra/Nehemia – die zwei „Bücher" sind *ein* zusammenhängendes literarisches Werk – eine treibende Kraft. In dieser Problematik liegt auch der Schlüssel für die zahlreichen Namens- und Inventarlisten. Ihre Botschaft lässt sich so umschreiben: *Diese* Menschen und ihre Nachfahren sind das wahre Israel, und aufgrund der Listen ist es völlig klar und amtlich, d.h. *schriftlich* erfasst, wer dazugehört. Die gleiche Präzision und Abgegrenztheit gilt für die Inventarlisten der kostbaren Tempelgeräte: Es ist alles vollständig, nichts fehlt, niemand fehlt. Die mitunter „bürokratisch" wirkende Sprache suggeriert Authentizität und Glaubwürdigkeit, und diese „Amtlichkeit" wird auch dadurch unterstützt, dass bestimmte Passagen (Esra 4,8–6,18; 7,12–26) nicht auf hebräisch, sondern in der Amtssprache des Perserreiches, dem so genannten „Reichsaramäisch" verfasst sind. Dadurch wird der Eindruck erweckt, hier würden offizielle Dokumente der Kanzlei des persischen Großkönigs zitiert. Diese Passagen wollen aber keine historische Dokumentation sein, sondern bei den Lesenden Verlässlichkeit und Unmittelbarkeit erzeugen und sie so in das Geschehen einbeziehen.

Esra 1 beginnt mit der Erlaubnis zur Heimkehr und zum Tempelbau und knüpft mit der „Wiederholung" des Kyrusedikts an 2 Chr 36,22–23 an. Esra 2 ist eine lange Liste der heimgekehrten Judäer und ihrer Priester und Leviten, Kapitel 3 bis 6 schildern den Wiederaufbau des *Tempels* und die damit verbundenen Schwierigkeiten, vor allem die Konflikte mit den aus Samaria kommenden JHWH-Verehrern: Historisch gesehen handelt es sich um die Reste der Nordreichbevölkerung, die nach den Deportationen und Neuansiedelungen durch die Assyrer nach 722 v. Chr. im Lande verblieben sind. Aus biblischer Sicht, d. h. aus der Perspektive des Südreiches Juda, insbesondere aus der Sicht „Jerusalems", sind diese Leute Heiden, allenfalls abtrünnige, im Grunde jedoch keine wahren Israeliten: Um die eigene Identität der mühsam zu stabilisierenden kleinen Jerusalemer JHWH-Gemeinde zu wahren, erfolgen scharfe Maßnahmen zur Abgrenzung. Hier wird allen, die nicht aus Juda und Jerusalem stammen und nicht aus dem Exil heimgekehrt sind, die Beteiligung am Tempelbau verweigert. Das hat entsprechende Gegenmaßnahmen (in der Darstellung von Esra/Neh: Intrigen) und Konflikte zur Folge. Schließlich erfolgt doch die Fertigstellung und Einweihung des wieder aufgebauten Tempels (Esra 6,13–22).

Ab Esra 7 tritt der Schriftgelehrte Esra auf, der zu einer umfassenden Identifikationsfigur wird. Seine Genealogie wird daher auch bis auf den Hohenpriester Aaron, den Bruder des Mose, zurückgeführt (Esra 7,1–10). Esra steht so auf einer Stufe mit Mose und Josua, denn er «war von ganzem Herzen darauf aus, das Gesetz des Herrn (die Tora JHWHs) zu erforschen und danach zu handeln und es als Satzung und Recht in Israel zu lehren» (vgl. Jos 1,7–8). Wie einst Mose und Josua aus Ägypten, so führt Esra jetzt das Volk aus dem Exil in Babylon nach Jerusalem – aufgrund göttlicher Veranlassung *und* amtlicher Anordnung des Perserkönigs Artaxerxes (Esra 7–8).

In Jerusalem stößt Esra auf die Problematik der Mischehen der „wahren Israeliten" (der heimgekehrten Judäer) mit Frauen der kanaanäischen Bevölkerung. Solche Ehen waren immer auch mit der Verehrung fremder Götter und damit auch mit dem Abfall von JHWH, dem einzigen Gott Israels, verbunden – wie die Bibel exemplarisch und prominent an König Salomo (1 Kön 11) aufzeigt. Zugleich ist dies ein Verstoß gegen die Tora (vgl. Dtn 7,1–4; Ex 34,15–16), und damit ist die Heiligkeit sowie die gesamte kulturelle und religiöse Identität der kleinen Tempelgemeinde von Jerusalem gefährdet – so sieht es das Buch Esra/Nehemia, und das erklärt das erschütternde Bußgebet des Esra (Esra 9). Zur Wahrung der eigenen Identität erfolgt die Auflösung der Mischehen in einem aufwändigen Prozess (Esra 10). Die betroffenen Personen sind namentlich genannt, es sind vornehmlich Leute aus der religiösen Oberschicht des Tempelpersonals – gemessen an der Menge der Heimkehrer von Esra 2 ist es jedoch eine verschwindend geringe Zahl. Doch auch diese vergleichsweise geringen „Abweichungen" von der Tora werden aufwändig bereinigt und gesühnt. Dies korreliert insgesamt mit der korrekten und „amtlichen" Sichtweise des Buches Esra/Nehemia.

Der Einschnitt zwischen den heute vorliegenden „Büchern" Esra und Nehemia ist dadurch bedingt, dass mit Neh 1 ein „Ich"-Bericht des Statthalters des Perserkönigs Artaxerxes namens Nehemia beginnt. Nehemia, ein hoher Beamter am persischen Hof, wird mit dem Wiederaufbau Jerusalems, insbesondere der Stadtmauer, beauftragt. Dies geschah ab dem Jahr 445 v. Chr. – dieses Datum ist relativ gesichert, während die anderen Datierungen des Buches sich nur schwer harmonisieren lassen. Wahrscheinlich ist *Esras* Mission (nach Esra 7,7) um 458 v. Chr. anzusetzen und das gleichzeitige Auftreten von Nehemia und Esra in Neh 8 als redaktionelle Fiktion anzusehen, die die beiden führenden Gestalten im politischen, gesellschaftlichen und religiösen Wiederaufbau Jerusalems und der Tempelgemeinde auf einer Ebene und damit auch zeitgleich ansetzen will. Historisch gesehen wirkten sie wahrscheinlich nacheinander. Das große Projekt Nehemias ist der Wiederaufbau der Stadtmauer (Neh 1–6), der (ähnlich wie der Tempelbau) von allerlei Schwierigkeiten und Intrigen überschattet ist.

Die Fertigstellung der Mauer in Neh 7 symbolisiert die feste Etablierung der Tempelgemeinde und die Sicherung ihrer Identität. Daher wird nochmals eine Bevölkerungsliste angeführt, die weitgehend Esra 2 entspricht. Ihre Bedeutung besteht darin, dass hier das Volk Gottes in Buchform vorliegt, in „Heiliger Schrift" ist das wahre Israel registriert und amtlich erfasst.

Neh 8,1–12 liefert das Modell eines Wortgottesdienstes: Das Volk bittet Esra, den Priester und Schriftgelehrten, das Buch mit dem Gesetz (Tora) des Mose zu holen und daraus vorzulesen. Der Vorgang wird ausführlich beschrieben, und es wird betont, dass Leviten zur Verfügung stehen, die das gehörte Wort der Tora dem Volk auslegen. Das Volk reagiert aufgrund der moralischen Anforderungen des Gotteswortes und der direkten Begegnung mit Gott in seinem Wort (wie einst am Sinai: Ex 20,18–21 und Dtn 5,4–5) bestürzt. Es wird dann aber von Esra getröstet und feiert den Tag der Gesetzesverlesung als Freudenfest. Hier liegt ein Höhepunkt der Thematik „Heilige Schrift" vor, denn die Bibel sagt hier selbst, wie mit der Heiligen Schrift umgegangen werden soll und was sie für die Menschen ist: Sie soll verlesen und – vor allem – ausgelegt und verstanden werden, und sie ist ein Grund zur Freude am Herrn, die die Stärke des Volkes ist. Damit wird die Hochschätzung des geschriebenen Gotteswortes in der Tora im Judentum bis heute grundgelegt. Sie darf auch als beispielhaft für den christlichen Umgang mit der Bibel in Auslegung und Wortgottesdienst gelten.

Das Verlesen des Gotteswortes ist aber immer auch Anlass zur Besinnung, Umkehr und Buße – das zeigt das lange Bußgebet Nehemias (Neh 9), das die Geschichte Israels seit Abraham rekapituliert und damit Ähnlichkeiten mit Ps 78, 105 und 106 aufweist. Wie schon die Chronik behandelt auch das Buch Esra/Nehemia die Tora und die Geschichtsbücher als „Heilige Schrift", als Quelle des Wissens um die Vergangenheit mit dem Ziel der Orientierung für die Gegenwart. Gott wird als Schöpfer und einziger Gott vorgestellt; der gerechte Gott hat mit Abraham einen Bund geschlossen und mehrfach befreiend und rettend an seinem Volk gehandelt. Das Volk und seine Oberen sind jedoch immer wieder von Gott abgefallen, sodass Gott das Volk strafen musste. So werden die zahlreichen Unglücksfälle und

Katastrophen gedeutet, ebenso auch die gegenwärtige Not unter der persischen Fremdherrschaft. Diese Einsicht ist der Auslöser für eine erneute Selbstverpflichtung auf das Gesetz Gottes (Neh 10).

In Neh 11–13 folgen weitere Anordnungen und Berichte Nehemias über die Wiederbesiedelung Jerusalems und des Hinterlandes, die Einweihung der Mauer, durch die Jerusalem zu einer „Heiligen Stadt" wird, die Abgabenordnung für das Heiligtum, die Aussonderung aller Fremdvölker aus Jerusalem (13,3), die Einhaltung des Sabbats und das Verbot der Mischehen. Nehemia schließt seinen Bericht mit der Zusammenfassung, dass er das Volk von allem Fremden gereinigt und für einen geordneten Kultbetrieb gesorgt hat (Neh 13,30–31). Sein Wunsch ist es, *Gott* möge es ihm zu*gute* halten. In diesem Satz schwingt ein leichtes Echo der Szene am Beginn des Buches Genesis mit, als *Gott* auf seine Schöpfung zurückblickt und alles für sehr *gut* befindet. Hier endet wieder ein Geschichtsbogen, der in 1 Chr 1,1 mit „Adam" als Stichwort für die Erschaffung der Welt und des Menschen begonnen hat. Die folgenden Bücher setzen neu an mit einzelnen Gestalten und ihren Geschichten.

4.4 Weitere geschichtliche Bücher

Das Buch Tobit und das Buch Judit sowie die zwei Makkabäerbücher, das Buch Baruch, das Buch der Weisheit und das Buch Jesus Sirach werden in der katholischen Tradition als „deuterokanonisch" bezeichnet (s. o., S. 25). Es handelt sich um jüdische Schriften, die nicht oder nicht vollständig in hebräischer Sprache überliefert sind und nicht zum jüdischen Kanon gerechnet werden. Tobit und Judit erzählen sehr legendarische, märchenhaft anmutende Geschichten. Dagegen sind die beiden Makkabäerbücher eine wertvolle Geschichtsquelle für das 2. Jahrhundert vor Christus.

Tobit stellt sich als gerechter und frommer Mensch vor, der mit seiner Frau Hanna in der Verbannung in Ninive lebt und gegen das königliche Gebot Tote begräbt. Bei dieser Tätigkeit erblindet er eines Tages. Tobit in Ninive und Sara, eine junge Frau in Ekbatana, der schon sieben Männer im Brautgemach gestorben sind, beten in ihrer Verzweiflung zu Gott, der Hilfe in Aussicht stellt. Tobit belehrt seinen Sohn Tobias, stets nach dem Gesetz Gottes zu leben, eine Frau aus dem eigenen Volk zu nehmen und aus der Stadt Rages bei dem Verwandten Gabaël zehn Talente Silber zu holen (Darlehensrückzahlung). Als Gefährten findet Tobias einen jungen Mann, der sich als Asarja vorstellt, der jedoch – wie es sich später herausstellen wird – der Engel Rafael ist. Auf der Reise findet Tobias einen Fisch, dessen Eingeweide als Heilmittel aufbewahrt werden. Sie kommen nach Ekbatana, wo man beschließt, dass Tobias Sara heiraten soll. Raguël, Saras Vater, erkennt Tobias als Verwandten, und man kommt hinsichtlich der Heirat überein. Es gelingt Tobias, mit Herz und Leber des Fisches Saras Dämon zu vertreiben. Sie verbringen die Hochzeitsnacht (nicht ohne vorher zu beten!), anschließend feiert man. Asarja/Rafael erledigt die Sache mit den zehn Talenten Silber in Rages und bringt Gabaël als Hochzeitsgast mit. Zuhause in Ninive sind inzwischen Tobit und Hanna in großer Sorge über den Verbleib des Tobias. Der beschließt nun, schnell nach Hause zu reisen. Dort löst er große Wiedersehensfreude aus und heilt mit der Galle des Fisches die Blindheit seines Vaters. Rafael offenbart sich als Engel Gottes, ermahnt Tobit und Tobias zu weiterer Frömmigkeit und verschwindet. Tobit schreibt einen langen Lobgesang auf Gott. Schließlich gibt er seinem Sohn Tobias letzte Ermahnungen mit auf den Weg, er stirbt und wird begraben, ebenso wird noch das Ende von Tobias erzählt.

Mehrere widersprüchliche geschichtliche Angaben machen schnell deutlich, dass es nicht um Geschichte im histo-

117

riographischen Sinne geht, sondern um eine Lehrerzählung mit roman- und märchenhaften Zügen. Hauptthemen des Buches sind die Ethik und das Gottesbild: Neben den zahlreichen Ermahnungen, Gottes Gebot zu halten, macht die Erzählung insgesamt deutlich, dass es sich letztlich immer auszahlt, nach Gottes Weisung zu leben, dass die Gerechten am Ende gut dastehen werden. Gott führt auf verschlungenen Wegen den Gerechten durch das Leid hindurch zum Guten: Tob 13,2. Als Nebenthemen sind die Liebe zwischen Mann und Frau (das alternde Ehepaar Tobit und Hanna, die jungen Eheleute Tobias und Sara), der unerkannte Engel mit den sprechenden Namen: Rafael = „Gott heilt"; Asarja = „JHWH hat geholfen", sowie die vielen märchenhaften Züge und Details zu nennen.

Das Tobitbuch ist ein Musterbeispiel narrativer Theologie: Hier wird nicht moralisiert und über Gott theoretisiert, sondern durch Erzählung eine wichtige Botschaft transportiert: Gott erhört Gebete, Gott greift zugunsten seiner leidenden Gerechten ein, wenn sie treu zu seiner Weisung stehen, und wird letztlich alles gut machen, sodass die Menschen in einen großen Lobgesang einstimmen können. Lesetipp: das ganze Buch Tobit!

Das Buch Judit   ähnlich Rut, Diaspora - Judentum

23 11 17

Ähnlich wie beim Buch Tobit handelt es sich bei dieser Geschichte, bei der eine Frau im Mittelpunkt steht, um narrative Theologie: Das sieht man u. a. daran, dass der Erzfeind der Geschichte als „Assyrerkönig Nebukadnezzar" auftritt: Nebukadnezzar war aber König der Babylonier, während die Assyrer die schlimmste Militärmacht des Alten Orients waren. Hier wird einiges zugunsten plakativer Figurenzeichnung vermischt. Auch Judit ist eine Mischung aus mehreren mutigen Frauen der Bibel, u. a. Mirjam (Ex 15), Debora, Jaël (Ri 4–5).

In den ersten Kapiteln wird ein großes Kriegsszenario

118

aufgeboten, um die Bedrohung und das Gewicht der Krise zu steigern. Protagonist der Feinde Israels ist der Feldherr Holofernes. Der Konflikt gipfelt in der Belagerung der fiktiven Stadt Betulia. Als die Einwohner Mut und Gottvertrauen verlieren, hält die gottesfürchtige Witwe Judit eine flammende Rede und schickt sich an, nach dem Gebet zu Gott Israel zu retten. In verführerische Gewänder gekleidet, verschafft sie sich Zutritt in das assyrische Lager und in Holofernes' Umgebung, indem sie in Aussicht stellt, ihm den Weg nach Jerusalem zu zeigen. Als Holofernes nach einem Gelage betrunken ist, tötet Judit ihn mit seinem eigenen Schwert und entkommt. Bei ihrem Aufenthalt im Lager hatte sich Judit weder durch Speise und Trank verunreinigt, noch ihre Gebete zu Gott aufgegeben. Als die Assyrer am nächsten Morgen, von einem Ausfall der Gegner überrascht, den Tod ihres Anführers bemerken, fliehen sie in Panik. Wie einst Mirjam setzt Judit nach der Rettung zu einem Loblied Gottes an (Jud 16,1–17).

Die Ethik und das Gottesbild sind die prägenden Charakteristika des Buches: Man soll Gott nicht in Versuchung führen, Leid und Unglück sind Prüfungen Gottes (8,11–27). Gott hat alle Macht, auch im Krieg, aber er braucht nicht einmal Soldaten, denn «durch die Hand einer Frau» (16,5) werden die Feinde vernichtet.

Purim = jüd. Fasching

23. M.1 Das Buch Ester

In der jüdischen Bibel gehört das Buch Ester zu den fünf Festrollen, es wird am Purim-Fest gelesen. Im christlichen Alten Testament steht es unter den Geschichtsbüchern, da es am persischen Königshof spielt.

Ester, die Ziehtochter des Juden Mordechai, wird aufgrund ihrer Schönheit von Artaxerxes zur Königin am persischen Königshof erhoben. Haman, der wichtigste Beamte dort, gerät in Streit mit Mordechai und beschließt, alle Juden des Reiches ermorden zu lassen. Er erwirkt einen entsprechenden Königsbefehl. Ester geht unter Todesgefahr zum König, und es gelingt ihr, zusammen mit Mordechai Haman als Verräter zu entlarven und so die drohende Gefahr für das jüdische Volk abzuwenden. Nun nehmen umgekehrt die Juden Rache an ihren Verfolgern.

Das Buch Ester ist eine typische „counter-history" (Jan Assmann, Das kulturelle Gedächtnis. Schrift, Erinnerung und politische Identität in frühen Hochkulturen, München 1992, 83f.), eine Gegen-Geschichte, die die tatsächlichen Verhältnisse, nämlich die ständige Bedrohung der Juden durch Pogrome, umkehrt, um die Juden selbst in ihrer Bedrängnis zu stärken. Das jüdische Purimfest wird in Est 9,20–32 eingesetzt. Der Name kommt von *pur*, «Los», nach den Losen, mit denen der Tag für den geplanten Völkermord ermittelt werden sollte (3,7). Ähnlich dem Karneval, bei dem die üblichen Herrschaftsverhältnisse der Welt auf den Kopf gestellt werden, wird das Purimfest heute mit Verkleidungen der Kinder gefeiert.

Die Bücher der Makkabäer

Die Darstellungen von Krieg, Gewalt und Kampf einerseits und von fester Glaubenstreue und unbedingtem Gottvertrauen andererseits sind in den Makkabäerbüchern eine eigenartige Verbindung eingegangen. Beide Bücher berichten mit unterschiedlicher Akzentuierung über den Kampf der Juden gegen die Seleukiden im 2. Jh. v. Chr. unter der Führung der Makkabäer.

Seit dem 2. Jh. n. Chr. ist der Name der Bücher als „erstes und zweites Makkabäerbuch" überliefert. Er kommt von ihrer Hauptperson Judas Makkabäus. Der Beiname „der Makkabäer" geht vermutlich auf das hebräische Wort *makkäbät* für „Hammer" zurück. Der Ahnherr der Familie ist Hasmon, daher verwendet der jüdische Geschichtsschreiber Flavius Josephus den mit „Makkabäern" gleichbedeutenden Namen „Hasmonäer". Dabei ist 2 Makk nicht die Fortsetzung des ersten Makkabäerbuches, sondern eine eigene Darstellung mit anderen Schwerpunkten und Akzentuierungen der Ereignisse, die auch in 1 Makk erzählt werden.

Die große gesellschaftliche Wende im Vorderen Orient ist die Begegnung von griechischer („hellenistischer") Kultur mit der bestehenden palästinisch-jüdischen Kultur im Zuge der Eroberungen Alexanders des Großen (4. Jh. v. Chr.). Nach dessen Tod wurde das riesige Gebiet geteilt und von den Seleukiden mit Sitz in Antiochia (Syrien) und den Ptolemäern mit Sitz in Alexandria (Ägypten) beherrscht. Palästina war die heftig umkämpfte „Landbrücke" zwischen beiden Herrschaftsbereichen und zunächst unter ptolemäischer Oberhoheit. Diese Vorgeschichte wird in 1 Makk 1,1–9 sehr knapp zusammengefasst. Nach zahlreichen Kriegen und heftigen Zerstörungen fiel 198 v. Chr. die Provinz Syrien-Palästina ganz an den seleukidischen König Antiochus III. Er gewährte den Juden finanzielle Unterstützungen (Steuererlass) und bestätigte die traditionelle Verfassung, die Tora, sowie die Herrschaft der Priester bzw. des Hohenpriesters Simon II. So konnte er die jüdische Bevölkerung für die Seleukiden einnehmen. Jedoch versuchten er und seine Nachfolger, sich immer wieder dadurch Geld zu verschaffen, dass sie Tempelschätze konfiszierten. Unter Seleukus IV. Philopator, dem Sohn des Antiochus III., versuchte dessen Kanzler Heliodor den Tempelschatz in Jerusalem einzuziehen (2 Makk 3).

Die folgende Geschichte ist ein kompliziertes Zusammenspiel von innerjüdischen Parteiungen und Auseinandersetzungen mit der seleukidischen Oberherrschaft. Es gab unter den Juden eine hellenistisch gesonnene Gruppe, die möglichst vollkommen den Anschluss an die griechische Kultur erreichen wollte. Dagegen gab es Widerstand. Die Konflikte eskalieren soweit, dass der seleukidische König Antiochus IV. Epiphanes (*der* Feind schlechthin in den Makkabäerbüchern) die jüdische Religionsausübung ganz verbietet und den Tempel durch einen heidnischen Altar entweiht. Es kommt zur Aufstandsbewegung der Makkabäer, zunächst unter dem Priester Mattatias, dann unter dessen Sohn Judas, dem „Hammermann" (*makkabaios*), und seinen Brüdern. Sie erreichen militärische Macht, können die seleukidische Besatzung aus Jerusalem vertreiben und den Tempel wieder einweihen. Daran erinnert bis heute das jüdische Chanukka-Fest. Dann gelingt den Makkabäern sogar eine weitere Expansion. Unter Judas' Bruder Simeon, der Befehlshaber und Fürst des Volkes und Hoherpriester ist, kommt es zur nationalen Blüte und zu einer ungewohnten Friedenszeit. Simeons Sohn Johannes Hyrkan, mit dem 1 Makk schließt, setzt jedoch die militärische Expansionspolitik fort.

Hauptthemen von 1 Makk sind der Tempel, das Gesetz (die Tora), Israel (das sind alle, die auf der Seite der Makkabäer stehen) und die Gegner Israels (das sind alle, die nicht auf der Seite der Makkabäer stehen). Ziel von 1 Makk ist die Gestaltung einer nationalen Identität unter Führung der glorreichen Makkabäer: Tora, Tempel und Makkabäer werden identifiziert. Über allem steht Gott, der jedoch nie direkt eingreift und von dem meist umschreibend als dem „Himmel" gesprochen wird.

Das zweite Makkabäerbuch setzt sich aus zwei Briefen und einer Geschichtsdarstellung zusammen. Die zwei Briefe aus Jerusalem richten sich an die Diaspora in Ägypten und fordern sie auf, das Chanukka-Fest in Jerusalem zu begehen und damit indirekt auch, ihren eigenen Tempelkult in Leontopolis aufzugeben. Der jüdische Tempel von Leontopolis war gegründet worden, als der Jerusalemer Tempel entweiht war. Die Geschichtsdarstellung gibt sich als Kurzfassung (Epitomē) eines fünfbändigen Werks des Jason von Zyrene aus. Die Fünfteilung ist anhand von Zwischenbemerkungen des Epitomators noch erkennbar. Durchlaufendes Thema sind wieder der Tempel und sein Ergehen in der Geschichte, an der sich das Verhältnis Gottes zu seinem Volk ablesen lässt (Schlüsselvers: 2 Makk 5,19).

2 Makk ist ein typisches Werk hellenistischer Geschichts-

schreibung, der es vor allem um Belehrung und Erbauung geht. Historische Tatsachen und Geschlossenheit sind nicht so wichtig, stattdessen wird mit fantastischen Übertreibungen, Erscheinungen, Wunderzeichen usw. gearbeitet. Noch stärker als in 1 Makk wird jedoch die Befolgung der Tora herausgearbeitet: Stets wird der Sabbat eingehalten, und die grausamen Martyrien in 2 Makk 6 und 7 beruhen auf dem Verbot, Schweinefleisch zu essen. Die Standhaftigkeit und Tapferkeit der Märtyrer (nicht das Tun der Makkabäer) sind letztlich dafür ausschlaggebend, dass sich Gott wieder seinem Volk zuwendet und die Rückeroberung und Wiedereinweihung des Tempels möglich werden. Bedeutsam sind für die weitere religionsgeschichtliche Entwicklung die fest verankerte Hoffnung auf eine Auferstehung der Toten in 2 Makk 7; 12,32–45; 14,37–46 sowie die Rede von einer Schöpfung aus dem Nichts (creatio ex nihilo; 2 Makk 7,28).

4.5. Die Bücher der Lehrweisheit und die Psalmen

Das Buch Ijob

Nach dem Arrangement der Einheitsübersetzung folgt auf 2 Makk (bei der Lutherbibel auf das Buch Ester) als Eröffnung des Kanonteils „Lehrweisheit und Psalmen" das Buch Ijob. Es sieht zunächst so aus, als ob die Serie „Geschichten von Einzelgestalten" fortgesetzt würde: «Im Lande Uz lebte ein Mann mit Namen Ijob» (1,1). Doch diese Erwartung wird schnell aufgebrochen und das Gesichtsfeld gewaltig erweitert: Schon ab 1,6 wird die Szenerie eines himmlischen Hofstaates um JHWH dargestellt. Aus diesem „Prolog im Himmel" (so taucht er auch in Goethes „Faust" auf) wird deutlich, dass es sich beim Folgenden um eine Grundsatzdiskussion, um etwas „Paradigmatisches" handelt. Der auftretende Satan ist nicht das personifizierte Böse oder eine widergöttliche Macht, sondern eine literarische Figur, deren Rolle nur darin besteht, in Opposition zu treten und als Antagonist gegen Ijob zu fungieren (so auch in Sach 3). Dazu bekommt Satan freie Hand von Gott, und so wird der Fall des vorbildlichen und untadeligen gerechten Menschen Ijob mehr konstruiert als erzählt, der hart geprüft wird und bis auf sein nacktes, krankes Leben alles verliert: Besitz, Kinder, Gesundheit. In dieser persönlichen Katastrophe hält der gerechte Ijob in vorbildlicher Weise stand und an Gott fest: «Der Herr hat gegeben, der Herr hat genommen; gelobt sei der Name des Herrn» (1,21; siehe auch 2,8–10). Am Ende wird Ijob eine mehrfache Kompensation erhalten (42,10–17). So weit geht die „Rahmenerzählung" (Ijob 1–2; 42,7–17), die auch für sich stehen könnte.

Doch bei dieser Erzählung bleibt eine brennende Frage offen: *Warum* muss der Gerechte leiden? Um diese menschliche Grundfrage herum entspinnen sich die *Dialoge* Ijobs mit seinen drei Freunden Elifas, Bildad und Zofar (Ijob 3,1–31,40). Nach einer eröffnenden Klage Ijobs (3,1–26) folgen jeweils eine Rede eines Freundes und eine Gegenrede oder Antwort Ijobs, insgesamt sind es drei Redegänge. Ijobs Freunde wollen sein Leid „erklären" und verwenden vor allem vier Argumentationsfiguren: (1) Leid ist Folge menschlicher Schuld: Ijob wird für irgendeine Sünde bestraft (22,1–11). (2) Leid gehört zur Natur des Menschen (4,17–21). (3) Leid ist eine Form göttlicher Zurechtweisung (5,17–18). (4) Leid ist eine Prüfung des Frommen (36,21). Ijob lässt alle diese Argumentationen nicht gelten. Im Diskurs ist eine Steigerung zu beobachten: Ijob entfremdet sich mehr und mehr von seinen Freunden, die Polemik gegen seine Freunde und deren Polemik gegen Ijob wird immer schärfer. Außerdem geht Ijob Gott immer direkter an, klagt ihn an, fordert ihn auf, seine (Ijobs) Unschuld anzuerkennen. Schließlich fordert Ijob Gott förmlich zu einer Antwort heraus.

Doch vorher ergreift ein junger Mann, Elihu, das Wort und fasst in seinen Reden die gesamte Argumentation noch

124

einmal zusammen (Ijob 32,1–37,24). Ijob antwortet darauf nicht mehr, stattdessen wendet sich Gott selbst «aus dem Wettersturm» an Ijob (38,1–41,26). Doch diese Gottesreden sind keine eigentliche Antwort auf die Fragen und Klagen Ijobs, vielmehr wird eine Natur- und Tierwelt vor Augen geführt, die der Mensch Ijob nicht durchschauen und auch nicht beeinflussen kann. Obwohl es in menschlichen Augen Chaos ist, hat doch Gott alles in der Hand. Die Gottesreden lösen den Blick des ständig um sich selbst und sein Leid kreisenden Ijob und lenken ihn zunächst auf den Kosmos, die geschaffene und von Gott geordnete Welt, und damit letztlich auf Gott selbst. Die Erlösung erfolgt *im* Leid, nicht direkt vom Leid, vielmehr von der Gefangenschaft in sich selbst. Der Mensch muss nicht ständig auf sich selbst und sein Wohl und Wehe starren, sondern soll den Blick heben auf die Welt und auf Gott. Das kann jedoch nicht „verordnet" werden, sondern muss jeweils persönlich erfahren und erarbeitet werden.

„Erlösung" in Ijob 19,25–27

Ijob 19,25–27 ist eine der am häufigsten interpretierten Stellen des Ijobbuches. Eine wörtliche Übersetzung der Stelle lautet so: «Ich weiß, dass mein Löser lebt und sich zuletzt aus dem Staub erhebt. Nachdem meine Haut so geschunden ist und von meinem (bloßen) Fleisch, werde ich Gott sehen, ich bin es, der ich ihn für mich sehen werde, mit meinen Augen werde ich ihn sehen – und nicht als Fremder; verzehrt (danach) sind die Nieren in meinem Leibe» (vgl. Jürgen Ebach, Streiten mit Gott. Hiob, 2 Bde., Neukirchen-Vluyn 1995/1996). Diese Stelle hat gerade in der christlichen Auslegung, vor allem in der Kirchenmusik, eine ungeheure Wirkungsgeschichte entfaltet. Insbesondere den „Löser" las man auf den „Erlöser" Christus hin, und der Gedanke an Auferstehung lag nahe. Dabei handelt es sich um eine christlich-eschatologische Uminterpretation, die durch verschiedene Übersetzungen (Vulgata, Luther) bedingt ist, die vom hebräischen Text abweichen. Solange man sie nicht als die allein wahre (und die jüdische Deutung als vordergründig und falsch) bezeichnet, kann eine solche Leseweise als Artikulation christlicher Hoffnung möglich sein. Der hebräische Text weist in eine andere Richtung: Der „Löser" ist ein Begriff aus dem ökonomisch-rechtlichen Bereich: Es ist derjenige nahe und vermögende Verwandte, der in der Lage und verpflichtet ist, einen Angehörigen, der durch finanzielle Not seinen Grundbesitz oder gar seine Arbeitskraft als Schuldsklave verkaufen musste, aus dieser wirtschaftlichen Zwangslage „loszukaufen" (vgl. Lev 25). Dieser Zusammenhang wird biblisch auf Gottes Erlösungshandeln angewendet. Für Ijob heißt das: Ijob weiß, dass „der Löser" ihn aus seinem gegenwärtigen, „verkehrten", notvollen Zustand befreien und in seinen ursprünglichen Status zurückversetzen wird, dass der Löser den Zustand des Rechts wiederherstellen wird, dass sich der Löser als nahe stehender Verwandter erweisen wird. Dieser Löser „lebt", er ist und macht lebendig – hier ist Gottes aktives, Leben aufrichtendes Handeln angesprochen. „Zuletzt", am Ende des Prozesses, wird dieser Löser gleich einem Anwalt das entscheidende Wort sprechen. Alles spricht dafür, dass für Ijob dieser „Löser" kein anderer als Gott selbst ist. Ijob ruft Gott gegen Gott an – und erhofft sich von dem, der ihn in diese notvolle Bedrängnis gebracht hat, auch wieder die Rettung. Von Gott allein erwartet sich Ijob eine Antwort. In seiner Klage ist Ijob doch von größter Erwartung und Hoffnung bestimmt, von der Sehnsucht, „selbst" (ich … für mich) Gott als „Erlöser" schauen zu dürfen und so eine unverstellte Begegnung mit Gott zu erreichen.

Am Ende erreicht Ijob eine neue Einsicht (42,1–6): Bisher, so bekennt er, kannte er Gott nur vom Hörensagen – jetzt ist er Gott persönlich begegnet und kann so seine Situation ganz anders beurteilen. Ijobs „Aufatmen" ist durch die Klage hindurchgegangen und spiegelt nach einem langen Prozess eine persönliche Einsicht wider. Diese Haltung Ijobs wird von Gott bestätigt (42,7–9): JHWH lehnt die Reden der Freunde ab, denn «ihr habt nicht recht *zu* mir geredet wie mein Knecht Ijob». Anders als in der EÜ sollte mit *„zu mir"* (statt „von mir") übersetzt werden, denn die Pointe dieser Stelle liegt darin, dass die Freunde *über* Gott und das Leid theoretisiert haben, während Ijob sich in seinem Leid *zu* Gott hingewendet hat – und zwar in der Sprachform der Klage. Das jedoch ist „recht" in den Augen Gottes. Und wie so gebetet werden kann, zeigen im folgenden Psalter die Klagepsalmen.

Am Ende schenkt Gott Ijob ein vielfaches neues Glück. Das ist mehr als nur ein „Happy End", denn so manifestiert sich die Hoffnung, dass *am Ende* und im Grunde Gott die Macht dazu hat, aus dem schlimmsten Unglück zu befreien. Freilich ist es dem menschlichen Wissen und Planen entzogen, wie und wann dies sein wird. Die Hoffnung darauf ist jedoch nicht vergebens – auch so kann der Schluss des Ijob-Buches gelesen werden.

Der Psalter

Die Bandbreite der Gefühle zwischen großem Glück und niederschmetterndem Leid spiegelt sich noch stärker als im Buch Ijob in den Psalmen wider. Sie sind wahrhaftig Stimmen und Stimmungen des Lebens. Doch der Psalter als Buch beginnt nicht mit einem Paukenschlag, vielmehr ist der erste Psalm eine Einladung, über die Weisung JHWHs (über die Tora) nachzusinnen. Ps 1 als Portal verweist also auf die Tora, sodass sich der Psalter – gerade auch durch seine Fünfteilung in Anlehnung an die fünf Bücher des Mose

(s. u.) – als *Antwort Israels* auf die Gabe der Tora zu verstehen gibt. Daher wird auch derjenige glücklich gepriesen, der «Freude hat an der Weisung des Herrn, über seine Weisung nachsinnt bei Tag und bei Nacht». Mit diesen Worten knüpft Ps 1 deutlich an Jos 1,7–8 an, wo Josua von Gott ermutigt wird, über die Tora des Mose Tag und Nacht nachzusinnen, auf dass ihm alles gelingen werde. Mit diesem klaren Rückbezug auf die Tora ist Ps 1 in der jüdischen Bibel der Eröffnungstext des dritten Kanonteils „Schriften", das Buch Ijob folgt dort erst auf den Psalter.

Die Tora-Thematik durchzieht den ganzen Psalter: Ps 19 und 119, der längste Psalm, greifen sie ausdrücklich wieder auf. Am Ende steht das gewaltige Schluss-Halleluja (Ps 146–150): So spannt sich der Psalter von der Meditation über die Tora bis hin zum Lobpreis Gottes mit allen verfügbaren Instrumenten (Ps 150). Und noch ein weiterer Tora-Bezug ist zu nennen: Der Psalter ist in fünf Bücher eingeteilt, die daran erkennbar sind, dass am Ende der Psalmen 41; 72; 89 und 106 ähnlich lautende Lobpreisformeln („Doxologien") stehen. Die Fünfzahl korrespondiert den fünf Büchern der Tora, sodass die rabbinische Tradition im *Midrasch Tehillim* (= Auslegung der Psalmen) sagen kann: „Mose gab den Israeliten die fünf Bücher der Tora, und David gab den Israeliten die fünf Bücher der Psalmen". Die generelle Zuordnung der Psalmen zu David ergibt sich aus zahlreichen Überschriften, die meist mit „ein Psalm Davids" übersetzt werden. Historisch stammt wohl kein Psalm von David, daher ist diese Zuordnung als „geistige Autorschaft" zu deuten, die die Beterinnen und Beter dazu auffordert, „wie David" zu beten, sich in die Rolle dieses idealen Psalmendichters zu versetzen und sich so den Gebetstext zu eigen zu machen und zu verinnerlichen. Manchmal wurde auch der Versuch unternommen, bestimmte Psalmen dem Leben Davids zuzuordnen (Ps 51,1; 52,1; 57,1 u. ö.). Man zeigt so: In dieser und jener Situation betete David so – auch du kannst in deiner entsprechenden Situation so beten.

Mit David ist aber auch das Königtum als zweite wichtige thematische Linie des Psalters verbunden: Schon Ps 2 spricht vom Beistand Gottes für den irdischen (davidischen) König, der der Gesalbte Gottes ist. Von hier aus spannt sich der Bogen bis zu Ps 89, der zunächst die Großartigkeit des davidischen Königtums besingt, dann aber (ab V. 39) das Ende des irdischen Königtums in Jerusalem mit dem Babylonischen Exil beklagen muss. Kurz darauf besingt Ps 93 das Königtum *JHWHs*. Die Aussagen über den irdischen König als den Gesalbten JHWHs werden in nachexilischer Zeit in der Erwartung eines kommenden Messias (= Gesalbter) gelesen und gebetet.

Die Psalmensprache zeigt poetische Züge und Figuren, jedoch keine strenge Strophenstrukturen oder Reimschemata wie in „klassischen" Gedichten. Das hervorstechende Merkmal ist der so genannte *Parallelismus membrorum*: Zwei Zeilen bilden einen inhaltlichen Gleichklang, indem die zweite Zeile „das Gleiche" mit anderen Worten ausdrückt (synonymer Parallelismus), eine Ergänzung zu einem größeren Ganzen bringt (synthetischer Parallelismus) oder das genaue Gegenteil als Kontrast einführt (antithetischer Parallelismus):

Ps 1,1: Wohl dem Mann, der nicht dem Rat der Frevler folgt, nicht auf dem Weg der Sünder geht,
nicht im Kreis der Spötter sitzt,
[synonymer Parallelismus, dreigliedrig]
2 sondern Freude hat an der Weisung des Herrn,
über seine Weisung nachsinnt bei Tag und bei Nacht.
[synthetischer Parallelismus]
Ps 1,6: Denn der Herr kennt den Weg der Gerechten,
der Weg der Frevler aber führt in den Abgrund.
[antithetischer Parallelismus]
Andere poetische Stilfiguren sind etwa regelmäßige Akzentsetzungen, z. B. ein Zeilenpaar mit 3+3 oder 3+2 Betonungen, sowie Gestaltungen mit dem Alphabet: So besteht etwa Ps 119 aus 22 Strophen zu je acht Zeilen, von denen

jede mit dem gleichen Buchstaben des hebräischen Alphabets beginnt: acht Zeilen mit Alef, acht mit Bet, acht mit Gimel usw. Die Einheitsübersetzung kennzeichnet dies entsprechend, doch meist sind diese poetischen Feinheiten in der deutschen Übersetzung nicht sichtbar.

Zur besonderen Formensprache der Psalmen gehört auch, dass die Texte nach wiederkehrenden Mustern gestaltet sind, die in der Forschung *Gattungen* genannt werden. Für den Lobpreis Gottes wird der *Hymnus* herangezogen, der drei verschiedene Formen annehmen kann: Der „imperativische" Hymnus fordert zum Lob auf («Lobt den Herrn», Ps 113 u. ö.), der „partizipiale" Hymnus beschreibt Gottes Größe («Der Herr ist thronend in der Höhe und schauend in die Tiefe», so Ps 113,6 wörtlich mit Partizipien formuliert), und eine dritte Art redet JHWH direkt an: «JHWH, mein Gott, wie groß bist du!» (Ps 104). Das *Danklied des Einzelnen* ähnelt dem Hymnus, bringt jedoch charakteristische Hinweise auf die durchlittene Notlage oder zitiert sogar die Klage in der vorausgehenden Not. Ein lesenswertes Beispiel ist Ps 30 .

Das Faszinierende an den Psalmen ist aber auch, dass sie kein Blatt vor den Mund nehmen und die Not der Betenden klar aussprechen, vor allem in den *Klageliedern*: Hier wird die Not beklagt, die Feinde und Gegner werden verklagt, und Gott wird direkt angeklagt, weil er letztlich verantwortlich ist und allein die Not wenden könnte. Es gibt *Klagelieder des Einzelnen*, z. B. Ps 3; 22; 88 , aber auch *des Volkes*, etwa anlässlich militärischer Bedrohungen, z. B. Ps 79; 80 . Bei allen harten Worten gegen Gott wird jedoch nie der Glaube an Gott aufgegeben: Noch in der schlimmsten Not rechnet die Klage mit Gott und ist im tiefsten Inneren ein verzweifeltes Vertrauensbekenntnis, auch wenn Gott nur als unendlich fern erfahren wird. Gerade die Klagelieder stehen sehr nahe am menschlichen Leben. Das Aussprechen der Verzweiflung und der Not kann mitunter heilsam sein – viele Klagepsalmen zeigen einen Entwicklungsprozess von der Schilderung tiefster Not hin zu einem Lobversprechen oder sogar einem ausgeführten Gotteslob, da die Not gewendet wurde. „Schweigen wäre gotteslästerlich" – angesichts eigener oder fremder Not, denn es wäre Zeugnis eines geschwundenen Gottvertrauens. Heilend kann die Klage sein, da sie letztlich Reste des Vertrauens auf Gott mobilisiert und einem tödlichen Verstummen wehrt. Sogar die feindseligen Worte gegen die „Feinde" in vielen Klagepsalmen, die manche BibelleserInnen stören, sind eher hilfreich: Sie bringen *mit Worten* zum Ausdruck, was sonst heruntergeschluckt würde und sich in unkontrollierter Gegengewalt Durchbruch verschaffen würde, und sie überlassen die „Rache" Gott – und nicht eigener Justiz. Insofern sind auch die Klagegebete ein Beitrag zur Humanisierung und zur menschlichen Kultur.

Weitere Psalmengattungen sind durch bestimmte Wendungen oder Themen charakterisiert, so etwa die *JHWH-Königs-Psalmen*, z. B. Ps 93; 95–99 , die das Bekenntnis „Der Herr ist König" weiter ausfalten, oder die *Zionslieder*, die die Herrlichkeit Jerusalems besingen, z. B. Ps 48; 84 . In den *Geschichtspsalmen* (Ps 78; 105; 106) wird die Geschichte Israels rekapituliert (in negativer oder positiver Sichtweise), um zu Einsicht und Umkehr oder Lobpreis Gottes zu führen. Zugleich findet sich hier das Anliegen der Weitergabe des Glaubenswissens: «Was wir hörten und erfuhren, was uns die Väter erzählten, das wollen wir unseren Kindern nicht verbergen, sondern dem kommenden Geschlecht erzählen: die ruhmreichen Taten und die Stärke des Herrn, die Wunder, die er getan hat» (Ps 78,3–4). Die *Tora-Psalmen* 1; 19 und 119 wurden bereits erwähnt. Als eigene Gattung empfiehlt es sich auch, Texte wie Ps 16; 23; 27 zu führen: In sie floss eine Fülle von positiven Erfahrungen mit Gott ein, sie sind die Verallgemeinerung der Danklieder und können als *Vertrauenslieder* bezeichnet werden.

Aus der Liste der Gattungen ist ersichtlich, dass alle Stimm(ung)en des Lebens vertreten sind. Es kann hilfreich sein, mit diesen Gebeten vertraut zu sein, damit in krisenhaften Lebenssituationen – sei es im größten Glück oder in tiefster Not – nicht die Stimme fehlt, sondern Formulierungen bereit sind, Gefühle in Worte zu kleiden. Insofern hat das regelmäßige Psalmengebet im Judentum wie im Christentum seinen Sinn, wenn es nicht zur Abstumpfung, sondern zu einer stets neuen Begegnung und immer tieferen Vertrautheit mit den heiligen Texten führt, die letztlich das *eigene* Beten an den Psalmen entlang ermöglicht.

Das Buch der Sprichwörter

Auf die Psalmen Davids folgen die Sprichwörter (lateinisch *proverbia*) Salomos, des Sohnes Davids. Das Bibelarrangement orientiert sich an den geschichtlichen Büchern und ihrem chronologischen Aufriss. Allerdings machen schon die verschiedenen Teilüberschriften deutlich, dass nicht alle Sprüche Salomo direkt zugesprochen werden – geht man nach diesen Überschriften, ergeben sich sieben Teile des Buches.

Es handelt sich um eine über viele Jahrhunderte gewachsene Zusammenstellung von Spruchsammlungen, die eine ganze Reihe von Themen behandeln (Arm und Reich, Mann und Frau, Kinder und Eltern, Klugheit und Torheit, Fleiß und Faulheit, Lebenseinsichten und Naturbeobachtungen, etc.). Das theologische „Leitideal" für die Zusammenstellung und den Umgang mit dieser Art von „Spruchweisheit" formuliert Spr 1,7 : «Gottesfurcht ist Anfang der Erkenntnis». Es geht nicht um ein reines Anhäufen von Wissen und Faktenkenntnis, sondern letztlich um Welt- und Sinndeutung, um die Relation des „Gewussten" und der menschlichen Erkenntnis zum je größeren Schöpfergott.

Die Wurzel der Spruchweisheit liegt in der familiären Erziehung – daran erinnert die formelhafte Anrede „Mein Sohn" (z. B. schon 1,8), die dann auch vom Lehrer für den Schüler gebraucht wird. Die männerzentrierte Sprache ist kulturell bedingt und sehr formelhaft, sie darf nicht als Abwertung der Frau missverstanden werden: In der Regel kommt der Mutter das gleiche Gewicht in der Erziehung zu wie dem Vater (siehe wieder 1,8), in Spr 31,1–9 sind die Worte der Mutter Lemuëls gesammelt, mit dem sie ihren Sohn, den König des nordarabischen Massa, ermahnt – Weisheit ist damit keine rein männliche Domäne und vor allem auch ein „internationales Phänomen". Ein Höhepunkt ist das Gedicht über die „tüchtige" Frau Spr 31,10–31 – das Wort „tüchtig" wird sonst vom Mann auf dem Höhepunkt seiner Schaffenskraft verwendet. Damit werden die Tätigkeiten der voll verantwortlichen Vorsteherin eines landwirtschaftlichen Haushalts dem Tun des Mannes gleichgestellt.

Die Gestaltung als Sprichwörter – oft mit dem *Parallelismus membrorum* wie bei den Psalmen – zeigt, wie gelernt wurde: auswendig, „by heart". Eine Reihe dieser Merksätze sind in den alltäglichen Sprachgebrauch übergegangen (vgl. z. B. Spr 10,2; 16,18; 26,27). Sprichwörter in bestimmter poetischer Gestaltung sind nun einmal leichter zu merken, und zu dieser Mnemotechnik (Gedächtniskunst) gehören auch die kunstvoll gestalteten Zahlensprüche (Spr 30,15–33). An diesen Sprüchen sieht man, dass der überschaubare Bereich der Erziehung überstiegen ist und in dieser Sprachform auch philosophische Denkanstöße formuliert werden können.

Dazu trägt das Stilmittel der Personifikation bei: In Spr 8–9 tritt die Weisheit als Frau auf, die um Aufmerksamkeit wirbt, die präexistente Schöpfungsmittlerin ist und als Gastgeberin Wohltaten bereithält. „Weisheit" ist so zu einem Wesen geworden, dem man personhafte Qualitäten zuerkennt. Das geht so weit, dass die Weisheit metaphorisch als attraktive Frau erscheint, der sich der Weisheit suchende junge Mann „vermählt". Diese starke Bildsprache begegnet im „Buch der Weisheit" (s. u.) wieder.

Durch die Zuschreibung an den „Davidssohn, der König in Jerusalem war", bekommt das Buch Kohelet eine besondere Autorität und wird an das Buch der Sprichwörter Salomos angegliedert. Ebenso wenig wie dieses aber stammt das Buch Kohelet vom historischen König Salomo – das gibt das Buch selbst zu. Dass sich der Sprecher in 1,12–2,26 als „König in Jerusalem" ausgibt, entpuppt sich als Gedankenexperiment: Was wäre, wenn ich als König allen Reichtum und alle Macht der Welt hätte? Das Ergebnis am Ende der Erörterungen ist ernüchternd: Was hat der Mensch von all seinem Streben, Können, Erfolg und Reichtum? Letztlich nichts. «Nicht im Menschen selbst gründet das Glück» (2,24) – alles hängt von der Verfügung eines undurchschaubaren Gottes ab.

Kohelet – der Name ist eigentlich kein Personenname, sondern ein Deck- oder Künstlername, in dem das Wort „Versammlung" steckt: Er steht für einen philosophischen Diskussionszirkel. Das Werk ist in enger Auseinandersetzung mit der griechischen Popularphilosophie des 3. Jh. v. Chr. entstanden – und sucht wie diese nach dem „Glück". Dabei ist die Haltung sehr realistisch, was sich auch im Mottovers des Buches zeigt, der in 1,2–3 und am Ende in 12,8 so lautet: «Windhauch, Windhauch, sagte Kohelet, Windhauch, Windhauch, das ist alles Windhauch.» Windhauch ist eine stehende Metapher für die Vergänglichkeit, Hinfälligkeit, Eitelkeit und Unzuverlässigkeit der Welt und dessen, was sie dem Menschen bieten kann. Kohelet durchfragt alles bis zum Grund und steht dann oft vor einem Scherbenhaufen. Dem entspricht die formale Gestaltung, die von Wendungen wie „ich dachte mir", „ich nahm mir vor", „ich beobachtete" geprägt ist. Aus seinen Beobachtungen zieht Kohelet dann seine Schlussfolgerungen.

Gott erscheint im Buch Kohelet als stets im Hintergrund wirksam – jedoch ist Gottes Handeln vom Menschen nicht zu durchschauen oder gar zu berechnen. Gott teilt dem Menschen seinen Anteil zu – ohne klare, menschlich nachvollziehbare Kriterien. Daher liegt es am Menschen, das jeweils zugeteilte „Glück", sei es viel oder wenig, zu genießen, wenn die Gelegenheit dazu besteht (vgl. 9,7–10 ; ähnlich angelegt sind die weiteren Ratschläge in Koh 10–11). Das ist kein reines Lustprinzip und hemmungsloses Schwelgen, was hier empfohlen wird, sondern eher die Aufforderung, die Gunst der Stunde zu nutzen („carpe diem" – nütze den Tag). Über die Religion hat Kohelet einen eigenen Abschnitt (4,17–5,6), in dem er zur Vorsicht im Umgang mit Gott mahnt: «Gott ist im Himmel, du bist auf der Erde, also mach' nicht viele Worte!» Gott ist nicht verfügbar und manipulierbar, auch nicht durch Gelübde und Opferversprechen.

Kohelets kritische Überprüfung alter Plausibilitäten zeigt, dass die ältere Weisheit, die sich vor allem in den Sprichwörtern zeigte, in die Krise geraten ist: Es ist keineswegs mehr so, dass der Gute und der Tüchtige auch gewinnt und dass Fehlverhalten zum Untergang führt – oft geht es den Schlechten sehr gut, und die Gerechten müssen leiden. Die wechselvollen und ungerechten sozialen Verhältnisse seiner Zeit reflektiert Kohelet sehr genau – und kann keine vernünftige Lösung mehr finden. Daher formuliert er seine Empfehlung, die Gunst der Stunde zu nutzen (siehe das Gedicht über die Zeit, 3,1–15). In diesem Sinne ist auch Kohelets Gedicht über das Alter und das Altern zu verstehen (11,9–12,7): Als junger Mensch gilt es, zuzupacken und froh seinen Lebensweg zu gehen – denn die Jugend ist vergänglich. Mit sehr behutsamen Bildern beschreibt Kohelet die Beschwerden des Alters. Am Ende fällt der Mensch als Staub auf die Erde zurück, während der Atem zu Gott zurückkehrt – eine deutliche Anspielung auf die Menschenschöpfung in Gen 2,7.

Das Koheletbuch hat zwei Nachworte (12,9–11.12–14). Das erste beschreibt Kohelet als Gelehrten, der selbst viele Merksätze geprägt habe – solche Sprüche leiten die Men-

Bild, das in Erziehungsideal passt :

schen wie Ochsenstecken das pflügende Gespann. Das zweite Nachwort warnt vor zu vielen Büchern und zu viel Studieren – vielleicht hatte hier jemand Bedenken gegen die allzu freizügigen und weitreichenden Gedanken Kohelets. Daher betont der Schreiber, dass es letztlich darauf ankomme, Gott zu fürchten (siehe schon Spr 1,7!) und die Gebote zu halten. Dieses Nachwort, das das Buch Kohelet an die Tora zurückbindet, versucht vermutlich, das so unkonventionelle Buch, das in den Kanon Heiliger Schriften geraten ist, zu immunisieren oder zu neutralisieren und dem Gehorsam gegenüber der Tora unterzuordnen.

Wegen Nachwort : Lehrbuchsammlung des Tempels in Jerusalem

Das Hohelied

Auch beim Hohenlied, dem „Lied der Lieder", fragte man sich, ob das „Heilige Schrift" ist. Faktisch handelt es sich um erotische Liebesdichtung, die in poetischer Weise die Verliebtheit, aber auch die körperlichen Vorzüge eines Liebespaares im Wechsel zwischen Mann und Frau preist. Der erste Satz schreibt es wieder Salomo zu, was wenigstens vom Autor her den Text „absichert". Lesetipp: das ganze Buch Hld .

Doch es ist nicht von Salomo, und es ist profane Liebeslyrik mit deutlichen sexuellen Bezügen. Wie kamen und kommen Judentum und Christentum damit zurecht, dass das im Kanon „Heiliger Schriften" steht? Seit alters wurde das Hohelied fast ausschließlich allegorisch gedeutet, sei es auf die Liebe Gottes zu seinem Volk Israel, sei es auf die Liebe Christi zur Kirche. Würde man solche Deutungen für „falsch" halten, würde man Generationen von jüdischen und christlichen Denkerinnen und Denkern absprechen, dass sie die Bibel richtig verstanden hätten. Die Texte selbst sind so offen und vieldeutig formuliert, dass eine allegorische Leseweise möglich ist und durch den jetzt vorhandenen Kontext „Bibel" nahe liegt. Aus der Sicht der neueren Literaturwissenschaft muss man generell davon ausgehen, dass

136

Texte mehrdimensional sind und je nach Kontext und Leserschaft unterschiedliche Sinnpotentiale im Lesevorgang aktivieren können. Insofern ist die allegorisch-typologische Deutung nicht zu vernachlässigen. Andererseits ist es aus *heutiger* Sicht durchaus hilfreich, im Kanon „Heiliger Schriften" *auch* erotische Dichtung zu finden, damit Sexualität nicht allein auf das Erzeugen von Kindern eingeengt wird und die kreative Kraft männlich-weiblicher Erotik als elementarer Bestandteil menschlichen Lebens in der Heiligen Schrift zum Tragen kommt. Zugleich ist zu betonen, dass sich diese Art der Liebesdichtung, in der Gott gar nicht vorkommt, implizit dagegen wehrt, die menschliche Sexualität und Erotik zu sakralisieren und zu vergöttlichen, wie das im antiken Umfeld sehr geläufig war (und vielleicht bisweilen auch heute noch ist).

Das Buch der Weisheit

Die Zuordnung zu Salomo geht noch weiter: Auch das in griechischer Sprache abgefasste Buch der Weisheit wird in griechischen Handschriften mit dem Namen Salomos versehen. Doch schon Hieronymus und Augustinus bezweifelten diese Autorschaft, sodass es im Lateinischen nur „liber sapientiae" heißt.

«Liebt Gerechtigkeit!» – so werden gleich am Anfang die «Herrscher der Erde» angesprochen. Das zeigt, dass eine idealtypische, keine reale Szenerie angesprochen ist: Im Laufe der Darstellung entsteht vor dem inneren Auge der Lesenden ein Bild, in dem der reife König Salomo vor allen Königen der Welt seine philosophischen Erwägungen zu Gerechtigkeit und Weisheit darlegt. Die Botschaft des Buches ist die Aufforderung – nicht nur an die „Könige", sondern an alle Menschen – ein gerechtes und aufrichtiges Leben, gerade auch unter Anfechtungen, zu führen und hinein zu nehmen in den abschließenden Lobpreis Gottes.

Anfechtungen werden vor allem im ersten Teil 1,1–6,21

genannt: die üble Gesinnung der bösen Menschen (EÜ: Frevler), die ein üppiges Leben führen und dem armen Gerechten nachstellen (1,16–2,24). Die Schwarz-Weiß-Zeichnung in Gerechte und Frevler zielt auf klare, ideale Rollenzuweisungen, um Orientierung zu geben, wer „die Bösen" und wer „die Guten" sind (fast wie in populären Filmen). Weitere Anfechtungen sind der frühe Tod des Gerechten (3,1–12; 4,7–19) und die Kinderlosigkeit gerechter Menschen (3,13–4,6). Hier spielt der fest ausgeprägte Gedanke einer Auferstehung der Toten und einer entsprechenden Vergeltung und Rechtfertigung im Jenseits eine wichtige Rolle: Im *Endgericht* wird die fehlende Gerechtigkeit hergestellt, die Guten werden belohnt, die Bösen bestraft. Mit dieser Denkfigur versucht das Buch der Weisheit in einer Zeit Orientierung zu geben, in der alte Plausibilitäten und gesellschaftliche Zusammenhänge zerbrechen und die an Gott glaubenden Menschen schwer angefochten sind, weil sich ihre Aufrichtigkeit und Gerechtigkeit in diesem Leben aufgrund der maroden gesellschaftlichen Verhältnisse nicht auszuzahlen scheinen.

Der zweite Teil des Weisheitsbuches (6,22–11,1) ist ein Loblied auf die Weisheit – unausgesprochener Hintergrund sind dabei die Traditionen in 1 Kön und 1 Chr, wo geschildert wird, dass König Salomo Gott um „Weisheit" gebeten hatte. Hier wird gewissermaßen ein ausführlicher Text seiner Bitte und seines Lobes der Weisheit dargeboten.

Der dritte Buchteil (11,2–19,22) zeigt, dass das Weisheitsbuch bereits eine „Heilige Schrift" voraussetzt: Das Exodus-Geschehen und die Wüstenwanderung werden in hymnischer Sprache erinnert und damit aktualisierend ausgelegt. Die Texte aus Exodus, Numeri und Deuteronomium werden als bekannt wachgerufen. Den Wohltaten Gottes an seinem Volk Israel werden Strafen für die „Frevler" gegenübergestellt. So zeigt sich in der „Geschichte", dass sich „Gerechtigkeit" auszahlt – und damit kann man auch aus den Heiligen Schriften „Weisheit" lernen.

Auch das folgende Sirach-Buch (lateinisch: *Ecclesiasticus*) ist ein Weisheitstext, der stark auf „Heilige Schrift" zurückgreift. Es war ursprünglich auf Hebräisch geschrieben, eine Reihe von Fragmenten sind erhalten. Vollständig liegt es nur in griechischer Sprache vor. Den Namen des Weisheitslehrers kennen wir aus Sir 50,27 und 51,30. Schon sein Enkel, der die griechische Übersetzung besorgte, verwendet in seinem Vorwort eine dreigliedrige Formel zur Bezeichnung der „Heiligen Schrift": Gesetz, Propheten und andere Schriften. Diese drei Teile sind die Grundgliederung der jüdischen Bibel. Zeitweise wurde auch das Sirach-Buch im Judentum für „kanonisch" gehalten.

Die Weisheitsschrift des „Ben Sira" ist ein dem Buch der Sprichwörter verwandtes „klassisches" Weisheitsbuch, das jedoch seine Inhalte stärker in Form kleinerer Traktate präsentiert. Es ist in drei große Teile gegliedert (1,1–23,27; 24,1–42,14; 42,15–51,30). Zentrale Stellen sind das Selbstlob der Weisheit in Sir 24 und der große Lobpreis Gottes in der Schöpfung und in der Geschichte Israels (42,15–50,24). Gerade hier wird stark auf bisher vorliegende „Heilige Schrift" zurückgegriffen. Wie sehr das „Denken" das Anliegen des Ben Sira ist, zeigt sich an seiner Darstellung der Erschaffung des Menschen (Sir 17,1–6), die damit schließt, dass Gott den Menschen „ein Herz zum Denken" gab. Bei aller Offenheit für die Freude an der Weisheit („Philosophie") ist Ben Sira stark in der jüdischen Tradition verwurzelt. Im Selbstlob der Weisheit wird klar festgehalten, dass die Weisheit bei der Schöpfung einen Platz unter den Völkern suchte – und auf Befehl Gottes nimmt die Weisheit ihren Wohnsitz in Israel (Sir 24,7–8).

4.6 Die Bücher der Propheten

Mit den Büchern der Propheten beginnt die Bibel ein weiteres „Genre" an Literatur. Gegen das landläufige Verständnis (vgl. auch Mt 26,67–68; Lk 22,63–65) sind jedoch die biblischen Propheten keine Hellseher, die die Zukunft voraussagten. Der hebräische Begriff für Prophet (*nabi'*) ist am besten mit „*berufener Rufer*" zu übersetzen, und das griechische Wort *profetes* meint ursprünglich „Sprecher der Gottheit vor dem Volk". Ein Prophet im biblischen Sinne ist somit von Gott dazu berufen, ein in verschiedener Weise mitgeteiltes „Wort JHWHs" dem Volk oder dem König zu übermitteln. Dabei geht es zunächst weniger um die Zukunft als um einen wachen, kritischen Blick auf die Gegenwart und die schonungslose Analyse der Vergangenheit, um das Aufzeigen von Schuldverstrickungen und strukturellen Ungerechtigkeiten. Ergebnis ist dann oft eine harte Gerichtspredigt, die das unausweichlich bevorstehende Gericht Gottes über sein Volk oder auch die Völker der Erde ankündigt.

Faszinierend an der prophetischen Literatur ist, dass das Prophetenwort und das vom Propheten übermittelte Gotteswort zunächst in eine ganz konkrete geschichtliche Stunde gesprochen und an konkrete historische Adressaten gerichtet wurde, dann aber darüber hinaus erhebliche Bedeutung für spätere Generationen erhielt: Es wurde überliefert, ausgelegt und fortgeschrieben – für neue Kontexte und Situationen. Meist ist es gar nicht mehr möglich, den exakten Wortlaut der *ursprünglichen* prophetischen Botschaft zu rekonstruieren – diese Fragestellung ist auch eher modern und am „Urheberrecht" ausgerichtet. Macht man sich hingegen bewusst, dass der Weg vom Auftreten des Propheten bis zur „Heiligen Schrift" ein langer Traditions- und Transformationsprozess war, so versteht man eher, wie im gleichen Buch flammende Unheilsbotschaften und tröstende Heilsworte stehen können. Die Worte und die Autorität der Propheten wurden durch die Zeit getragen, aber nicht „konserviert" in einer Dose, sondern stets neu gelesen, neu angewandt und in neue Kontexte gestellt. Man scheute sich nicht, in bewährter prophetischer Sprache neue Inhalte zu formulieren oder Unheilsansagen aus alter Zeit, die eingetroffen sind – daher wurden sie als „wahre Prophetie" (Dtn 18,22) überliefert –, durch neue Heilsbotschaften des Trostes an das unter Exil und Fremdherrschaft leidende Volk zu überbieten. Das Grundschema für die Ausgestaltung zu einem Propheten*buch* ist daher der Wechsel von der Unheilsprophetie zur Heilsprophetie oder der Dreischritt „Gerichtsworte gegen Israel, Gerichtsworte gegen die Völker, Heilsworte für Israel".

Prophetische Sprache ist in der Bibel von bestimmten Formeln geprägt. Mehrfach begegnen die *Botenspruchformel* („So spricht der Herr"), die *Gottesspruchformel* („Spruch des Herrn") und die *Wortereignisformel* („Das Wort des Herrn erging an mich/N. N."). Schon diese Formeln zeigen, dass nicht der Mensch, sondern Gott das Subjekt der Prophetie ist. Neben diesen einzelnen Wendungen gibt es bestimmte Grundmuster in den Prophetenbüchern. Die *begründete Unheilsansage* (begründetes Gerichtswort) besteht aus drei Teilen (z. B. Micha 2,1–3):

Scheltwort des Propheten über Missstände	„Weh denen, die ..."
Botenspruchformel	„Darum – so spricht der Herr:"
Drohwort (Unheilsansage) durch Gott	„Seht, ich plane Unheil gegen ...".

Weitere Grundmuster sind *Eigenberichte* des Propheten, in denen er etwa Visionen in erster Person erzählt (z. B. die Berufungsvision Jesajas in Jes 6), sowie *Fremdberichte* anderer, die etwas über den Propheten mitteilen (z. B. Jes 36–39; Jer 52).

Die in der EÜ vorliegende Anordnung beginnt mit den drei „großen" (auf den Buchumfang bezogen!) Propheten Jesaja, Jeremia und Ezechiel, wobei dem Buch Jeremia das Buch Baruch und die Klagelieder zugeordnet sind. Auf Ezechiel folgt das apokalyptische Buch Daniel und darauf das Zwölf-prophetenbuch („Dodekapropheton"), die – wieder allein vom Buchumfang her geurteilt – zwölf „kleinen" Propheten.

Das Buch Jesaja

Der Anfangsvers des Jesaja-Buches umreißt den Zeitrahmen: die Auseinandersetzung Judas und seiner Könige mit der Großmacht der Assyrer aus dem Zweistromland im 8. Jh. v. Chr. Jesaja von Jerusalem, der Prophet aus gebildeten Kreisen, muss mit seinen Zeitgenossen hart ins Gericht gehen. Jeder Esel kennt seine Krippe, jeder Ochse seinen Herrn – nur Israel hat keine Erkenntnis: «Weh dem sündigen Volk, der schuldbeladenen Nation!» (Jes 1). Die Gerichtsbotschaft Jesajas hat sich als wahr erwiesen, so wurde sie überliefert, aber immer wieder auch von heilvollen Ankündigungen (die aus viel späterer Zeit stammen) unterbrochen: Schon Jes Jes 2,1–5 kündigt die Wallfahrt der Völker zum Zion an, die dort die Weisung (Tora) Gottes empfangen, sodass es zu einem weltweiten Frieden kommt: Man schmiedet Schwerter zu Pflugscharen und übt nicht mehr für den Krieg. Insgesamt ergibt sich eine eigenartige Mischung von scharfen Gerichtsworten und heilvollen Zusagen. Mitunter ist die Gerichtsbotschaft in geradezu lyrischen Liedern versteckt, wenn etwa das Weinberglied in Jes 5,1–7 nach der Art eines Liebesliedes beginnt und in harten Vorwürfen endet. Seine Sicht der Dinge legt Jesaja in der so genannten Denkschrift Jes 6–8 nieder, in der er seine Berufung zur Verkündigung an ein verstocktes Volk schildert und die Auseinandersetzung mit König Ahas reflektiert. Hier findet sich auch die Ankündigung der Geburt des *Immanuel* (Jes 7,14) – zunächst ein Zeichen für König Ahas (ein Sohn einer *jungen Frau* aus dem königlichen Harem), viel später von den Christen aber als Hinweis auf Jesus, den Sohn der *Jungfrau* (Maria) gelesen (Mt 1,23). Ebenfalls für die Christen sehr wesentlich sind die Ankündigungen des Friedensmessias in Jes 9,1–6 und Jes 11,1–9, die nicht von Jesaja von Jerusalem aus dem 8. Jh. stammen, sondern aus sehr viel späterer Zeit, als das Königtum vernichtet war und sich die Hoffnung auf einen zukünftigen Messias richtete. Der oben genannte Dreischritt zeigt sich auch an der Grobgliederung: Jes 1–12 sind (meistens) Gerichtsworte gegen Israel, 13–23 Gerichtsworte gegen fremde Völker, 24–27 sind ein apokalyptischer Ausblick in die Endzeit (z.B. 25,8: Gott beseitigt den Tod für immer), 28–35 Heilsworte. Die Kapitel 36–39 enthalten Geschichten über Jesaja, die weitgehend mit 2 Kön 18–20 identisch sind.

Jes 40 markiert einen tiefen Bruch im Jesaja-Buch: «Tröstet, tröstet mein Volk, spricht euer Gott». Ab hier wird eine gänzlich andere Situation vorausgesetzt, nämlich die des Babylonischen Exils ab 587/6 v.Chr. Es sind Texte einer namenlos gebliebenen prophetischen Gestalt, die als Seelsorger dem gedemütigten Volk die helfende Nähe des einen und einzigartigen Gottes JHWH vermitteln will, sowie von Theologen, die „Heilige Schrift" auslegen. Diese Botschaft wurde unter „Jesaja" überliefert und ebenfalls in späteren Jahrzehnten ergänzt. Die Forschung nennt diese Texte den „zweiten Jesaja", griechisch „Deuterojesaja" (Jes 40–55). Sie vermitteln, dass Gott als Schöpfer der Welt in der Lage ist, Israel zu retten – die Götter der anderen Völker, deren Macht Israel so schmerzlich erfuhr, sind nur „Nichtse". Der politische Heilsbringer ist der Perserkönig Kyrus, der Babylon eroberte und den Juden die Heimkehr aus dem Exil erlaubte – Kyrus ist für Deuterojesaja der Messias, das Werkzeug, das Gott benutzt, um sein Volk zu retten. Gott als der „Allmächtige" kann selbst den persischen Großkönig für seine Zwecke einspannen, denn Gott schafft Licht und Finsternis, das Heil und das Unheil (Jes 45,1–8).

Eingebaut in Deuterojesaja sind die vier so genannten Gottesknechtslieder: 42,1–4; 49,1–6; 50,4–9; 52,13–53,12 . Diese rätselhaften poetischen Texte sind für mehrere Deutungen offen. Man kann sie auf das Geschick des einzelnen Propheten hin lesen oder – vom Kontext her besonders naheliegend – eher auf das Volk Israel bzw. eine Gruppe innerhalb des Volkes Israel hin interpretieren, das/die heilvoll für das Ganze (Volk oder Menschheit) wirken wird. Aus *christlicher* Sicht werden diese Lieder auf Jesus und sein erlösendes Handeln hin gelesen. Hier wird besonders deutlich, dass „Heilige Schrift" immer der lesenden Auslegung innerhalb einer bestimmten Glaubensgemeinschaft bedarf *und* sogar unterschiedlich gedeutet werden kann, ohne dass die Lektüre der einen oder anderen Religion als „falsch" gebrandmarkt werden muss.

Ab Jes 56 scheint erneut eine andere Situation vorausgesetzt zu sein: Hier sprechen die prophetischen Worte zur Gemeinde *nach* dem Exil. Die große Frage dieser Zeit war die nach der eigenen Identität: Wer gehört dazu? Wer nicht? Manche biblischen Bücher befürworten das Programm des Ausschlusses aller Fremden und der radikalen Abgrenzung (Esra/Nehemia). Der dritte Teil des Jesaja-Buches („Tritojesaja", 56–66) weitet dagegen den Blick und eröffnet allen, die sich an die Weisung Gottes halten, die Möglichkeit der Teilhabe an der Gemeinde (Jes 56,1–8). Wichtig ist nicht der äußerliche Vollzug von Riten, sondern die innere Einstellung, die sich in Barmherzigkeit gegenüber den Bedürftigen und in der Respektierung des Sabbats zeigt (Jes 58,1–14 : die wahre Frömmigkeit). Der weite Horizont zeigt sich auch in Jes 60,1–22 , der Wallfahrt der Völker zum Zion: Sie bringen ihren Reichtum mit – ein Bild, das Matthäus in den Gaben der Sterndeuter (Mt 2,11) aufgreift. Das folgende Kapitel (Jes 61) spielt ebenfalls eine wichtige Rolle im Neuen Testament, da es vom Gesalbten Gottes (Messias) spricht und sein heilvolles Tun beschreibt (v. a. Jes 61,1–2): In Lk 4,16–30 liest Jesus diesen Text in der Synagoge vor und bezieht ihn auf sich. Wieder zitiert die Schrift (das Neue Testament) „Heilige Schrift" – die Christen deuten Jesu Auftreten „gemäß der Schrift" und als „schriftgemäß".

Am Ende des Jesaja-Buches steht ein Ausblick auf eine gänzlich neue Schöpfung durch Gott: Ein neuer Himmel und eine neue Erde werden erwartet, wo es kein Weinen und Klagen, keinen frühen Tod und keinen Krieg mehr geben wird (Jes 65,16–66,24) – und alle, die sich dem heilvollen Tun Gottes widersetzen, werden vernichtet. Letzterer Gedanke mag verwundern, doch er zeigt, wie sehr diese Texte aus der Perspektive von Opfern, Gedemütigten und Notleidenden (Jes 66,2!) verfasst sind – und nur von daher angemessen zu verstehen sind.

Gerade das Jesaja-Buch hat – neben dem Psalter – eine starke Wirkungsgeschichte im Neuen Testament erfahren. Die Verheißung eines neuen Himmels und einer neuen Erde wird am Ende der christlichen Bibel in Offb 21,1 als immer noch ausstehend aufgegriffen und als weiterhin gültige Verheißung und begründete Hoffnung – auch für die Christen – in Kraft gesetzt. Die großen Visionen einer heilvollen Zukunft, die sich geballt im Jesaja-Buch finden, sind mit dem irdischen Auftreten Jesu nicht „erfüllt" im Sinne von „erledigt", „abgehakt", sondern bestehen weiterhin als Ansporn gebende, Hoffnung und Ermutigung verleihende Aussichten, die von Gott wirklich noch zu erwarten sind und Juden und Christen, die gemeinsam die Jesaja-Texte lesen, mehr verbinden als trennen.

Das Buch Jeremia

Die Zeit des Jeremia sind die letzten zwei Jahrzehnte des Staates Juda und der Stadt Jerusalem vor der Zerstörung 587/6 v. Chr. Nach den viel versprechenden Reformen des Königs Joschija (641–609), die jedoch im Jeremia-Buch keine Erwähnung finden, geht es nach dem vorzeitigen Tod Joschijas politisch, sozial und religiös in Juda bergab. Jere-

145

mia wird zum schärfsten Kritiker des neuen Königs, seiner Politik, der Oberschicht und der Priesterschaft. Er geißelt die Verehrung fremder Götter und die Treulosigkeit gegenüber JHWH (z. B. Jer 2: „Mein Volk hat mich vergessen", so beklagt sich Gott), kritisiert Lug und Trug (z. B. Jer 9) sowie unsolidarisches und nur auf den eigenen Gewinn gerichtetes Verhalten, gerade auch bei Priestern und Propheten (vgl. Jer 6,13; 8,10; 14,10–16). Immer wieder muss sich Jeremia gegen falsche Propheten wehren, die dem Volk und dem Königshaus nach dem Mund reden und trügerische Sicherheiten verkünden, insbesondere die Ideologie des unantastbaren Zion und des unverwundbaren Tempels. In Jer 7,1–15 stellt der Prophet heraus, dass das Gerede vom Tempel des Herrn nichts nützt, wenn Unterdrückung, Ausbeutung der Armen und Rechtsbeugung im Land herrschen. Mehrfach weist er auf den drohenden Untergang hin.

Ein solches Auftreten bleibt nicht ungestraft – das Buch, das aufgrund der Aktualität seiner Botschaft im Nachhinein zahlreiche Aktualisierungen erfahren hat, zeichnet Jeremia als den typischen Propheten, der schwer unter seinem Auftrag zu leiden hat. Er muss unverheiratet bleiben, um für Israel ein Warnzeichen zu sein (Jer 16,1–9), er wird verfolgt (z. B. Jer 11,18–23), verhaftet, in einer Zisterne gefangen gehalten (Jer 38,1–6). In seinen so genannten Konfessionen schreit Jeremia sein Leid seinem Auftraggeber entgegen (Jer 11,18–12,6; 15,10–21; 17,12–18; 18,18–23; 20,7–18). Es sind Klagegebete eines Einzelnen, die Psalmen ähneln. Jeremias großes Dilemma ist, dass er ständig Unheil gegen sein eigenes Volk ankündigen muss (was an sich schon unangenehm ist), dass dann aber – aufgrund der Langmut Gottes – die Katastrophe doch (noch) nicht eintrifft und Jeremia als Lügner oder falscher Prophet dasteht. Nach der endgültigen Eroberung und Zerstörung Jerusalems und des Tempels wird der bescheidene Neuanfang durch die Ermordung des Statthalters Gedalja im Keim erstickt (Jer 39–41). Der nicht nach Babylon deportierte Rest der führenden Leute flieht – gegen Jeremias Rat – nach Ägypten und nimmt ihn mit. Dort verliert sich seine Spur (Jer 42–45).

Im ersten Teil des Jeremia-Buches (Jer 1–25) finden sich die Worte des Propheten mit zahlreichen Ergänzungen. Programmatisch sind seine Berufung – Jeremia fühlt sich zu jung und ungeeignet – und die ersten Visionen (Jer 1). Jeremia macht seine Botschaft durch eine Reihe von Zeichenhandlungen mit Deutungen (z. B. Jer 19,1–20,6) anschaulich. Der zweite Teil, Jer 26–45, sind Berichte über Jeremia und sein Ergehen. Bemerkenswert sind die Heilsworte über Efraim (eine Chiffre für das Nordreich) in Jer 30–31, wo unter anderem auch von einem „neuen Bund" die Rede ist (Jer 31,31–34). Bei diesem neuen Bund gibt es auch eine „geschriebene Tora" (EÜ: „mein Gesetz"), doch diese „Heilige Schrift" wird auf dem *Herzen* geschrieben stehen, sodass es keiner Belehrung und keiner Mühe um Auslegung mehr bedarf. Noch an anderen Stellen im Jeremia-Buch geht es um Geschriebenes: Sehr dramatisch wird eine Bücherverbrennung erzählt (Jer 36): Jeremia erhält den Auftrag, seine Worte schriftlich festzuhalten. Er diktiert sie seinem Schreiber Baruch. Doch der König Jojakim, dem die Schriftrolle vorgelesen wird, zerschneidet sie Stück für Stück und wirft sie ins Feuer. Daraufhin soll Jeremia, der an einem sicheren Ort versteckt ist, eine Zweitschrift erstellen, und dabei wurden den Worten Jeremias noch viele ähnliche Worte hinzugefügt. Die „Heilige Schrift" spricht selbst davon, dass Prophetenworte später erweitert und vermehrt wurden.

Jer 46–51 enthält Sprüche über fremde Völker, insbesondere über Ägypten, die kleineren feindlichen Nachbarvölker Judas sowie über Babylon – dabei gilt immer, dass das Unheil für die fremden Völker das Heil für Juda bedeutet. Jer 52 ist ein historischer Anhang (vgl. 2 Kön 24–25).

Das Buch der Klagelieder

Der geschichtliche Anhang des Jeremiabuches (Jer 52) erzählt die Zerstörung Jerusalems – und genau dieses Ereignis beklagen die fünf „Klagelieder" (Klgl): Demütigung, Vergewaltigung, Hunger, Durst, alles, was man in einer vom Krieg zerstörten und von fremden Truppen besetzten Stadt finden kann. Die Lieder sind kurz nach 587/6 entstanden und im Stil von Leichenliedern (Trauerliedern) oder Klagepsalmen verfasst – daher wurden sie von der Tradition dem ähnlich klagenden Jeremia zugeordnet. In der jüdischen Tradition sind sie unter den „Schriften" eingeordnet und dienen als Lesungstexte am 9. Ab, dem Gedenktag der Tempelzerstörungen von 587/6 v. Chr. und 70 n. Chr. Ihr Ziel ist nicht das Jammern über den Untergang, sondern der andauernde Appell an Gott, sich das Elend anzuschauen und sich des Volkes wieder zu erbarmen.

Das Buch Baruch und der Brief des Jeremia

Das Buch Baruch nimmt sich den Schreiber (Sekretär) des Propheten Jeremia als Paten und konstruiert als Szenerie eine Schrift, die Baruch im Sinne der in Babylon exilierten Judäer (einschließlich König Jojachin) verfasste und nach Jerusalem zum öffentlichen Vortrag schickte. Doch der gesamte Text setzt bereits eine „Heilige Schrift" aus Tora, Propheten und Schriften voraus, die erst viel später entstanden ist. Daher muss das Konzept des Werks als fiktiv bezeichnet werden. Wahrscheinlich entstand Bar 1–5 um 100 v. Chr. Nach der konstruierten Szenerie um die Entstehung des Buches 1,1–14 beginnt ein Bußgebet, das die Geschichte Israels seit dem Auszug aus Ägypten (anhand der „Heiligen Schrift") aufarbeitet und das die Jerusalemer im Auftrag der Exilierten beten sollen (1,15–3,8). 3,9–4,4 ist eine Belehrung über die Weisheit, die groß und wunderbar ist – und der einzige Zugang zu ihr ist die Tora Gottes (4,1–4): «Glücklich sind wir, das Volk Israel; denn wir wissen, was Gott gefällt».

Dies ist der Grundgedanke und die treibende Kraft der Freude des Judentums an der Tora Gottes. Bar 4,5–5,9 formulieren Klage und Hoffnung Jerusalems.

Bar 6 ist ein eigenständiges Werk: der Brief des Jeremia. Er ist erst durch die Zusammenstellungen in der lateinischen Bibel an das Buch Baruch geraten. Der Traktat ist ein Versuch, die im Jeremia-Buch angedeutete Briefkorrespondenz (Jer 29) fortzusetzen. Wieder verwendet ein späterer, ungenannter Verfasser die Autorität einer biblischen Figur (Jeremia), um seine Botschaft wirkungsvoll zur Sprache zu bringen. Übergreifendes Thema ist die zeitlos-aktuelle Warnung vor dem Götzenkult und der Verehrung nichtiger Götterbilder. Vor allem im kulturellen Umbruch des Hellenismus, des Einflusses der griechischen Kultur auf den Vorderen Orient, kommt es zu vielfältigen Verschmelzungs- und Transformationsprozessen hinsichtlich der Gottesvorstellungen: Griechische, ägyptische und vorderorientalische Vorstellungen kreuzen sich – auch aufgrund des regen Handelsaustausches – in Palästina/Juda, und die in alle Winde verstreuten Juden der Diaspora lernen vielfältige Kulte kennen. Da ist die Anfechtung groß, sich von der *bildlosen* JHWH-Verehrung einem „greifbaren" Götter(bilder)kult zuzuwenden. Mehrfach muss die Bibel warnend und drohend, ermahnend und werbend gegen diese Versuchungen vorgehen und die Götterbilder als „Nichtse" hinstellen (vgl. auch die Polemiken in Deuterojesaja).

Das Buch Ezechiel

Aus anderer Perspektive als Jeremia beleuchtet Ezechiel das letzte Jahrzehnt Judas als Staat und die Exilszeit. Sein Thema ist die theologische Aufarbeitung dieses Untergangs aus priesterlicher Sicht. Ezechiel stammt aus einer Priesterfamilie, die sich auf den unter König David amtierenden Priester Zadok als Ahnherrn zurückführt. Doch Ezechiel kann das Priesteramt nicht ausüben, da er bei der ersten großen

Deportation nach Babylon im Jahre 597 mit großen Teilen der Oberschicht und König Jojachin mitgenommen wird. Als er 30 Jahre alt wird und damit regulär den Priesterdienst übernehmen sollte, wird er 593 zum Propheten im Zweistromland unter den Exilierten berufen. Er beendet 573 seinen prophetischen Dienst im Pensionsalter der Priester mit 50 Jahren. Das Buch Ezechiel legt Wert auf diese Datierungen. Insgesamt sind es 14, ihr Fixpunkt ist das Jahr 597.

Der Untergang Jerusalems führt zu zwei Phasen in der Prophetie Ezechiels. Er muss das Gericht Gottes ankündigen, bis es eintritt – dann jedoch kommt die Wende: In Ez 33,21–22 kommt ein Flüchtling zu Ezechiel und berichtet vom Fall der Stadt. Ab da wendet sich das Blatt zum Heil für Israel. Insgesamt entsteht eine Dreiteilung des Buches: 1–24 (Gericht über Jerusalem und Juda); 25–32 (Gericht über die fremden Völker); 33–48 (Heil für Israel; 40–48 ist der große visionäre „Verfassungsentwurf" vom „neuen Israel" mit neuem Tempel usw.).

Das Buch ist ein durchgehender Ich-Bericht des Propheten, der überwiegend JHWH-Rede wiedergibt. JHWH ist der einzige Gott, alle Götter der Völker sind Götzen und Scheusale. JHWH redet den Propheten mit „Menschensohn" an (93-mal im Buch Ezechiel, z. B. 2,1), ein Begriff, der hier die menschliche Begrenztheit ausdrücken soll. Angesichts der gewaltigen Visionen Ezechiels von der „Herrlichkeit" Gottes erscheint diese distanzierende Anrede angemessen.

Typisch für das Buch sind die ausführlichen *Visionsberichte* und die daran anschließenden *Zeichenhandlungen*. In Ez 1–3 beschreibt Ezechiel eine merkwürdige Erscheinung Gottes in einem Thronwagen (*Merkaba*) und seine Berufung. Die „Mobilität" Gottes ist natürlich für Israel in der Diaspora von erheblicher Bedeutung, daher spielt der Thronwagen in der Rezeption des Buches Ezechiel in der jüdischen Mystik eine große Rolle. In Ez 8–11 schaut Ezechiel den Jerusalemer Tempel und die dortigen Missstände, er sieht die Zerstörung voraus und den Auszug der „Herrlichkeit des Herrn" mittels des Thronwagens aus dem Tempel Richtung Osten. Am Ende des Buches, in der großen Zukunftsvision der Erneuerung Israels, wird die Herrlichkeit des Herrn wieder einziehen (Ez 43,1–12). Bemerkenswert ist auch die Vision von der Erneuerung Israels in Form der Wiederbelebung von Totengebein in Ez 37,1–14 .

Nach den Visionszyklen spielt Ezechiel im Auftrag Gottes „Straßentheater" und macht seine Botschaft in drastischen Zeichenhandlungen anschaulich (Ez 4–5; 12,1–20; 37,15–28). Auf die Meinungen des Volkes geht Ezechiel in den *Disputationsworten* ein, wo Sprichwörter und Reden im Volk zitiert werden und eine göttliche Antwort gegeben wird (z. B. Ez 18,1–4). In seinen *Bildreden* spricht Ezechiel in Gleichnissen und Allegorien, die fließend in ihre Deutung übergehen (z. B. Ez 15 : das unnütze Holz vom Weinstock).

Innerbiblisch hat Ezechiel großen Einfluss auf die Theologie der Tora, auf die Frage nach heilig und profan, rein und unrein, nach dem Wohnen des heiligen Gottes unter den sündigen Menschen, nach dem Tempel und seinen Einrichtungen. Wirkungsgeschichtlich bedeutsam sind vor allem die Visionen, die zu vielerlei Spekulationen in der Mystik anregten.

Das Buch Daniel

Noch wesentlich weiter ins Visionär-Apokalyptische geht das Buch Daniel: Es ist eigentlich kein prophetisches Buch, sondern eine Apokalypse (vergleichbar mit Jes 24–27; 33), die durch die „Enthüllung" eines verborgenen Geschichtsplanes Gottes der angesprochenen Leserschaft in ihrer Bedrängnis Trost und Zuversicht vermitteln will. Die konkrete geschichtliche Situation der Entstehung und Erstlektüre des Daniel-Buches ist der Höhepunkt der Makkabäerkriege um 165 v. Chr., wobei es mehrere Stadien (auch ältere Traditionen) in der Entstehung und in der Überlieferung gibt.

Die fiktive Situation, in der die Hauptfigur Daniel wirkt, ist der babylonische Königshof nach 587/6 (Dan 1) – dieser Zeitrahmen könnte die Zusammenstellung mit Ezechiel erklären. Der Hauptteil (Dan 2–7) sind Erzählungen über Daniel als Traum- und Zeichendeuter bei den Königen Nebukadnezzar, der letztendlich die Herrschaft des einzigen Gottes anerkennt, und Belschazzar, dem das dramatische „Menetekel" (Dan 5) den Untergang ankündigt (aufgegriffen von Heinrich Heine in der Ballade „Belsazar"). Angesichts sich ablösender Weltherrschaften menschlicher Machthaber (Babylonier, Meder, Perser, Griechen) geht es den Danielerzählungen um die Aufrichtung der Königsherrschaft Gottes. Dem „Menschensohn" in Dan 7,9–14 wird vom höchsten Gott eine ewige Herrschaft übergeben – gemeint ist der erwartete Messias, der die Erlösung von der unterdrückerischen Fremdherrschaft bringt. Die Christen sehen hier einen Anknüpfungspunkt für den Menschensohntitel Jesu im Neuen Testament.

Dan 8–12 bringen weitere Ich-Berichte und Visionen Daniels von den Ereignissen der Endzeit. Gegen das Chaos der Gegenwart wird hier als tröstender Gedanke ein der Geschichte innewohnender Plan Gottes enthüllt, der Stabilität und ein kommendes, unvergängliches Reich Gottes verheißt. Gott wird im Daniel-Buch meist als Gott, Herr oder König des Himmels bezeichnet und gilt damit als der universale, eine Gott. JHWH ist nicht mehr der Nationalgott Israels, sondern der Herr der Welt, der durch untergebene Fürsten oder Engel die Völker regiert. Dan 12 bietet eine der wenigen Spuren im Alten Testament von der Vorstellung einer Auferstehung der Toten: Die Verständigen und Treuen werden zum ewigen Leben auferstehen, die anderen zum „ewigen Abscheu". Neben dem Menschensohn und der Auferstehung der Toten, die für die Christen wichtige Anknüpfungspunkte darstellen, ist vor allem die Kritik an den Weltherrschern ein bis in die heutige Zeit aktueller Aspekt des Daniel-Buches.

Dan 13–14 sind Erzählungen, die in griechischer Sprache verfasst wurden und nicht Teil des jüdischen Kanons sind. Dan 13 ist die Geschichte der unschuldig verdächtigten Susanna, die – durch die Vermittlung Daniels, dessen Name „Gott richtet" hier Programm ist – die Rechtshilfe Gottes in auswegloser Lage erfährt. In Dan 14 erläutern zwei Erzählungen die Nichtigkeit heidnischer Götterbilder oder -tiere (die Bel-Statue und der Drache). Diese Texte liegen in der bereits mehrfach angeklungenen Tendenz der Kritik an Götterbildern und unterstreichen den jüdischen Monotheismus.

Das Zwölfprophetenbuch

Im Buch Jesus Sirach (Sir 49,10) werden die „Zwölf Propheten" bereits als eine Einheit gesehen (um 180 v. Chr.). In jüdischer (bBB 14b/15a) und in christlicher (Hieronymus, Vulgata) Überlieferung gelten die zwölf Schriften als „ein Buch". Dies ist innertextlich durch zahlreiche Stichwortverkettungen und thematische Gemeinsamkeiten gerechtfertigt, wiewohl der Entstehungsprozess sehr komplex und kaum mehr im Einzelnen nachweisbar ist. Sieht man auf die Buchüberschriften, so ergibt sich in der Anordnung eine *chronologische* Reihenfolge nach dem (angeblichen) Auftreten der Propheten (nicht nach der Entstehungszeit!): Hosea, Joël, Amos, Obadja, Jona und Micha werden ins 8. Jh., Nahum, Habakuk, Zefanja ins 7. Jh. und Haggai, Sacharja und Maleachi ins 6. Jh. eingeordnet. Die nicht in der Überschrift datierten Schriften Joël, Obd, Jona und Mal werden aufgrund inhaltlicher Berührungen eingeordnet, so erscheint z. B. Mal wie eine Fortschreibung zu Sach. Vom Umfang her entspricht das Zwölfprophetenbuch etwa dem Buch Jesaja – und auch inhaltlich gibt es enge Berührungen. Die Grundperspektive lässt sich so zusammenfassen: Jerusalem und Juda erleiden militärische Schläge und Gefährdungen auf Veranlassung JHWHs, der damit Verfehlungen des Volkes und der Oberschicht bestraft – wer sich nun künftig von den verkehrten Praktiken im Kult und von der Ausbeutung der sozial Schwachen abwendet, wird die Heilswende JHWHs für Juda und Jerusalem miterleben; die nicht umkehrwilligen Sünder werden aus dem Volk Gottes ausgeschlossen und zusammen mit den fremden Völkern beim Kommen JHWHs zum Endgericht untergehen. Ein Teil der Völker kann auch in das endzeitliche Heil eingehen. Blickt man von hier aus auf die politische Situation etwa im 3. Jh. v. Chr. in Juda, so wird als pragmatisches Anliegen dieser Texte die Botschaft deutlich, den leidenden Menschen die Angst vor den irdischen Fremdherrschern zu nehmen und eine positive Hoffnung auf eine baldige Wende und das Heraufziehen der Endzeit Gottes zu geben sowie sie anzuleiten, der überlieferten Lebensweise und der Tora Gottes treu zu bleiben, denn Gott wird im Gericht jedem nach seinen Taten vergelten (Jes 59,18; Mal 3,5.16–22; Ps 28,4).

Hosea liefert durch seine Anfangsposition einen Schlüssel zum Zwölfprophetenbuch. Die Schrift greift stark auf die Anfänge Israels zurück, so etwa auf die Geschichte von Jakob (Hos 12,3–5.13), den Auszug aus Ägypten (Hos 2,17; seit dem Exodus ist Israel Gottes Volk: 11,1; 12,10; 13,4), die Wanderung in der Wüste und die Landnahme. Diese Traditionen werden in der Symbolsprache der Unheilsankündigung „umgekehrt": Israel muss wieder zurück nach „Ägypten" (Hos 8,13; 9,3; 11,5). Das andere große Thema ist die brennende Liebe Gottes zu seinem treulosen Volk, die in der Ehe Hoseas mit Gomer symbolisiert wird (Hos 1–3). Wie ein verzweifelter Liebhaber wirbt JHWH um sein Volk. Hosea muss das Fehlen von Treue, Liebe und Gotteserkenntnis beklagen (4,1), «Bluttat reiht sich an Bluttat». Sowohl im Kult als auch in der Politik vertraut Israel nicht mehr auf Gott. Dieser Treulosigkeit Israels steht die mütterlich-väterliche Liebe Gottes gegenüber, die in Hos 11 ihren Höhepunkt findet. Hosea endet wie fast jedes Prophetenbuch mit einer Heilsperspektive (Hos 14,2–9).

Joël verschränkt in eigenartiger Weise die Klagen über

eine durch Heuschrecken bewirkte Dürre und über die
militärische Gefährdung durch fremde Völker. Joël 1 beschreibt Klage und Buße wegen der Dürre, 2,1–17 ist von
militärischer Sprache bestimmt. Charakteristisch für Joël ist
die Rede vom „Tag des Herrn", eine Chiffre, die mehrfach
und in unterschiedlichen Bedeutungen vor allem im Zwölfprophetenbuch begegnet. Die Hoffnung Joëls richtet sich
auf den barmherzigen Gott: Zerreißen der Herzen, nicht der
Kleider, also innere Umkehr und Änderung der Gesinnung
werden zum Einlenken Gottes führen (2,12–17). 2,18–27
kündigt dann (u. a. in einer Gottesrede) Regen und eine reiche Ernte an, während 3,1–4,17 die Rettung Jerusalems vor
den Feinden verkündet. Die Ankündigung der Ausgießung
des Geistes Gottes über alles Fleisch (= alle Menschen) wird
in der Pfingstbotschaft der Apostelgeschichte aufgegriffen
(Apg 2). Joël 4,18–21 formuliert abschließend das überströ-
mende Heil.

Amos wird als Schafzüchter vorgestellt (1,1) – er ist ausdrücklich kein „professioneller" Prophet (7,14–15). Und
doch muss er prophetisch gegen das Nordreich Israel Gottes
Strafen dafür ankündigen, dass das Volk und vor allem die
reiche Oberschicht Verbrechen gegen die Menschlichkeit
begehen und unhaltbare soziale Missstände verursachen.
Dabei setzt Amos mit einem Zyklus von Gerichtsworten
über die üblen Taten der Nachbarvölker ein (1,2–2,3), um
dann Israel und Juda darin einzuordnen! (2,4–16). Ab Kapitel 3 dominieren die Unheilsworte gegen die Oberschicht
in Israel (3,1–6,14), wobei die Frauen ausdrücklich einge-
schlossen werden (z. B. 4,1–3 : „Baschankühe"). Die Sprache des Amos ist drastisch, revolutionär, aufrührerisch. Im
Visionenzyklus, der in Bildern das unabwendbare Gericht
thematisiert (7,1–9,6), findet sich die Episode, wo Amos von
Rechts wegen aus Bet-El, dem Ort seines Auftretens, ins
Südreich Juda ausgewiesen werden soll (7,10–17) – auf der
Ebene der Amos*schrift* zeigt diese Geschichte, dass die
Worte des Amos, die er dem Nordreich gegenüber äußerte,

auch im Südreich, wo seine Schrift zusammengestellt wurde, gelten! Die Heilsperspektive am Ende spricht von der Wiederaufrichtung der gefallenen Hütte Davids – und stammt damit deutlich aus nachexilischer Zeit (9,7–15).

Obadja (Obd) ist die kürzeste Prophetenschrift (21 Verse). Sie verbindet sehr scharfe Worte gegen Edom (1–15) mit dem Gericht über die anderen Völker (16) und dem Heil für Israel (17–21). Edom ist der südöstliche Nachbar Israels, der in den Genealogien der Genesis als Jakobs älterer Zwillingsbruder Esau begegnet (vgl. Gen 36), in überwiegender Weise jedoch sehr negativ dargestellt wird. Edom hatte Juda im Kampf gegen die Babylonier nicht unterstützt, sondern im Gegenteil versucht, aus der Schwäche Judas zu profitieren und sich Gebiete im Süden anzueignen. Der Konfliktpunkt der Schrift ist die Frage nach der Herrschaft Gottes angesichts der Unterlegenheit Judas. Daher endet sie mit der Heilsperspektive: «Der Herr wird herrschen als König».

Jona ist keine typische Prophetenschrift, sondern eine Lehrerzählung von einem Mann, der vor der immer größeren Barmherzigkeit Gottes (4,2) auf der Flucht ist. Der erste Teil, Jona 1–2, erzählt von dieser Flucht, dem Sturm auf dem Meer, der Rettung durch den Fisch und dem Dankpsalm des Jona. Im zweiten Teil, Jona 3–4, geht Jona die in 1,1–2 erteilte und in 3,1–2 wiederholte Aufgabe an und kündigt Ninive das Gericht an. Als sich die Stadt bekehrt und das Gericht nicht eintritt, ist Jona verzweifelt: Er ist eigentlich ein falscher Prophet, und er hat ja schon immer gewusst, dass Gottes Barmherzigkeit größer ist. Die Schrift endet mit einer offenen Frage an Jona, die auch an die Lesenden gerichtet ist. Die Deutungen sind vielfältig – vier Strömungen lassen sich zusammenfassen: Ein Zug ist die menschliche Umkehr und die Barmherzigkeit Gottes – daher wird Jona auch am jüdischen Hochfest *Jom Kippur*, dem Versöhnungstag, gelesen. Zweitens kritisiert die Jona-Schrift eine Eingrenzung des Heils auf Israel – auch Heiden wie die Seeleute und die Niniviten erlangen Gottes Wohlwollen. Ferner wird die Trennung von „wahrer" und „falscher" Prophetie problematisiert. Und schließlich führt die Jona-Schrift zur jede menschliche Vernunft übersteigenden Gnade Gottes. Lesetipp: das ganze Buch Jona.

Micha ist – wie Amos – kein Berufsprophet, sondern Landwirt aus Moreschet (1,1). Er muss der Oberschicht von Juda und Jerusalem den Untergang ansagen und ihren Machtmissbrauch, ihre Rechtsbeugungen, die Ausbeutung der Kleinbauern und das Versagen sämtlicher Amtsträger brandmarken (Micha 1,2–3,12). Die Wallfahrt aller Völker zum Zion in 4,1–5 (vgl. Jes 2,1–5) ist demgegenüber eine Wende zum Heil, das 4,1–5,14 dominiert. In 5,1 wird der messianische Friedensherrscher aus Betlehem-Efrata angekündigt – es liegt also an der christlichen Lektüre der „Heiligen Schrift", dass Jesus in Betlehem geboren werden musste (Mt 2,6). 6,1–7,7 kehren zum Rechtsstreit Gottes mit seinem treulosen Volk zurück. Dabei greift Gott tief in die Geschichte (Auszug aus Ägypten usw.) zurück, um seine Wohltaten aufzulisten. Die Erwartungen Gottes, seine Weisung (Tora) wird konzentriert auf wenige Sätze: «Es ist dir gesagt worden, Mensch, was gut ist und was der Herr von dir erwartet: Nichts anderes als dies: Recht tun, Güte und Treue lieben, in Ehrfurcht den Weg gehen mit deinem Gott» (6,8). Auch bei Micha fehlt die Heilsperspektive am Ende nicht (7,18–20). Vor allem 7,18–20 betonen die unendliche Verzeihung durch Gott und Gottes Festhalten an den Verheißungen gegenüber Abraham und Jakob.

Nahum ist eine kriegerische Schrift: Obwohl der Name des Propheten „Tröster" heißt, beginnt der Text mit einem Gedicht über den rächenden und zornigen Gott. In diesem Gedicht beginnt im Hebräischen jede Zeile mit einem neuen Buchstaben in alphabetischer Reihenfolge (so genanntes Akrostichon; von Alef bis Kaf, das ist die erste Hälfte; 1,2–8). Diese poetische Spielerei kontrastiert den dramatischen Inhalt. Überhaupt ist Nahum von starken Kontrasten und Gegenüberstellungen geprägt. Der Trost für Juda und

Jerusalem steht der Gerichtsansage über Ninive, der Hauptstadt des feindlichen Assyrerreiches unvermittelt gegenüber (1,9–2,3) – beim Lesen muss man Acht geben, jeweils die richtige Perspektive einzunehmen: Für Nahum sind die grausame Zerstörung und Vernichtung der Hauptstadt der verhassten Großmacht Assur nur die Kehrseite der Medaille, auf deren positiven Seite das Heil für Jerusalem steht. Am Ende (2,4–3,19) dominiert die plastische Beschreibung der Vernichtung Ninives und des Spottes darüber.

Habakuk steht in einem klagenden Dialog mit Gott: «Hilfe, Gewalt!» muss der Prophet rufen, doch Gott hilft nicht (1,2–4). In der ersten Antwort Gottes (1,5–11) werden die die Gewalt verursachenden Babylonier als Gottes Strafwerkzeug vorgestellt. Darauf klagt der Prophet erneut (1,12–2,1), wie denn das sein könne, wo doch Gott von Ewigkeit her sein heiliger Gott sei! Die Antwort Gottes (2,2–5) verweist auf die geforderte Rechtschaffenheit – Habakuk, der Wächter auf dem Turm, soll das auf lesbare Tafeln schreiben: «Wer nicht rechtschaffen ist, schwindet dahin, der Gerechte aber bleibt wegen seiner Treue am Leben» (Hab 2,4) – ein Satz, der bei Paulus eine große Wirkungsgeschichte haben wird (Röm 1,17; Gal 3,11). Entsprechend geißelt der Prophet in den Weherufen (2,6–20) Habsucht, Ausbeutung, Gewalt, und die Verehrung von Götterbildern. Das psalmartige Gebet Habakuks (3,1–19) sehnt das herrliche Auftreten Gottes mit Zorn und Rache und kriegerischen Akten gegen die Feinde des Gottesvolkes herbei. Entsprechend verhalten ist der Heilsausblick: Wenn auch die Wirtschaft darnieder liegt – «Gott, der Herr, ist meine Kraft».

Zefanja, der in der Anfangszeit der Regierung König Joschijas (als die Reformen noch nicht auf dem Weg waren) auftritt (1,1), beginnt mit einer radikalen Gerichtsansage über Judas Oberschicht, die kosmische Dimensionen erreicht (1,2–13). Der „Tag des Herrn" erscheint als große Vernichtung (1,14–18). Die Armen werden aufgerufen, Gott und seine Gerechtigkeit zu suchen (2,1–3) – sie werden den Zorn Gottes überleben. 2,4–15 schildert das Gericht über die Nachbarvölker, 3,1–5 über Jerusalem und seine Oberschicht. 3,6–8 werden die Völker als Gerichtswerkzeuge aufgeboten, dann jedoch wendet sich das Blatt zur Heilsverkündigung: Die Völker werden JHWH verehren (3,9–10), Jerusalem wird von allen Angebern gereinigt (3,11), der „Rest", ein armes und gedemütigtes Volk, wird unter JHWHs Schutz Frieden und Zukunft finden (3,12–13), sodass Jubel und ein Freudenfest über die Wiederherstellung Israels und Jerusalems folgen (3,14–20).

Haggai hat nur ein Thema: den Wiederaufbau des zerstörten Tempels in Jerusalem. Seine Reden werden entsprechend ins Jahr 520 v. Chr. datiert (1,1). Dabei geht Haggai mit der Gattung „Disputationswort" stark auf die Argumente des Volkes ein: Den Einwand, die wirtschaftliche Not rechtfertige noch keinen Tempelneubau, kehrt Haggai um und beschreibt die Missernten als Strafe Gottes für den schleppenden Tempelaufbau (1,2–11). Unter Serubbabel und dem Priester Jeschua kommt es dann doch zu einem Anfang (1,12–15). In Visionen werden die beiden und das Volk ermutigt, dass ein großes Werk zustande kommen wird (2,1–9). 2,10–19 verheißt neues Heil in Form reicher Ernten, wenn der Tempel gebaut wird. Schließlich wird Serubbabel, der aus dem Hause Davids stammt und Statthalter des persischen Königs ist, als Erwählter Gottes gefeiert, während Gott die Herrschaften der Völker zerschlagen wird (2,20–23). *Diese* politisch-prophetische Zukunftsvision hat sich jedoch *nicht* bewahrheitet.

Sacharja erweist sich durch drei Überschriften als Komposition aus drei unabhängigen Teilen (1–8; 9–11; 12–14). Übergreifendes Thema ist jedoch – wie schon in Haggai – der Tempel als Zentrum eines erneuerten Israel, einer paradiesischen Schöpfung und einer befriedeten Völkerwelt. Teil I wird in die Jahre 520–518 v. Chr. datiert und ist dominiert von sieben Visionen (den so genannten „Nachtgesichten").

In der Mitte stehen die Reinigung des Amtes des Hohenpriesters und die beiden Gesalbten (Sach 4) in königlicher und priesterlicher Funktion (politisch-konkret stehen der Statthalter Serubbabel und der Priester Jeschua dahinter). Teil II stammt aus späterer Zeit und sammelt Verheißungen und Gerichtsworte – bemerkenswert ist das visionäre Wort über den kommenden Friedenskönig, der auf einem Esel als Zeichen seiner Friedfertigkeit reitend in Jerusalem einziehen wird und den Auftakt zu einer Utopie des Friedens bildet (Sach 9,9–17). Von dieser Stelle der „Heiligen Schrift" her ist Jesu Einzug in Jerusalem („Palmsonntag") durchaus als politische Demonstration und gewaltiger Anspruch zu sehen. Teil III (12–14) entwirft ein apokalyptisch gefärbtes Geschehen der Endzeit mit Jerusalem als Mittelpunkt. Es geht um die Vernichtung von Göttern und falschen Propheten, um schmerzvolle Reinigung von Sünde und Unrat, um Läuterung und um den Tag des Herrn. Am Ende wird Jerusalem zum Zentrum aller Menschen (!), die JHWH anbeten, während alle anderen in Dürre umkommen.

Maleachi verknüpft seine beiden Anliegen – gerechtes Handeln und rechter Gottesdienst, zwei Linien, die im Zwölfprophetenbuch ständig Thema sind – in sechs „Diskussionsworten". Sie beginnen jeweils mit einer provozierenden These (meist von Gott gesprochen), bringen dann einen Einwand des Volkes („Ihr aber sagt") und widerlegen diesen daraufhin in der Gottesrede. Als viertes Element folgt meist noch eine Überbietung des Gesagten auf die ganze Welt hin. (I) Im ersten Diskussionswort (1,2–5) steht Gottes Liebe zu Israel im Kontrast zum Hass gegen Edom. Diese Liebe Gottes ist die argumentative Grundlage für die folgenden Forderungen. (II) fordert zum rechten Gottesdienst auf: Gott lässt sich nicht mit billigen, fehlerhaften Opfertieren abspeisen (1,6–2,9; die Verhältnisse weisen etwa ins 5. Jh. v. Chr.). Die dahinter stehende treulose Gesinnung gegenüber Gott spiegelt sich im treulosen Verhalten zwischen den Menschen (III): In 2,10–16 verschränkt Maleachi die Untreue gegenüber Gott durch die Heirat fremder Frauen, die immer auch ihre fremden Götter mitbringen, mit der Untreue gegenüber der ersten Ehefrau und die willkürliche Scheidung von ihr: Treulosigkeit auf allen Ebenen, in der Religion wie in der Ehe! Das IV. Diskussionswort kündigt Gottes Kommen zum Gericht an – gegen das provozierende Gerede, wo denn Gott bleibe (2,17–3,7b). «Kehrt um zu mir, dann kehre ich mich euch zu» – das ist die provozierende These des V. Diskussionswortes (3,7c–12). Auf die Warum-Frage fordert Gott die Abgabe des Zehnten für das Heiligtum – wieder ein Missstand im kultischen Bereich: die finanzielle Vernachlässigung des Tempels. Schließlich (VI) muss sich Maleachi gegen die landläufige Einstellung wehren, dass der Gottesdienst nichts sei und das gerechte Verhalten im Sinne der Tora nichts bringe (3,13–21). Demgegenüber betont der Prophet – Gottes Rede zitierend –, dass JHWH sich sehr wohl um die kümmern wird, die ihn fürchten: Man wird wieder den Unterschied zwischen Gerechten und Bösen erkennen, und allen, die Gott fürchten, wird die Sonne der Gerechtigkeit aufgehen.

Mit Mal 3,22–24 schließt der Kanonteil der Propheten ab und blickt zurück auf Jes 66 und Elija (1 Kön 19), dessen Wiederkunft dem Tag des Herrn vorausgeht und der Versöhnung in den Familien bringen wird. Außerdem wird die Weisung (Tora) des Mose als Satzung und Rechtsordnung für ganz Israel eingeschärft – ein Rückbezug zum Anfang mit den fünf Büchern des Mose. Zugleich endet hier der erste Teil der christlichen Bibel („Altes Testament") im Arrangement der Einheitsübersetzung. Nach dieser Anordnung hat man nun zum einen zwei riesige Geschichtsbögen hinter sich: (1) von der Schöpfung bis zum Babylonischen Exil (Gen – 2 Kön; 1/2 Chr), (2) vom Exil bis in die Zeit der Makkabäer (Esra/Nehemia – 1/2 Makk). Zum anderen hat man poetische Dichtung und philosophische Reflexionen (Ijob, Psalmen, Weisheitsbücher) sowie die prophetische Begleitung und Kritik der Geschichte und des menschlichen

Handelns (Jes – Mal) wahrgenommen. Vor diesem vielge-
staltigen Hintergrund und nur zusammen mit ihm (!) entfaltet das Neue Testament seine Geschichte von Jesus Christus,
dem Sohne Davids, dem Sohne Abrahams.

4.7 Die Schriften des Neuen Testaments

Schon der erste Satz des Neuen Testaments macht dessen
enge Verbundenheit mit dem vorausgehenden Alten Testament deutlich: „Buch der Geschichte Jesu Christi, des Sohnes Davids, des Sohnes Abrahams" (Mt 1,1 – in der EÜ
missverständlich mit „Stammbaum" übersetzt). Um zu wissen, wer Jesus Christus ist, muss man wissen, wer David und
Abraham waren. Um ganz sicher zu sein, dass das Alte
Testament als Verstehenshintergrund präsent ist, beginnt die
erste Schrift des Neuen Testaments mit dem „Inhaltsverzeichnis des Alten Testaments" – die vielen Namen in der
Genealogie Jesu (Mt 1,1–17) umspannen die Geschichte
Israels von Abraham an und rufen damit alle mit ihnen verbundenen Ereignisse wach. Lässt man sich darauf nicht ein
und vergegenwärtigt sich nicht, wer etwa Juda und seine Brüder, Tamar, David, „die Frau des Urija" usw. waren, bleibt
die Genealogie Jesu eine dürre Liste nichts sagender Namen.
  „Das Buch der Geschichte Jesu Christi ..." – man kann
Mt 1,1 als Eröffnung des gesamten Neuen Testaments lesen
– gliedert sich durch die Großgattungen der Texte in folgende Teile: (1) Evangelien; (2) Apostelgeschichte; (3) Briefliteratur; (4) Apokalypse.

4.8 Die Evangelien

Der Begriff „*Evangelium*" stammt aus der hellenistischen
Kaiserverehrung – man betrachtete den Regierungsantritt als
„frohe Botschaft". Paulus verwendet „Evangelium" als In-

begriff der Heilsbotschaft von Sterben und Auferstehung Jesu Christi als Erlösungstat Gottes. Als diese Heilsbotschaft in die textliche Gestalt einer Lebensbeschreibung Jesu gegossen wurde, wählte man für die neue Textsorte den Begriff „Evangelium". Die Doppelbedeutung „frohe Botschaft von Jesus Christus" und „Textgattung" bleibt erhalten und zeigt sich z. B. auch in Mk 1,1 und 1,15. Die Evangelien als Exemplare der Textgattung folgen im Wesentlichen einem biografischen Aufriss von der Kindheit Jesu (nicht bei Mk und Joh), seinem Auftreten in Galiläa und seinem Wandern nach Jerusalem (bei Joh finden sich drei Reisen) hin zur Passion Jesu sowie Tod und Auferstehung.

Dabei ähneln sich Mt, Mk und Lk so stark – bis hinein in den Wortlaut –, dass man nach der weithin akzeptierten „Zwei-Quellen-Theorie" davon ausgeht, dass Mk das älteste Evangelium ist, das Mt und Lk unabhängig voneinander als Grundlage ihrer Darstellung verwendet haben. Die zweite Quelle für Mt und Lk ist die so genannte *Logienquelle* oder das *Spruchevangelium Q*, wo vor allem Reden und Sprüche Jesu gesammelt wurden. Die Zusammenschau (*syn-opsis*) der drei Evangelien, die man auch die „synoptischen Evangelien" oder „Synoptiker" nennt, zeigt die Abhängigkeiten deutlich – eine „Synopse" demonstriert das in drei oder mehr Spalten. Die „synoptische Frage" der gegenseitigen Beziehungen wird bis heute viel diskutiert. Dass sich trotz aller Versuche, „Evangelienharmonien" zu produzieren, keine einzige, harmonische Darstellung des Lebens Jesu durchgesetzt hat, zeigt die Vielfalt der frühchristlichen Überlieferung, die Mehrdimensionalität der Person Jesu und des Zeugnisses über ihn – dies wird der Vielfalt des menschlichen Lebens eher gerecht als eine vereinfachende Gleichmacherei. Das Verhältnis des Johannesevangeliums zu den Synoptikern ist ungeklärt. In vielerlei Hinsicht scheint Joh vorauszusetzen, dass die Lesenden mit den Synoptikern bzw. ihren Traditionen im Wesentlichen vertraut sind – und auf dieses Vorwissen setzt Joh seinen eigenen Entwurf des Zeugnisses über Jesus.

Nach der Genealogie Jesu und den Kindheitsepisoden (Mt 1,1–2,23) folgen die Umkehrpredigt Johannes des Täufers, die Taufe Jesu (3,1–17) und die „Versuchung Jesu" (4,1–11): Auf die Aufforderungen des Teufels, seine Vollmacht als „Sohn Gottes" (als der Jesus in der Taufe vorgestellt wurde: 3,17) zum eigenen Vorteil zu gebrauchen, antwortet Jesus mit zentralen Worten aus dem Alten Testament (Dtn 8,3; 6,16; 5,9; 6,13) – mit dem Grundbekenntnis zum einen wahren Gott. Jesu erste Worte sind also Worte aus der „Heiligen Schrift", die als gültig vorgestellt wird – und deren Gott der Gott Jesu Christi ist.

Der Beginn des öffentlichen Wirkens Jesu (4,12–25) wird als Erfüllung der „Heiligen Schrift", hier der prophetischen Worte von Jes 8,23; 9,1, gedeutet. Die folgende Bergpredigt (5,1–7,29) ist die erste von insgesamt fünf langen Reden, die mit dem jeweils anschließenden Erzählstoff den Großteil des Matthäusevangeliums in fünf Blöcke („fünf Bücher") gliedern. Die Bergpredigt, deren Grundbestand aus der Logienquelle Q stammt, enthält unter anderem die Seligpreisungen (der Armen, Trauernden, Sanftmütigen, Hungernden usw.), Jesu Neuakzentuierung der Gesetzesauslegung („ich aber sage euch"), die den Schwerpunkt auf die innere Aufrichtigkeit legt, das Vaterunser, die Aufforderung, die Feinde zu lieben und andere nicht zu richten, und das abschließende Gleichnis vom Hausbau auf Fels oder Sand – wer den Worten Jesu folgt und danach handelt, hat sein Haus auf ein festes und sicheres Fundament gebaut. Auf die Bergpredigt folgen Heilungen, die die *Worte* Jesu durch seine heilenden *Taten* untermauern (8,1–9,34).

In 9,35–11,1 werden in einer langen *Rede* die Jünger ausgesandt. Es folgen kontroverse Stellungnahmen Jesu zum Täufer Johannes und andere Streitfragen, ferner Heilungen (11,2–12,50). 13,1–52 ist die große Gleichnis*rede*, in der Jesus mit Naturbildern vom Himmelreich spricht. Wieder wechseln Predigt, Heilungen und andere Wunder in 13,53–17,27 ab, während die große *Rede* über das Verhalten in der christlichen Gemeinde 18,1–35 das Wirken Jesu in Galiläa abschließt. Darauf folgt der Weg nach Jerusalem (19,1–20,34) und das Auftreten dort (21,1–25,46) – unter anderem wird hier die provozierende „Tempelreinigung" Jesu (21,12–17) berichtet sowie die letzte große *Rede* gegen die Pharisäer (23,1–39). Die Krise um die Person Jesu spitzt sich mehr und mehr zu, immer deutlicher werden Anzeichen der Ablehnung und offenen Feindschaft gegenüber Jesus seitens der führenden Kreise der Juden. Die Interessen dieser Oberschicht, die politischen Verhältnisse der Zeit, die Unberechenbarkeit und Willkür der römischen Besatzungsmacht bilden ein Gemisch von Faktoren, die die Hinrichtung Jesu begünstigen – ein Tod, der in den Abendmahlsworten (26,26–28) als Lebenshingabe zur Vergebung der Sünden gedeutet wird.

26,1–28,20 schildert die Passion Jesu, seinen Tod am Kreuz, seine Auferstehung und Erscheinung vor den Frauen und den Jüngern. Der theologische Schlüssel findet sich in der Aussendung der Jünger durch den Auferstandenen in 28,16–20 : Hier wird deutlich, wer Jesus im Matthäusevangelium ist. Jesus, dem alle Macht im Himmel und auf Erden gegeben ist, ist Gottes Weg, um auch den Nicht-Juden das Heil zu bringen. Das beginnt schon bei den Frauen in der Genealogie Jesu (Mt 1) und den Sterndeutern aus dem Osten bei seiner Geburt (Mt 2). In seiner Predigt und seinem Tun erweist sich Jesus als der Friedensmessias nach Jes 9 und 11 und als Gottesknecht nach Deuterojesaja. Die ethische Forderung besteht darin, den Willen Gottes zu tun, der sich durch das Wort „Gerechtigkeit" zusammenfassen lässt. Wer nicht der Gerechtigkeit folgt, hat das Gericht Gottes zu erwarten – auch das wird (meist am Ende der Reden) im Matthäusevangelium deutlich akzentuiert. Der Auftrag Jesu in 28,20 an die Jünger lautet, alle Völkern zu lehren, was Jesus ihnen geboten habe. Fragt man nach dem Inhalt des

Gebotenen, kann man das Matthäusevangelium noch einmal lesen oder mit dem Markusevangelium fortfahren, das sich als Evangelium von Jesus Christus, dem Sohn Gottes, vorstellt.

Das Markusevangelium

Das Markusevangelium gilt als das älteste Evangelium und gibt den Rahmen für Mt und Lk vor. Eine Kindheitsgeschichte fehlt, doch formulieren bereits die ersten Verse deutliche Rückbezüge auf das Alte Testament (Mk 1,1–15) – der im letzten Buch des Alten Testaments nach dem Arrangement der Einheitsübersetzung, dem Buch Maleachi, in 3,1 angekündigte Bote, der den Weg des Herrn bahnen soll, wird mit Johannes dem Täufer identifiziert. Insgesamt ergeben sich drei Hauptteile: 1,1–8,26 erzählen Jesu Wirken innerhalb und außerhalb Galiläas, 8,27–10,52 Jesu Weg zur Passion, 11,1–16,8 thematisieren Jesu Auftreten in Jerusalem, die Passion und den Tod. Der Höhepunkt ist zweifellos die Passion (14,1–16,8): Ihr sind die Erzählungen wie ein ausführlicher Vorspann zugeordnet, da in ihnen immer wieder Vorausverweise auf die Passion (Todesbeschluss durch die Pharisäer, Leidensankündigungen) zu Wort kommen. Das ursprüngliche Ende ist eine rätselhafte Geschichte vom leeren Grab (16,1–8), in der eine engelartige Gestalt den Frauen die Auferstehung verkündet. Erst später fügte man aus anderen Evangelientraditionen zusammengestellte „Ostererzählungen" an (16,9–20).

Der ursprüngliche Schluss passt zum Rätselcharakter des Markusevangeliums, das immer wieder den Lesenden offene Fragen präsentiert. Der rote Faden ist das Rätsel des Messias Jesus: Die Überschrift und die Taufe stellen ihn als „Sohn Gottes" vor (1,1.11), doch als ihn so die Dämonen herausposaunen oder die Jünger bekennen, werden sie von Jesus zum Schweigen gebracht (1,24–25; 3,11–12; 9,7–9). Im Verhör (14,61–62) bekennt sich Jesus dazu und löst damit

Tumult und seine Verurteilung aus. Doch erst am Kreuz, beim Tod Jesu, wird das Geheimnis gelüftet, indem der heidnische Hauptmann bekennt: «Wahrhaftig, dieser Mensch war Gottes Sohn» (15,39). Die Nachfolge Jesu ist damit kein Spaziergang, sondern die Kreuzesnachfolge.

Das Lukasevangelium

Die Botschaft vom Kreuzestod Jesu ist bis heute eine Provokation – umso wichtiger ist es, allem von Grund auf sorgfältig nachzugehen und die Zuverlässigkeit dieser Lehre zu erweisen – so sieht der Evangelist Lukas seine Aufgabe (Lk 1,1–4). Er stützt sich dabei ausdrücklich auf Quellen, zu denen das Markusevangelium und das Spruchevangelium Q gehören. Lk erzählt eine ausführliche Kindheitsgeschichte (Lk 1–2), die in zahlreichen Punkten Rückbezüge auf das Alte Testament enthält und die Festlegende des christlichen Weihnachtsfestes bildet. Eine Aussage dieser Kindheitsgeschichte besteht darin, dass Jesus aus dem Volk der Juden als Retter der ganzen Welt geboren wird und von Geburt an auf der Seite der Armen und Unterdrückten steht. In 3,1–4,13 folgen das Auftreten Johannes des Täufers, die Taufe und die Versuchung Jesu (z. T. parallel zu Mt). Wieder geht die Bewegung von Galiläa nach Jerusalem. Jesu Wirken in Galiläa (Lk 4,14–9,50) enthält unter anderem die Feldrede (6,20–49), die Parallele zur Bergpredigt bei Mt. Lk 9,51–19,27 ist ein groß ausgestalteter Reisebericht nach Jerusalem. 19,28–21,38 schildert Jesu Tun in Jerusalem, 22,1–23,56 die Passion und den Tod. 24,1–53 erzählen drei Ostergeschichten.

Über Mt und Mk hinaus hat Lk einige Texte, die sich nur bei ihm finden, die aber sehr bekannt sind und das landläufige Bild von Jesus stark prägen. Genannt seien die Geschichte vom barmherzigen Samariter (10,29–37), das Gleichnis vom barmherzigen Vater und vom verlorenen Sohn (15,11–32), das Beispiel vom reichen Mann und dem armen Lazarus (16,19–31) und aus den Ostergeschichten die einfühlsame Erzählung von der Begegnung des Auferstandenen mit den Jüngern in Emmaus (24,13–35). Gerade in dieser Geschichte zeigt Lk, wie wichtig die Kenntnis der „Heiligen Schrift" ist, um Geschick und Botschaft Jesu zu verstehen. Der Auferstandene erläutert den Jüngern, wie all dies „ausgehend von Mose und allen Propheten" – eine bekannte Chiffre für „Heilige Schrift" – in der Heiligen Schrift verankert ist. Man sieht daran auch, dass Lektüre und Verstehen der Heiligen Schrift sich nicht in einem Schlagwort und einer Beweisstelle erschöpfen, sondern einen längeren Weg erfordern, über dem es auch einmal dunkel werden kann. Am Ende bekennen die Jünger: «Brannte uns nicht das Herz in der Brust, als er unterwegs mit uns redete und uns den Sinn der Schrift erschloss?»

Das Lukasevangelium ist von einer „heilsgeschichtlichen" Konzeption geprägt; seine Vorliebe für Geschichtsschreibung zeigt sich z. B. an den ausführlichen Datierungen in 2,1–2; 3,1–2. Schlüsselstelle ist Lk 16,16 : „Gesetz und Propheten" – die Heilige Schrift des Alten Bundes – gehen bis Johannes. Mit Jesu Auftreten ist die „Mitte der Zeit" erreicht: die Verkündigung des Evangeliums vom Reich Gottes. Nach Jesu Tod und Auferstehung beginnt mit den Ereignissen der Himmelfahrt und der Geistsendung an Pfingsten die „Zeit der Kirche" – das Evangelium des Lukas wird vom gleichen Verfasser mit der Apostelgeschichte fortgesetzt: Die Apostel werden Zeugen sein bis an die Grenzen der Erde (Apg 1,8). Mit dieser heilsgeschichtlichen Periodisierung versucht das Lukasevangelium seinen Leserinnen und Lesern im wechselvollen Tagesgeschehen Orientierung und Halt zu geben.

Das Johannesevangelium

Zwischen dem Lukasevangelium und seiner Fortsetzung, der Apostelgeschichte, steht nun aus chronologischen Gründen das Johannesevangelium. Endete das Lukasevangelium mit der Himmelfahrt Jesu, so macht die Fortsetzung mit dem Prolog des Johannesevangeliums (Joh 1,1–18) deutlich, dass damit Jesus dorthin zurückgekehrt ist, wo er herkam: An Stelle der Kindheitsgeschichten steht bei Joh der Hymnus auf das „Wort", den „Logos", der am Anfang bei Gott war und Gott war und durch den die Schöpfung geworden war. Der Logos ist Fleisch, also Mensch, geworden und in die Welt gekommen. Er ist herabgestiegen, um Kunde von Gott, dem Vater, zu bringen. Unter dieser Voraussetzung ist das Folgende zu lesen.

Der erste Block (Joh 1,19–12,50) schildert das Wirken des Offenbarers Jesus in der Welt. Dazu gehören auch die sieben „Zeichen" (z. B. das Weinwunder zu Kana, 2,1–12) und die Bildworte, die meist mit „Ich bin …" („… das Brot des Lebens" 6,35–48; „… das Licht der Welt" 9,5; „…die Auferstehung und das Leben" 11,25; „…der Weg und die Wahrheit und das Leben" 14,6) eingeleitet werden. Im zweiten Block (13,1–20,29) offenbart sich Jesus vor den Seinen. In langen Abschiedsreden (13,31–16,33) deutet Jesus seine Sendung und sein Werk, das er mit dem Kreuzestod vollendet – daher lautet auch das johanneische Sterbewort „Es ist vollbracht" (19,29). Passion und Tod Jesu werden als „Erhöhung" gedeutet (18,1–19,42). Der Auferstandene erscheint vor Maria Magdalena, vor den Jüngern und vor Thomas (20,1–29).

Der Epilog (20,30–31) kennzeichnet das Johannesevangelium als „Heilige Schrift": Die Zeichen Jesu sind *aufgeschrieben*, damit die Lesenden zum Glauben kommmen. Nach dem Epilog folgt noch eine Erscheinungsgeschichte (21,1–23) und ein zweiter Buchschluss, der wie der erste die Begrenztheit des Mediums „Heilige Schrift" thematisiert («Es gibt noch vieles andere, was Jesus getan hat. …»), aber doch die absolute Zuverlässigkeit und Wahrheit des Geschriebenen unterstreicht.

Garanten für die Wahrheit des Textes sind der Beistand (*Paraklet*), den Jesus mehrfach in den Abschiedsreden verheißt (Joh 14,16.26; 15,26; 16,7), also der „Heilige Geist", und der „Lieblingsjünger". Letzterer verkörpert eine besonders innige Beziehung zu Jesus (vgl. 13,23) und ist der wahre Augenzeuge der Auferstehung Jesu (20,1–10; 21,7; 21,20–24). Wahrscheinlich steckt hinter dieser Konzeption der Gründer der johanneischen Schule, der „Älteste" (Presbyter) aus dem 2. und 3. Johannesbrief: Der, der als Überlieferer eine herausragende Rolle in der Gemeinde spielte, wird in unmittelbare Nähe zum irdischen Jesus gerückt und so die gesamte johanneische Überlieferung mit großer Authentizität und Autorität versehen.

Die Christusgeschichte wird im Johannesevangelium ganz aus der nachösterlichen Sicht entfaltet – unter der Gegenwart des „Beistandes", der an das Tun Jesu „erinnert" und ein tieferes Verstehen ermöglicht. Sohn und Vater stehen dabei in Wesens- und Wirkeinheit (Joh 10,30; 17,21), und das Zentrum des Geschehens ist die Menschwerdung Gottes in Jesus Christus. Die „Inkarnation" (Fleischwerdung) ist dabei eine Abstiegsbewegung aus der Sphäre Gottes in die „Welt", der auf der anderen Seite in Tod und Auferstehung eine Aufstiegsbewegung („Erhöhung") entspricht. „Oben" und „unten", „Gott" und „Welt" sind dabei dualistische Gegensätze, die durch Jesus Christus überbrückt werden, der die Menschen, die an ihn glauben, in die Wohnungen beim himmlischen Vater führen wird.

4.9 Die Apostelgeschichte

Mit dem eröffnenden Vorwort in Apg 1,1–3 werden die Leser auf „das erste Buch", nämlich das Lukasevangelium zurückverwiesen. Das Vorwort geht über in die Anknüpfung an die Himmelfahrt Christi (Apg 1,4–14 ; vgl. Lk 24,44–53), wo in der Rede des Auferstandenen das „Programm" formuliert wird: Die Apostel werden Jesu Zeugen sein „in Jerusalem und in ganz Judäa und Samarien und bis an die Grenzen der Erde" (Apg 1,8).

Daher gehört auch der erste Block der Apg den Ereignissen in Jerusalem (1,4–8,3), bei denen Petrus die Hauptfigur ist. In den Predigten des Petrus und des Stephanus wird in massiver Weise auf das Alte Testament zurückgegriffen – der Verfasser dieser Reden („Lukas") verankert damit das Geschehen mit Jesus Christus und seinen Nachfolgern in der „Heiligen Schrift", die freilich jetzt unter christlichen Vorzeichen gelesen wird. Höhepunkte sind das Pfingstereignis (Apg 2,1–47), wo Petrus die Verheißung aus Joël 3,1–5 aufgreift und Ps 16,8–11 sowie 110,1 auf die Auferstehung Jesu hin liest, ferner das Bekenntnis des Petrus vor dem Hohen Rat: «Man muss Gott mehr gehorchen als den Menschen» (Apg 5,29; vgl. 4,19) und schließlich der Konflikt um Stephanus. Stephanus ist einer der sieben gewählten „Diakone", der offenbar wegen seiner Schriftauslegung vor den Hohen Rat zitiert wird (6,11: «wir haben gehört, wie er gegen Mose und Gott lästerte» – Mose steht hier für „die Heilige Schrift"). In seiner Verteidigungsrede (Apg 7) erzählt Stephanus die ganze biblische Geschichte Israels seit Abraham nach – und knüpft vor allem an die Verfolgung der Propheten an, mit der er die Ablehnung Jesu und der Verkündigung der Apostel seitens der führenden Leute der Juden parallelisiert. Die Hinrichtung des Stephanus zeigt einige auffällige Parallelen zur Passionsgeschichte Jesu im Lukasevangelium.

Der Friede und die Idylle der Jerusalemer Urgemeinde (vgl. 2,43–47) sind vorbei, es kommt zu Verfolgungen und Zerstreuungen. Stufe 2 des Programms von Apg 1,8 findet sich in 8,4–11,18: die ersten Christen in Judäa und Samarien. Hier tauft Philippus einen Äthiopier (8,26–40), nachdem er ihm das vierte Gottesknechtslied im Buch Jesaja (52,13–53,12) auf das Geschick Jesu hin ausgelegt hat (und damit die Schriftgemäßheit des Jesus-Geschehens erwiesen und eine hermeneutische Grundlage für die christliche Leseweise der Heiligen Schrift Israels gelegt hat). Apg 9 erzählt die Bekehrung des Saulus, der als Paulus zur Hauptfigur in der zweiten Hälfte der Apg werden wird. In diesem Block deutet sich bereits das Problem der Bekehrung von Heiden zum Christentum an.

In Apg 11,19–15,35 wird die christliche Gemeinde von Antiochia am Orontes vorgestellt: Sie ist die erste Missionsbasis außerhalb Palästinas. Saulus (später Paulus) und Barnabas sind ihre Abgesandten. Ein wichtiges Problem ist die Frage, ob Nicht-Juden, die Christen werden wollen, auf das jüdische Gesetz (v. a. die Beschneidung) verpflichtet werden müssen. Die Tendenz der Erzählungen bereitet den großen Apostelkonvent (Apg 15,1–33) so vor, dass sich schließlich die Position durchsetzt, dass das jüdische Ritualgesetz für Nicht-Juden, die Christen werden, nicht mehr gilt. Bemerkenswert ist, wie hier ein gravierendes Problem der Kirche gelöst wird: Nicht durch die Entscheidung eines Einzelnen, sondern durch eine Zusammenkunft und Diskussion sowie durch eine Übereinkunft aller Beteiligten. Was hier erzählerisch in einen „Konvent" gepackt wird, war ein längerer und schmerzhafter Prozess, in dem sich Christentum und Judentum immer weiter auseinander entwickelten.

Die zweite Hälfte der Apostelgeschichte berichtet die Missionsreisen des Paulus als „Apostel der Völker", seinen Weg nach Jerusalem und schließlich nach Rom (15,36–28,31). Auch hier dienen die Reden dazu, theologische Positionen des Verfassers zu kommunizieren. Die Apostelgeschichte endet merkwürdig „offen": Paulus landet als Gefangener Roms in einer römischen Mietswohnung und verkündet dort das Evangelium vom Reich Gottes und von Jesus Christus. Das Ende seines Prozesses und seines Lebens wird nicht mehr erzählt. Diese offene Gestaltung hat im Arrangement der christlichen Bibel den Vorteil, dass bei den Lesenden die Frage aufkeimt, was Paulus denn da alles verkündet hat – und so ist der Ort bereitet, die Briefe des Apostels Paulus folgen zu lassen, denn darin ist die Quintessenz seiner Verkündigung „(Heilige) Schrift" geworden.

4.10 Die Briefliteratur

Der Brief an die Römer

Passend zum offenen Schluss der Apostelgeschichte mit der Verkündigung des Paulus in Rom folgt nun der Römerbrief, der chronologisch gesehen der letzte Brief des Apostels Paulus an eine (ihm unbekannte) Gemeinde in Rom und damit auch das theologische Vermächtnis des Völkerapostels ist. Schon vom Umfang her ist es mehr als ein „Brief", es ist eine theologische Lehrschrift. Im „Präskript" (der Gruß am Anfang; 1,1–7) stellt sich Paulus ausführlich als Knecht Christi Jesu und berufener Apostel vor und legt dann im als Gebet gestalteten „Proömium" (einleitende Wendungen; 1,8–17) sein Programm dar: Paulus sieht sich als Apostel Christi für die Nicht-Juden (die „Griechen" als Sammelbegriff für die nichtjüdischen Einwohner des römischen Reiches), denen er die „Gerechtigkeit Gottes" verkündet: Gottes gerecht machendes Heil, das allen Glaubenden zuteil werden wird.

Im ersten Teil (1,18–8,39; 9–11) entfaltet Paulus in engem „Gespräch" mit der „Heiligen Schrift" (immer wieder verweist er auf die Schrift!) seine Lehre von der Rechtfertigung des Menschen vor Gott. Rechtfertigung ist die „Heil-Machung" des sündigen und verlorenen Menschen vor dem gerechten Gott. Sie geschieht allein aus Glauben durch die Gnade Gottes, nicht aufgrund menschlicher Anstrengung, Verdienste oder guter Werke. Daraus ergibt sich die Frage nach der Gültigkeit des jüdischen Gesetzes und dem Verhältnis der Gerechtigkeit Gottes zum Volk Israel. In Röm 9–11 ringt Paulus um eine Lösung, die Erwählung Israels durch Gott als bleibend festzuhalten und gleichzeitig den Glauben an Christus *ohne* die Verpflichtung auf das Ritualgesetz der Tora zu verkünden. Wichtig ist die Mahnung des Paulus an die Christen aus den Nicht-Juden, sich nicht über die Juden zu erheben. Dazu verwendet er das Bild vom edlen Ölbaum (Israel) und vom wilden (die Christen aus den Heiden; 11,13–24): Zweige vom wilden Ölbaum wurden in den edlen Ölbaum eingepfropft, damit sie (die Christen) Anteil an Gottes Erwählung haben – es steht den wilden Zweigen nicht zu, sich über die edlen zu erheben, oder: «Nicht du trägst die Wurzel, sondern die Wurzel trägt dich».

Im zweiten Teil (12,1–15,13) formuliert Paulus Ermahnungen für das Leben in der Gemeinde der Christen und diskutiert den Streit um das Essen von heidnischen Opfermahlzeiten: Eigentlich könnten sie den Christen (als „Starke") gleichgültig sein, denn die heidnischen Götter sind sowieso nichts – doch da einige im Glauben unsicher werden könnten (die „Schwachen"), sollen die Starken auf die Schwachen Rücksicht nehmen und an solchen Opfermahlzeiten der heidnischen Kulte nicht teilnehmen. Wichtiger als alles andere ist Paulus die Einmütigkeit in der Gemeinde. Den Abschluss des Briefes (15,14–16,27) bilden Reisepläne nach Spanien und eine lange Grußliste, aus der unter anderem deutlich wird, dass Frauen tragende Rollen in den Gemeinden spielen.

Der erste Brief an die Korinther

Paulus korrespondiert mehrfach mit dieser Gemeinde, die in Korinth lebt – in einer weltoffenen, multikulturellen Metropole. Im Grußwort (Präskript; 1,1–3) stellt sich Paulus wieder als Apostel Jesu Christi vor, in der Einleitung (Proömium; 1,4–9) erinnert er an die reichen Gnadengaben und an die Notwendigkeit der Festigung im Glauben – das wird das Hauptanliegen des Briefes.

Paulus versucht, Parteiungen in der Gemeinde zu schlichten (1,10–4,21), wobei das Wort vom Kreuz Christi als Stein des Anstoßes (als „Torheit") und gemeinsamer Nenner der christlichen Existenz dargestellt wird. Der Apostel muss sich aber auch mit praktischen Fragen auseinandersetzen: Sittliche Missstände (5,1–6,20) gehören wohl in einer Hafenstadt, in der die Sitten locker sind, zum Alltag, und das griechische Wort *porneia* liefert heute die richtigen Assoziationen, sodass es bald verständlicher ist als das seltsame deutsche Wort „Unzucht". Zwischenmenschliche Beziehungen, Ehefragen (7,1–40), der Umgang mit Opferfleisch aus heidnischen Kultfeiern (Götzenopferfleisch; 8,1–11,1) sowie Fragen des gemeindlichen Lebens und des Gottesdienstes (11,2–14,40) schließen sich an. Hier findet sich – neben den synoptischen Evangelien – eine weitere Abendmahlsüberlieferung (11,23–25), die sich eng mit der Darstellung in Lk 22,19–20 berührt. Auch begegnet hier die Abhandlung über die vielfältigen Gnadengaben in der Gemeinde (Charismen; 12,1–31) sowie das Hohe Lied der Liebe (13,1–13): «Für jetzt bleiben Glaube, Hoffnung, Liebe, diese drei; doch am größten unter ihnen ist die Liebe». Kapitel 15 behandelt das große Thema der Auferstehung Christi und der Toten und enthält das wohl älteste christliche Glaubensbekenntnis (15,3b–5), das Jesu Tod für die Sünden, sein Begräbnis und seine Auferweckung *ausdrücklich* als „gemäß der (heiligen) Schrift" (zweimal!) bezeichnet. Dieses anstößige Bekenntnis entfaltet Paulus im Folgenden argumentativ.

Am Schluss spricht Paulus von einer Sammlung für die Armen in Jerusalem (16,1–4). Diese Geldkollekte hat für Paulus nicht nur karitativen Charakter, sondern soll zugleich die Verbindung aller christlichen Gemeinden unter den Völkern mit dem „Ur-Ort" Jerusalem stärken.

Der zweite Brief an die Korinther

In dieser Briefzusammenstellung – die Forschung nimmt aufgrund stilistischer und thematischer Brüche mindestens zwei verschiedene Briefe an – verteidigt Paulus sein Apostelamt gegenüber Anfeindungen. Schon im Proömium (1,3–11) spricht er von seinen Leiden und seinem Trost von Christus her. Paulus gibt – in Verbindung mit verschiedenen Reiseplänen – Rechenschaft über seinen Aposteldienst, wobei er die Gemeinde selbst als beste Empfehlung seines

Dienstes sieht: „Ihr seid ein Brief Christi" (2 Kor 3,3) – in Anspielung auf die übliche Praxis von Empfehlungsbriefen zur Legitimation von Personen. Der Apostel wirbt um Anerkennung seiner Bemühungen und seiner Verkündigung. Ferner appelliert er daran, die Kollekte für die Gemeinde in Jerusalem fortzusetzen. In 2 Kor 10–12 verteidigt sich Paulus noch einmal und mit zum Teil sehr polemischen Tönen gegen Anfeindungen und Intrigen gegen sein Werk. Am Ende stehen wieder Ermahnungen zur Einigkeit und zum Frieden untereinander sowie Grüße.

Der Brief an die Galater

Galatien ist eine Landschaftsbezeichnung für das mittlere Kleinasien (heute liegt dort die Stadt Ankara). Aus dem Brief ist zu schließen, dass Missionare in den galatischen Gemeinden gegen die Verkündigung des Paulus nun wieder von den Heidenchristen die Einhaltung des jüdischen Ritualgesetzes, insbesondere die Beschneidung, einfordern. Für Paulus ist das ein „anderes Evangelium", das es nicht geben darf (1,6–9). Daher muss Paulus auch hier sein Apostelamt legitimieren (1,10–2,10) und – ähnlich wie im Römerbrief – die Rechtfertigung allein aus Glauben (und nicht durch Beachtung von Ritualgesetzen) argumentativ untermauern (2,11–4,7). Interessant ist dabei besonders, wie Paulus selbst das Aposteltreffen in Jerusalem (Apg 15) schildert (2,1–10). Außerdem berichtet er, wie er in der Beschneidungsfrage mit Petrus (Kephas) heftig aneinander geraten ist (der so genannte „antiochenische Zwischenfall"; 2,11–21). Ganz so friedlich, wie es nach der Apg den Anschein hatte, war die Entscheidung wohl doch nicht abgelaufen – für Paulus ging es um Sein oder Nichtsein seiner Mission. In Gal 4,8–6,10 öffnet Paulus die Perspektive auf die Freiheit der an Christus Glaubenden (5,1), die letztlich zur Liebe als Frucht des Geistes führt (5,14). Für Paulus besteht das Gesetz Christi darin, dass einer des anderen Last trage (6,2).

Dieser „Brief", der eigentlich mehr eine feierliche Predigt ist, weicht im Stil, in der Theologie und in den vorausgesetzten Gemeindestrukturen von den Briefen des Apostels Paulus (Röm, 1/2 Kor, Gal, Phil, 1 Thess) ab und ist daher wahrscheinlich als theologischer Rundbrief in späterer Zeit im Namen und im Sinne des Paulus verfasst worden. In hymnischer Sprache wird eingangs der Heilsplan Gottes gerühmt, der in Jesus Christus gipfelt. Das große Thema des Schreibens ist die Einheit, vor allem von Christen aus Juden und Heiden. Ferner werden verschiedene Mahnungen angeführt. Das christliche Familienleben wird in der so genannten „Haustafel" (5,21–6,9) in idealer Weise konzipiert (siehe auch zum Kolosserbrief).

Dass der Epheserbrief vorgibt, von Paulus zu sein, obwohl er später verfasst worden ist, darf nicht als „Fälschung" verurteilt werden. Es galt in der Antike als durchaus legitimes Mittel, einer Schrift durch die Zuweisung an eine bedeutende Persönlichkeit höhere Autorität zu verleihen. Durch die Aufnahme bestimmter Texte unter dem Namen des Paulus (oder des Petrus usw.) in die neutestamentliche Briefliteratur wurden sie von der Glaubensgemeinschaft als apostolisch anerkannt und auch als Schriftstücke mit Autorität gelesen. Mit dieser „pseudepigraphischen" Zuschreibung gelang es den Christen in der zweiten und dritten Generation, die nach Orientierung suchten, die apostolische Tradition zu bewahren und sie auch in sich verändernde Situationen und neue Herausforderungen hinein sprechen zu lassen. Die vermeintlich sehr persönlich klingenden Notizen (vgl. z. B. 2 Tim 4,13: «Bring den Mantel mit») sind literarische Stilmittel, um die beabsichtigte Wirkung, nämlich den Text als wahrhaft apostolisches Schreiben zu lesen, zu unterstreichen. Statt weiterhin neue Schriften zu verfassen, ging man nach einiger Zeit dann dazu über, die als apostolisch und mittlerweile als kanonisch angesehenen „Heiligen Schriften" *auszulegen* und zu kommentieren.

Der Brief an die Philipper

Philippi ist die älteste christliche Gemeinde auf europäischem Boden, mit ihr ist Paulus in ganz besonderer Weise freundschaftlich verbunden. Daher ist auch das Schreiben in sehr freundschaftlichem Ton gehalten – umso stärker fallen die heftigen polemischen Worte gegen Leute auf, die die Beschneidung für Christen aus Nicht-Juden (Heiden) propagieren (3,2–4,1). Vermutlich stammt dieser Abschnitt aus einer anderen Situation, in der sich Paulus mit entsprechenden Gegenthesen zu seiner Missionsarbeit *ohne* Beschneidung auseinandersetzen musste. Im freundschaftlichen Teil begegnet als literarische und theologische Perle ein Hymnus auf Christus, den Paulus offenbar aus der Tradition zitiert (2,5–11).

Der Brief an die Kolosser

Kolossä war eine Stadt in Kleinasien an der Handelsstraße von Ephesus nach Tarsus. Die Gemeindegründung geht nicht auf Paulus, sondern auf seinen Mitarbeiter Epaphras zurück (1,7). Die Gemeinde steht in enger Verbindung zu Laodizea und Hierapolis. Das sind alles keine Gründungen durch Paulus – das und die Beobachtung, dass manches aus Paulusbriefen übernommen ist (z. B. das Präskript 1,1–2 aus 2 Kor 1,1–2; die Trias „Glaube, Liebe, Hoffnung" in 1,4–5 aus 1 Thess 1,3) lassen die Vermutung aufkommen, dass es sich hier wieder um ein Schreiben „im Namen des Paulus" (aber nicht von Paulus, sondern einem seiner Schüler) handelt (siehe zum Epheserbrief). Theologisch äußerst bedeutsam ist der Christushymnus 1,12–20 , in dem die kosmische Bedeutung Christi als Erstgeborener der ganzen Schöpfung das Zentrum ist – in den Briefen des *Paulus* findet sich das sonst nie. Der erste Teil des Briefes bekämpft eine Irrlehre in Kolossä (1,21–2,23), der zweite Teil besteht aus Ermahnungen (Paränese; 3,1–4,6): Tugenden und Laster werden gegenübergestellt; durch die Einheit in Christus werden alle Volks- und Religionsgrenzen überwunden. Die ideale christliche Hausordnung formuliert 3,18–4,1 – sie war für die damalige Zeit, in der Frauen, Kinder und Sklaven fast nichts zählten, ein erheblicher Fortschritt in Richtung auf Menschenrechte und Gleichstellung. Aus heutiger Sicht wirkt 3,18 anstößig und bedarf der korrigierenden Einsicht, dass Frauen *und* Männer dem Haupt, nämlich Christus, unterstehen.

Der erste Brief an die Thessalonicher

Der Brief an die Gemeinde von Thessalonich (Thessaloniki), an der Fernstraße von Rom nach Byzanz gelegen, ein bedeutender Handelsplatz, ist vermutlich die älteste Schrift des Neuen Testaments. Er wurde verfasst von Paulus und seinen Mitarbeitern Silvanus und Timotheus. Sie erinnern sich (und damit auch die angesprochene Gemeinde!) an den Glauben und die Liebe und die Hoffnung durch Jesus Christus (1,3). Ein Rückblick zeigt, wie die Gemeinde zum Glauben gekommen ist und aus ihm lebt (1,4–3,13). 4,1–12 gibt Beispiele für die Liebe in der Gemeinde (treue Liebe zur Ehefrau; „Bruderliebe" als Grundsatz für den Umgang miteinander). 4,13–5,11 bietet Orientierung in der Frage des Todes von Gemeindemitgliedern: Die Verfasser trösten die Gemeinde mit dem Hinweis auf die Auferstehung der Toten und die Auferstehung und Wiederkunft Christi. Wenn der Herr wiederkommt, werden die Verstorbenen auferstehen und zusammen mit den Lebenden ihm entgegengehen. Am Ende stehen eine Reihe von Ermahnungen zu Frieden und Eintracht (5,12–22) sowie ein Segenswunsch.

Dieser Brief ist im Namen von Paulus, Silvanus und Timotheus geschrieben, zeigt aber in 2,1–12 eine ganz andere Vorstellung vom „Ende der Welt" als 1 Thess 4,13–18, sodass vermutlich wieder eine spätere Neuinterpretation im Namen der ehrwürdigen Apostel vorliegt. 2 Thess ist viel stärker vom Motiv des Kampfes in der Endzeit und der Vergeltung an den Bösen bestimmt. Aufkommende Irrlehren, dass das Endgericht bereits da sei, verwirren die Gemeinde. Dem wird die Vorstellung entgegengehalten, dass vorher der Antichrist und Widersacher, der „Sohn des Verderbens" erscheinen wird, den jedoch der wiederkommende Christus „durch den Hauch seines Mundes" vernichten wird. Der zweite Teil des Briefes enthält Ermahnungen zu Standhaftigkeit und Aufrichtigkeit sowie zum Verhalten in der Gemeinde.

Die Pastoralbriefe (1/2 Timotheus, Titus)

Diese drei Briefe sind an einzelne „Hirten" (lateinisch *pastores*) von Gemeinden gerichtet und setzen damit bereits eine andere Gemeindestruktur voraus als sie zur Zeit des Apostels Paulus bestand. Auch passen die Situationsangaben zu Personen und Orten nicht in das aus den anderen Briefen zu rekonstruierende Leben des Paulus. Das Anliegen der unbekannten Verfasser der Pastoralbriefe ist es jedoch, die Lehre des Paulus authentisch an die kommenden Generationen weiterzugeben und auf die neue Situation einer Gemeindeleitung durch Einzelne anzuwenden. Als Angesprochene werden die Namen von Paulus-Mitarbeitern verwendet. Schon die Tatsache, dass die „Briefe" immer weiter überliefert wurden, zeigt, dass die Mahnungen und Abhandlungen an alle kirchlichen Leitungspersonen gerichtet sind. So werden etwa Anordnungen für Bischöfe und Diakone gegeben (1 Tim 3,1–13), für den Stand und die Aufgaben der Witwen (5,3–16) und für die Ältesten (5,17–22), beides offenbar wichtige Institutionen in den Gemeinden, deren innere Ordnung immer mehr gefestigt wird. Auch hier finden sich zeitbedingte Aussagen über die Unterordnung der Frauen (1 Tim 2,8–15), die so heute nicht mehr gelten können und gegenüber den Grußlisten der Briefe des Paulus, in denen die Frauen klar erkennbar gleichberechtigte Mitarbeiterinnen sind, ein Rückschritt und eine Anpassung an die frauenfeindlichen Zeitumstände sind.

2 Tim verstärkt die persönlich gehaltenen Worte der Ermutigung (vgl. z. B. 2 Tim 1,7) und der Aufforderung zur Standhaftigkeit, insbesondere gegenüber Anfeindungen und Irrlehrern. Der Brief wirkt wie ein Testament des Apostellehrers an den Apostelschüler. Der Brief an Titus ist eher wieder eine briefliche Instruktion für kirchliche Amtsträger. Titus gilt als Verantwortlicher der Gemeinde von Kreta (Tit 1,5) – ihm werden Anweisungen zur Einsetzung geeigneter Vorsteher, zur Abwehr von Irrlehren und zur Betreuung verschiedener Gruppen in der Gemeinde gegeben.

Der Brief an Philemon

In diesem kurzen Privatbrief des Paulus (Phlm) fordert der Apostel seinen „Mitarbeiter" Philemon (und dessen Hausgemeinde) auf, seinen entlaufenen Sklaven Onesimus wieder aufzunehmen und mit einer Vertrauensstellung zu versehen, da Onesimus inzwischen für Paulus gute Dienste geleistet hat. Die christliche Religion hebt die menschlichen Schranken zwischen Sklaven und Freien auf – aus dem vogelfreien entlaufenen Sklaven wird ein christlicher „Bruder". Paulus schreibt aus dem Gefängnis (13), und somit gibt dieser Brief auch Einblick in die Verfolgungssituation des Völkerapostels.

Der Brief an die Hebräer

Der Name deutet schon an, dass dieser Text an Judenchristen gerichtet ist oder jedenfalls an Leute, die mit dem jüdischen Denken und den Traditionen der Schriftauslegung sehr vertraut sind. Diese Schrift ist der am weitesten gehende Versuch, das Christusgeschehen tief in der „Heiligen Schrift" (in der jüdischen Bibel – jetzt christlich gelesen) zu verankern. Es gibt kein Präskript und kein Proömium, aber der erste Satz zeigt die hermeneutische Grundlinie: „Viele Male und auf vielerlei Weise hat Gott einst zu den Vätern gesprochen durch die Propheten; in dieser Endzeit aber hat er zu uns gesprochen durch den Sohn …" (1,1–2). Mit zahlreichen Zitaten aus dem und Anspielungen auf das Alte Testament (man beachte den Kursivdruck in der EÜ) wird das Reden Gottes durch den Sohn (Jesus Christus) als unmittelbare Fortsetzung der bisherigen Offenbarung an Israel dargestellt. Der Sohn wird als über die Engel erhaben dargestellt – wie nun schon die Offenbarung der Engel, die Tora, „rechtskräftig" (2,2) war, umso wertvoller und gültiger ist die Botschaft von der kurzzeitigen Erniedrigung des Sohnes und von dessen Vollendung durch das Leiden, durch das der Sohn zum Urheber des Heiles geworden ist (2,5–18). Die wesentlichen Institutionen und Personen Israels, Mose und der Hohepriester, die Leviten und der Opferkult, werden von Christus abgelöst und überboten: Jesus ist der Hohepriester des neuen Bundes (5,1–10), sein blutiges „Opfer" am Kreuz löst alle blutigen Tieropfer ab. Dabei wird kein Bruch oder Abbruch der Tradition propagiert, sondern die Deutung der Heiligen Schrift auf Christus hin wird durch eine bestimmte, spirituelle Leseweise der alten Texte erreicht. (Im Judentum gibt es ähnliche Tendenzen zur spirituellen Deutung der Vorstellungen um den Tempel und den Opferkult – nur durch diese Entwicklungen in der Schrift- und Traditionsauslegung konnte das Judentum seine Identität auch nach der Zerstörung des herodianischen Tempels 70 n. Chr. bewahren.) Der theologische Traktat fährt mit Ermahnungen zur Standhaftigkeit fort, die sich ebenfalls aus dem Alten Testament speisen, indem der Glaube der Urväter, Patriarchen und anderer biblischer Gestalten (11,1–12,3) als vorbildlich hingestellt wird: Sie sind eine „Wolke von

Zeugen" zur Ermutigung der glaubenden Christen. Dem Christusereignis wird dann ein Stellenwert zugesprochen, der dem großen Ereignis der Erscheinung Gottes am Sinai (Ex 19) entspricht (Hebr 12,18–29). Das christliche Leben ist von moralischer Aufrichtigkeit und Barmherzigkeit geprägt (13,1–19). Die innere Ausrichtung zielt auf die „künftige Stadt", soll also nicht an „Irdischem" hängen. Das Opfer der Christen ist das Lob Gottes, die „Frucht der Lippen". Der Hebräer*brief* endet mit Wendungen, die den paulinischen Briefschlüssen ähneln – daher kommt die Klassifizierung als *Brief* und die Angliederung an den Bestand der paulinischen Briefe (auch wenn schon früh klar war, dass Hebr nicht von Paulus, sondern aus späterer Zeit stammt).

Die Katholischen Briefe (Jak, 1/2 Petr, 1-3 Joh, Jud)

Auf den Hebräerbrief folgen die so genannten „Katholischen Briefe" – „katholisch" heißt dabei „universell" und meint die sehr allgemein gehaltenen Angaben zu den Angesprochenen. Auch diese Briefe verwenden als Verfasserangaben die Namen hoch angesehener Apostel oder Personen aus dem Umkreis Jesu, um die Autorität der eigenen Schrift zu steigern. Die Praxis der christlichen Gemeinschaft(en) hat diese Texte als kanonisch und damit als „Heilige Schrift" anerkannt.

Der Brief des Jakobus ist sehr allgemein an „die zwölf Stämme in der Zerstreuung" gerichtet – gemeint sind damit wohl die christlichen Gemeinden außerhalb Palästinas. Der vorgebliche Absender ist vermutlich der Herrenbruder Jakobus (vgl. Gal 1,19; Apg 15,13). An die Autorität dieser unter den Judenchristen anerkannten Persönlichkeit wird mit einem Schriftstück angeknüpft, das eine lose Folge von Ermutigungen und Ermahnungen in weisheitlichem Stil darstellt. Auffällig sind die mehrfachen Warnungen, irdischen Reichtum zu hoch einzuschätzen oder den Reichen in der Gemeindeversammlung zu bevorzugen (2,1–13) – auf die

Person zu schauen, wird als Sünde gebrandmarkt. Stattdessen ermahnt der Jakobusbrief zu Werken der Barmherzigkeit, die Zeugnis für den wahren Glauben ablegen (2,14–26): «So ist auch der Glaube für sich allein tot, wenn er nicht Werke vorzuweisen hat» (2,17). Gemeint ist die konkrete Hilfe für die Schwester und den Bruder in Not (2,15). Die hartherzigen Reichen werden scharf verurteilt (5,1–6). Am Schluss wird die Macht des vertrauensvollen Gebets betont und ein Ritus geschildert, der zur Grundlage für das Sakrament der Krankensalbung wurde (5,13–18).

Der erste Brief des Petrus ist ebenfalls an die in der „Zerstreuung" (Diaspora) gerichtet (wohl vornehmlich an Heidenchristen, vgl. 1,18; 4,3!) und mehr eine ermutigende Predigt in der Nachfolge und im Namen des Apostels Petrus. Vorausgesetzt sind schon eine fortgeschrittene Mission und gefestigte Gemeindestrukturen (vgl. 5,1–11) sowie eine in vielen Bildern gestaltete Lehre von Christus (vgl. 1,19–20: das Lamm, der vor Erschaffung der Welt Existierende; 2,1–10: der lebendige Stein). 2,11–4,11 gibt Hinweise auf das christliche Leben in Staat und Familie, 4,12–5,11 Ermutigungen zur Ausdauer in schweren Zeiten.

Der zweite Brief des Petrus richtet sich an alle, die an Christus glauben, und präsentiert sich als Testament des Petrus (1,13–15). Spätestens in 3,4 (die entschlafenen Väter sind die erste Generation der Christen, die Apostel und Augenzeugen) wird jedoch deutlich, dass der Text aus viel späterer Zeit stammt. Er braucht jedoch die Autorität des Petrus als Zeugen der Verklärung auf dem Berg (1,18; vgl. Mt 17,1–9; Mk 9,2–10; Lk 9,28–36), denn eines seiner Themen ist die Wahrheit der Überlieferung der „Heiligen Schrift" (1,12–21). Mit der hohen Autorität des Apostels Petrus erklärt der Text gerade auch die „Weissagungen" der Heiligen Schrift (das Alte Testament) für gültig: «Bedenkt dabei vor allem dies: Keine Weissagung der Schrift darf eigenmächtig ausgelegt werden; denn niemals wurde eine Weissagung ausgesprochen, weil ein Mensch es wollte, sondern vom Heiligen Geist getrieben haben Menschen im Auftrag Gottes geredet» (1,20–21). So sieht ein neutestamentlicher Text das Alte Testament: einerseits als Menschenwort (und damit nicht vom Himmel gefallen), andererseits als indirekt von Gott (von Gottes Geist) angestoßene Weisung und Weissagung zum Heil der Menschen (und damit nicht aus menschlichen, engstirnigen Interessen heraus formulierte Gesetze). Andere Themen der Abhandlung sind die Abwehr von Irrlehrern (2,1–22) und die Versicherung der Gewissheit der Wiederkunft Christi (3,1–13). Offenbar wird in 3,14–16 bereits eine Sammlung von Paulusbriefen als „Heilige Schrift" vorausgesetzt – und die stets aktuelle Problematik der angemessenen Auslegung angesprochen.

Die drei Briefe des Johannes sind von ihrer Sprache und ihrer Theologie dem Kreis von Leuten (Gemeinde, Schule) zuzuordnen, in dem auch das Johannesevangelium abgefasst wurde. 1 Joh ist eine Predigt in Briefform, die zu äußerster theologischer Dichte gelangt. Das große Thema ist die Liebe: einerseits die Liebe zu Gott, die sich im Halten seiner Gebote zeigt (1 Joh 2,3–6), und die Liebe Gottes, des Vaters, zu seinen Kindern (3,1–10), andererseits die Liebe untereinander (Bruderliebe: 3,11–18). Diese Überlegungen führen schließlich zu einer der wichtigsten Aussagen des Neuen Testaments über Gottes Wesen (4,7–21): «Gott ist die Liebe, und wer in der Liebe bleibt, bleibt in Gott und Gott bleibt in ihm». – 2/3 Joh sind von einem „Ältesten" (*presbyteros*; vielleicht der Gemeindegründer) abgefasst und an eine bestimmte Gemeinde („Herrin" genannt) bzw. an „den geliebten Gaius" gerichtet. 2 Joh 4–6 setzten die Rede über das Gebot der Liebe fort; beide Briefe müssen dann Stellung gegen Irrlehrer und anmaßende Leute beziehen.

Der Brief des Judas beruft sich in der „Absenderangabe" auf einen der in Mt 13,55 und Mk 6,3 genannten „Brüder Jesu" und bezieht von dieser verwandtschaftlichen Nähe zu Jesus (und dem angesehenen Herrenbruder Jakobus) seine Autorität. Er setzt sie vor allem gegen Irrlehrer ein – was sie lehren, wird nicht genau deutlich, denn es wird kategorisch und mit drastischen Bildern jeglicher Kontakt mit ihnen abgelehnt. Bemerkenswert für die „Heilige Schrift" ist zum einen, dass Jud vermutlich die literarische Vorlage des 2 Petr ist, zum anderen, dass Jud aus Schriften zitiert, die heute nicht (mehr) als „Heilige Schrift" angesehen werden: In Vers 9 greift Jud auf die „Himmelfahrt des Mose" (*Assumptio Mosis*) zurück, in den Versen 14–15 auf das „äthiopische Henochbuch" (*aethHen* 1,9). Der Schluss (24–25) gipfelt in einem Lobpreis Gottes durch Jesus Christus – für eine so kurze Schrift fast etwas überdimensioniert, sodass man darin auch den Schluss eines größeren Zusammenhangs sehen könnte, etwa der Briefliteratur oder des gesamten Neuen Testaments. Mit der „Offenbarung des Johannes" folgt eine Schrift, die nicht nur einer ganz anderen Gattung zuzurechnen ist, sondern auch nicht immer als zur „Heiligen Schrift" gehörend betrachtet wurde.

4.11 Die Offenbarung des Johannes

Die Ablehnung durch einige Kirchenväter und regionale Kirchen in der Spätantike war auch dadurch bedingt, dass man sah, dass Offb stilistisch, sprachlich und inhaltlich nicht zu den johanneischen Schriften gehören kann. Schon aufgrund der Gattung „Apokalypse" bleibt die Offenbarung des Johannes (Offb) bis heute ein umstrittenes Buch. Eine Apokalypse offenbart eine außerweltliche Realität, die als rettende Welt in der Endzeit anbricht, oftmals durch ein vernichtendes Gericht hindurch. Im biblischen Bereich sind neben Offb das Buch Daniel und Jes 24–27; 33 zu nennen. Meist ist die Person, die die Offenbarung enthüllt, eine Gestalt der *Vergangenheit*, die in die *Zukunft* schaut – was aber tatsächlich eine Deutung der notvollen *Gegenwart* und eine Utopie zu deren Überwindung darstellt. Die Hintergrundsituation der Offb des unbekannten Sehers namens Johannes ist die Verfolgung der kleinen christlichen Gemeinden in Kleinasien (vermutlich unter dem römischen Kaiser Domitian). Diese Situation wird als endzeitlicher Kampf der Guten gegen die Bösen interpretiert – und den Guten wird als Hoffnung die Wiederkunft Christi in Aussicht gestellt: «Siehe, ich komme bald» (Offb 3,11; 22,7.12.20).

Offb ist vom Rahmen her als Brief – in Anlehnung an das paulinische Brieformular – gestaltet (1,4–8). Empfänger sind die sieben Gemeinden in der Provinz Asien (Kleinasien). Der Seher Johannes schildert seine Beauftragung in einer Vision: Er erhält den Befehl, alles *aufzuschreiben*, was er gesehen hat und noch sehen wird (1,19). Offb 2–3 enthält sieben Sendschreiben an die genannten Gemeinden: Ephesus, Smyrna, Pergamon, Thyatira, Sardes, Philadelphia und Laodizea. Vermittelt wird die Botschaft Christi: Lob und Tadel, Aufruf zu Buße und Umkehr sowie zum Bewahren des Glaubens. Offb 4–22 schildert eine ganze Reihe von Visionsbildern, die alttestamentliche Motive aufgreifen und in neue Zusammenhänge bringen. Die Zahl Sieben spielt dabei eine ganz wichtige Rolle. Die große Abschlussvision (21,1–22,5) greift die Verheißungen aus Jes 65,16–17; 25,8; 52,1 (u.a.) auf und setzt sie damit weiterhin als gültig fest: Johannes sieht einen neuen Himmel und eine neue Erde; die heilige Stadt, das himmlische Jerusalem kommt aus dem Himmel herab; alle Tränen werden abgewischt und der Tod wird nicht mehr sein – und wieder wird Johannes aufgefordert, die wahren und zuverlässigen Worte aufzuschreiben (21,5). In der Vision wird das himmlische Jerusalem in all seiner Pracht beschrieben. Das Buch endet mit der Ankündigung Christi „Siehe, ich komme bald" und damit verbundenen Mahnungen. Der Schlusssatz betont gegenüber der bis zuletzt offen bleibenden Spannung des bevorstehenden Strafgerichts die göttliche Gnade: «Die Gnade des Herrn Jesus sei mit allen!»

Offb 22,6–21 lässt sich auch als Schlussstein der christlichen Bibel lesen. Wie das gesamte Buch, so greift auch dieser Text massiv auf vorausgehende Passagen des Alten und des Neuen Testaments zurück. Ohne die Einspielung dieser Bezüge bliebe der Schlusstext völlig unverständlich. Was soll es beispielsweise bedeuten, wenn Christus sich als „die Wurzel" (wörtlich: der Wurzelspross) bezeichnet? Die Verbindung mit dem Spross aus dem Baumstumpf Isais in Jes 11,1.10 bringt die alttestamentliche Verheißung des Friedensmessias und des gerechten Herrschers ein – und verleiht so dem Text erheblichen Tiefgang.

In Offb 22,18–19 wird mit drakonischen Strafen belegt, wer den „Worten der Prophetie dieses Buches" etwas hinzufügt oder etwas von ihnen wegnimmt. Diese Wendung wird auch als „Textsicherungsformel" bezeichnet. Kann damit nur das Buch der Offenbarung des Johannes gemeint sein? Dann wäre sie – gelinde gesagt – etwas übertrieben. Doch die in den Strafen genannten Punkte spannen einen weiteren Bogen: «Wer etwas wegnimmt von den prophetischen Worten dieses Buches, dem wird Gott seinen Anteil am Baum des Lebens und an der heiligen Stadt wegnehmen». Der Baum des Lebens aber ist ein sehr wichtiges Motiv ganz am Anfang der Bibel (Gen 2,9; 3,22.24), während die heilige Stadt die große Schlussvision darstellt. So ergibt sich eine literarische Klammer vom Buch Genesis bis zum Schluss der Offenbarung des Johannes! Es scheint fast so, als ob *dieser* literarische Bestand von „Heiliger Schrift" (deren genauer Umfang und Arrangement damit keineswegs dogmatisch festgeschrieben sind) mit der Textsicherungsformel gesichert werden soll. Dies gilt umso mehr, wenn man sich durch die Struktur des Textes vergegenwärtigt, dass der Sprecher dieser Worte Christus selbst ist. Zudem werden gleich am Anfang in Offb 22,7 diejenigen selig gepriesen, die sich an die Worte der Prophetie dieses Buches halten, und in 22,9 stehen sie sogar auf gleicher Ebene mit den Propheten, dem Seher Johannes und dem Engel: Alle sind „Mitknechte". Um in diesen Kreis zu gelangen, muss man die Worte der Prophetie dieses Buches einhalten – das kann eigentlich nicht allein das Buch Offb sein, sondern muss sich auf einen größeren Zusammenhang beziehen. Es erscheint nicht abwegig, hierunter den Grundbestand der christlichen Bibel zu verstehen, deren Abschluss Offb 22,6–21 darstellt. Diese Worte liegen *schriftlich* und *unversiegelt* (22,10) vor – durch das Medium Buch aber öffnet sich so der Kreis der Teilnehmerinnen und Teilnehmer ins Universale, Zeit und Raum überbrückend. Das Buch selbst, die „Heilige Schrift", wird nun zum Vermittler des Heiles, zum Schlüssel und zum Weg zur Gemeinschaft mit Gott. Die Gnade des Herrn Jesus kann nun wirklich mit allen sein, die sich an die Worte der Prophetie dieses Buches halten – und dieses Buch ist die gesamte „Heilige Schrift" Alten und Neuen Testaments. Wer bis zu Offb 22,6–21 vorgedrungen ist, hat die Lektüre dieser gesamten christlichen „Heiligen Schrift" bereits hinter sich und sieht, wie hier die Linien zum Schlussstein zusammenlaufen – der Gipfel ist die universale Zusage der göttlichen Gnade.

5 Das Stichwort

„Eine Fülle von Lesbarem, Hörbarem, Sehbarem umgibt uns täglich. Was verdient meine Aufmerksamkeit? Was ist so wertvoll, dass ich mich damit beschäftige? Denn womit ich mich beschäftige, das beschäftigt mich auch. Es nährt mich und es lässt mich hungrig zurück oder es bekommt mir nicht. Auf jeden Fall hat es Nachwirkungen.

Was beim Lesen geschieht

Der finnische Schriftsteller Olof Lagercrantz ist einmal dem nachgegangen, was geschieht, wenn ich lese. Er schreibt: ‚Das Auge folgt schwarzen Buchstaben auf weißem Papier von links nach rechts, wieder und wieder. Und Geschöpfe, Natur oder Gedanken, die ein anderer gedacht hat, kürzlich oder vor tausend Jahren, steigen in unserer Einbildung auf. Das ist ein Wunder, größer als das Keimen der Samenkörner aus den Gräbern der Pharaonen. Und es geschieht jeden Augenblick.' Aus der Beschreibung dieser Grunderfahrung beim Lesen sucht er nach dem, was den schreibenden und den lesenden Menschen verbindet: ‚Nicht nur der Autor ist kreativ, auch der Leser.' Dann ordnet er die Anteile so zu: ‚… Man schreibt nur das halbe Buch, die andere Hälfte muss der Leser übernehmen.' Jedes Buch ruft aus sich also nach kreativ Lesenden. Wer liest, begibt sich immer schon in einen schöpferischen Prozess. Und wieder ist die Frage, wo hinein ich meine Kraft gebe. Oder wohin werde ich geleitet, meine Kraft zu geben, um zu suchen und zu finden (…)?

Die Bibel lesen

Die christlichen Glaubensgemeinschaften sind der tiefen Überzeugung, dass Gottes Geist im Prozess des Entstehens und der Auslegung der Heiligen Schrift wirksam ist. Nach

einer alten christlichen Bildtradition ist der Heilige Geist das
‚Band der Liebe' (*vinculum amoris*), das die Geschöpfe zur
Gotteserkenntnis in Jesus Christus führt. Vorrangiger Ort
dieser Erkenntnis sind die biblischen Schriften.

Die Heilige Schrift, das am meisten gedruckte und übersetzte Buch der Welt, zielt darauf, gelesen zu werden. Die
Kirche sieht sie, die zweieine Schrift des Alten und Neuen
Testamentes, als ihre Schrift. Sie lebt davon, dass die Bibel
gelesen wird, und zwar in der Gemeinschaft des Gottesvolkes wie auch im Leben des Einzelnen. Die Kirche hätte
keinen Halt, wenn sie sich nicht an die Bibel halten würde.
Die Bibel selbst ruft nach einer Alltagskultur im Umgang
mit ihrem Wort, damit dieser Halt immer neu erfahrbar
wird." (P. Deselaers, Inspirierte Texte – inspirierte Leser, in:
T. Söding (Hg.), Wege in die Bibel, Münster 2003, 79 ff)

Dass die Bibel so ein besonderes Buch geworden ist, ver-
dankt sie nicht allein ihrem Inhalt und auch nicht dem Faktum, dass sie in alle Sprachen übersetzt und unzählige Male
gedruckt und verbreitet worden ist, sondern der inneren
Verbindung, die zwischen denen besteht, die sie lesen und
denen, die sie hervorgebracht haben. Die Bibel gibt es, weil
Menschen ihre Erfahrungen mit Gott festgehalten und weitergegeben, ihren Glauben bezeugt und ihrer Hoffnung
schriftlich Ausdruck verliehen haben. Dieses Zeugnis der
Erfahrung, von Gott angesprochen zu sein und ihr Leben
danach auszurichten, haben sie an die nachfolgenden Generationen weitergegeben, die wiederum ihre Lese- und Lebenserfahrung in die vorhandenen Texte eingebracht haben,
sodass Stück um Stück, Generation um Generation, das
„Buch der Bücher" wachsen konnte. Auch nach seinem Abschluss ist dieses Buch mit derselben Intention, aus und mit
dem Glauben und den Glaubenserfahrungen der Früheren
zu leben, weitergegeben und benutzt worden. Auf diese
Weise verbindet die Bibel die Glaubensgemeinschaft durch
alle Zeiten. Und die tiefste Verbindung zwischen Judentum

und Christentum besteht letztendlich in der in der Heiligen Schrift gründenden Berufung und Erwählung von Israel und Kirche. Die Glaubensgemeinschaft, nicht die Wissenschaft, die selbst nur helfend zur Seite treten kann, hält letztendlich jedem heutigen Menschen diese Bibel mit ihrem Anspruch und Auftrag bereit. Wer die Bibel liest, wendet sich also nicht nur schöner und interessanter Literatur zu, sondern in erster Linie tritt er ein in die Gemeinschaft der Glaubenden, die dieses Zeugnis bereit halten und immer weitergeben. Wer immer die Bibel liest, kann sich diesem ihrem speziellen Anspruch natürlich entziehen oder sich ihm bewusst verweigern, aber dieser Kontext, in dem die Bibel bis heute überliefert worden ist, lässt sich nicht verleugnen, zumal er für das Verstehen der biblischen Texte unabdingbare Voraussetzung ist.

Dies hat aber Konsequenzen für jeden Einzelnen, ob er als bewusstes *Mitglied* der Glaubensgemeinschaft diese Bibel zur Hand nimmt oder als *Betrachter* mit kulturellem oder literarischem Interesse. Müssen Erstere sich nämlich bewusst machen, dass die Bibel Literatur ist, die als solche, und d. h. zuerst einmal als Ganze, gelesen werden will, so müssen Letztere bedenken, dass diese Literatur der Bibel auch und gerade eine Funktion im Glaubensleben von Juden und Christen hat.

Das „Bibel-Lesen" muss und soll im Zentrum des christlichen Lebens stehen. Dass auf Grund der vielfältigen Besonderheiten der Bibel und ihres Wachstums in fremder Kultur und ferner Zeit dieses Lesen nicht in einem schlichten Aufschlagen des Buches und direktem Anfangen möglich ist, kann jeder bezeugen, der diesen Weg schon einmal versucht hat. Der beste Weg zum Bibel lesen ist wohl der, über besondere Einzeltexte in die Welt der Bibel einzusteigen. Solche Einzeltexte können Lesungen aus der kirchlichen Liturgie ebenso sein wie Bibelzitate, die im Raum unserer Kultur begegnen (Kunst, Musik, Literatur etc.) oder die – irgendwann und irgendwo gehört – einem selbst wichtig geworden sind. Einstiegstexte können natürlich auch ausgewählte Vorgaben zu zentralen biblischen Texten sein (vgl. z. B. die Hinweise im vorliegenden Buch und zu Kapitel 4). Ausgehend von solchen Einzeltexten sollte man, wenn man alleine liest, zuerst den näheren oder etwas weiteren Kontext des ausgewählten Textes lesen, um ihn aus seinem Kontext heraus zu verstehen, dann mit ihm in Verbindung stehende – ergänzende oder widersprechende – Texte heranziehen. Diese findet man entweder durch Querverweise auf solche Bibelstellen, wie sie in vielen Bibelausgaben am Seitenrand oder am Ende eines Kapitels notiert sind, oder aber durch entsprechende Wortkonkordanzen, in denen man zentrale Begriffe eines Textes nachschlagen kann und dort weitere Stellen zu dem Stichwort und damit eventuell zu dem weiteren Thema findet. Letzteres lässt sich heutzutage durch entsprechende PC-Programme, die den Bibeltext mit Konkordanzfunktionen schon verbinden, perfektionieren und vor allem erleichtern. Auf so einem Weg des kontextuellen Lesens bekommt man zu Beginn vielleicht den Eindruck, von Stelle zu Stelle quer durch die Bibel getrieben zu werden, aber Stück um Stück – hat man erst einmal zwei oder drei Texte gelesen, die sich auf ein und denselben anderen beziehen – erschließt sich einem erst ein Bibeltext, dann weitere und schließlich kleine und größere Zusammenhänge. Wie bei einer Erkundung in einer fremden Stadt werden einem Verbindungswege vertraut, Bekanntes begegnet immer wieder und mehr und mehr findet man die Stellen, die einem selbst im Leben wichtig werden, und so wird der Lesende selbst Teil der biblischen Überlieferung.

6 Ressourcen

6.1 Literatur

ALKIER, S., Neues Testament (UTB basics 3404), Stuttgart 2010.

BALLHORN, E./STEINS, G. (Hg.), Der Bibelkanon in der Bibelauslegung. Methodenreflexion und Beispielexegesen, Stuttgart 2007.

BECKER, J., Jesus von Nazaret, Berlin 1996.

BECKER, J., Paulus, der Apostel der Völker, Tübingen ³1998. [summarische Darstellung der wichtigsten Ergebnisse der historisch-kritischen Forschung und der Exegese zu Jesus bzw. Paulus]

BECKER, U., Exegese des Alten Testaments. Ein Methoden- und Arbeitsbuch, 2., überarb. Aufl., Tübingen 2008.

BERLEJUNG, A./FREVEL, C. (Hg.), Handbuch theologischer Grundbegriffe zum Alten und Neuen Testament, Darmstadt 2006 [einbändiges Lexikon zu biblisch-theologischen Schlüsselbegriffen].

CRÜSEMANN, F., Das Alte Testament als Wahrheitsraum des Neuen. Die neue Sicht der christlichen Bibel, Gütersloh 2011.

DOHMEN, C., Vom Umgang mit dem Alten Testament (Neuer Stuttgarter Kommentar 27), Stuttgart 1995. [Darstellung des christlichen Umgangs mit dem AT im Blick auf Entstehung und theologische Bedeutung des Kanons]

DOHMEN, C., Die Bibel und ihre Auslegung (C.H. Beck: Wissen), München ³2006. [Kurzgefasste Darlegung wichtiger Hintergrundinformationen zur Bibel und den Methoden ihrer Auslegung in Geschichte und Gegenwart]

DOHMEN, C. (Hg.), Das große Sachbuch zur Welt und Umwelt der Bibel, Stuttgart 2005.

DOHMEN, C./STEMBERGER, G., Hermeneutik der Jüdischen Bibel und des Alten Testaments, Stuttgart u. a. 1996. [Beleuchtung des Problems, dass Juden und Christen den gleichen Text als Glaubensurkunde lesen und verschieden verstehen]

EBNER, M./SCHREIBER, S., Einleitung in das Neue Testament, Stuttgart 2008.

FISCHER, G., Wege in die Bibel, Stuttgart 2000. [Einführung in die exegetischen Methoden mit theoretischer Darlegung und praktischen Beispielen; hauptsächlich für Studierende der Theologie gedacht]

GÖRG, M./LANG, B. (Hg.), Neues Bibel-Lexikon, Zürich u.a. 1988–2001. [Wissenschaftliches Bibellexikon in drei Bänden]

Herders Neues Bibel-Lexikon, hg. von F. KOGLER, Freiburg 2008 (mit CD-ROM).

HOPPE, R., Jesus. Von der Krippe an den Galgen, Stuttgart 1996.

KLAUCK, H.-J., Die religiöse Umwelt des Urchristentums, 2 Bde., Stuttgart u.a. 1995–96.

KÖHLMOOS, M., Altes Testament (UTB 3460), Tübingen 2011.

LISS, H., Tanach – Lehrbuch der jüdischen Bibel, Heidelberg 2005, 3. Aufl. 2011.

OEMING, M., Bibelkunde Altes Testament (NSK-AT 32), Stuttgart 1995.

PÄPSTLICHE BIBELKOMMISSION, Die Interpretation der Bibel in der Kirche, Verlautbarungen des Apostolischen Stuhls 115, Bonn 1996. [Verlautbarung der katholischen Kirche zur Auslegung (Exegese) der Bibel]

PÄPSTLICHE BIBELKOMMISSION, Das jüdische Volk und seine Heilige Schrift in der christlichen Bibel, Verlautbarungen des Apostolischen Stuhls 152, Bonn 2001. [Neueste Verlautbarung der katholischen Kirche zum besonderen Verhältnis von jüdischer und christlicher Bibel und Bibelauslegung; s. dazu DOHMEN, C., In Gottes Volk eingebunden. Christlich-jüdische Blickpunkte zum Dokument „Das jüdische Volk und seine Heilige Schrift in der christlichen Bibel", Stuttgart 2003.]

RENDTORFF, R., Theologie des Alten Testaments, 1. Kanonische Grundlegung, Neukirchen-Vluyn 1999; 2. Thematische Entfaltung, 2001. [Formulierung einer biblischen Theologie ausgehend von der Endgestalt des vorliegenden Textes und unter Berücksichtigung des besonderen Charakters als „Heilige Schrift" von Glaubensgemeinschaften (Kanon)]

RÖSEL, M./BULL, K.M., Elektronische Bibelkunde 3.0. Die kanonischen und apokryphen Schriften des Alten Testaments (Rösel). Die kanonischen Schriften des Neuen Testaments und die Apostolischen Väter (Bull), Stuttgart 2011 (CD).

SCHIERSE, F.J./BADER, W. (Hg.), Neue Konkordanz zur Einheitsübersetzung der Bibel, Stuttgart 1996.

SCHMID, J., Synopse der drei ersten Evangelien mit Beifügung der Johannes-Parallelen, Regensburg [10]1997.

SCHMITZ, B., Geschichte Israels (UTB 3547) Paderborn 2011.

SCHNELLE, U., Einführung in die neutestamentliche Exegese, Göttingen [7]2008. [Einführung in die Methoden neutestamentlicher Exegese, hauptsächlich für Studierende gedacht]

SCHNELLE, U., Einleitung in das Neue Testament, Heidelberg [7]2011. [Kompakte wissenschaftliche Einführung in die Entstehungsgeschichte und Theologie der neutestamentlichen Literatur]

195

SCHREIBER, S., Begleiter durch das Neue Testament, 2. Aufl., Düsseldorf 2010.

TILLY, M./ZWICKEL, W., Religionsgeschichte Israels. Von der Vorzeit bis zu den Anfängen des Christentums, Darmstadt 2011 [archäologisch orientiertes Überblickswerk]

WISCHMEYER, O. (Hg.), Lexikon der Bibelhermeneutik, Berlin – New York 2009.

ZENGER, E. u. a., Einleitung in das Alte Testament, 8., vollständig überarbeitete Auflage hg. von C. Frevel, Stuttgart 2011 [Kompakte wissenschaftliche Einführung in die Hermeneutik der jüdischen und christlichen Bibel, in die Entstehungsgeschichte und Theologie der alttestamentlichen Literatur, mit aktuellen Angaben von Sekundärliteratur, einem Grundriss der Geschichte Israels sowie mit Landkarten]

ZENGER, E. (Hg.), Stuttgarter Altes Testament, MERKLEIN, H. (Hg.), Stuttgarter Neues Testament, 3. Auflage, Stuttgart 2005. [Kurzkommentare zum gesamten Alten und Neuen Testament in zwei Bänden; mit kleinem Bibellexikon; auch als CD-ROM erhältlich]

ZWICKEL, W., Calwer Bibelatlas, Stuttgart 2000.

ZWICKEL, W., Einführung in die biblische Landes- und Altertumskunde, Darmstadt 2002.

Kommentarreihen

- Biblischer Kommentar Altes Testament (BK-AT)
- Das Alte Testament Deutsch (ATD)
- Das Neue Testament Deutsch (NTD)
- Die Neue Echter Bibel (NEB)
- Evangelisch-Katholischer Kommentar zum NT (EKK)
- Herders Theologischer Kommentar zum Alten Testament (HThKAT)
- Herders Theologischer Kommentar zum Neuen Testament (HThK)
- Neuer Stuttgarter Kommentar Altes Testament (NSK-AT)
- Ökumenischer Taschenbuchkommentar zum NT (ÖTK)
- Regensburger Neues Testament (RNT)
- Stuttgarter Kleiner Kommentar – Neues Testament (SKK-NT)

Zeitschriften

Bibel und Kirche, Welt und Umwelt der Bibel, Bibel heute (Katholisches Bibelwerk Stuttgart)
Bibel und Liturgie

6.2 Bibelsoftware

Die Arbeit mit der Bibel am Computer beschert eine neue Leseerfahrung. Man wird keine längeren Passagen am Bildschirm lesen, stattdessen ermöglicht die Verfügbarkeit mehrerer Übersetzungen und die Verknüpfung der Texte eine andere Wahrnehmung. Es wird möglich, in mehreren Fenstern Übersetzungen nebeneinander zu stellen und die Unterschiede und Gemeinsamkeiten zu notieren. Durch Mausklick auf die Querverweise können Bezugstexte zum jeweiligen Lektüretext geöffnet werden – muss man in einer gedruckten Ausgabe mit Lesezeichen arbeiten, um alttestamentliche Parallelen und Hintergrundtexte zu neutestamentlichen Perikopen wahrzunehmen, so können die betreffenden Texte gleichzeitig in zwei Bildschirmfenstern vor Augen geführt werden. Dies erleichtert die Einbettung biblischer Texte in den Gesamttext „der Bibel".

Neben den Querverweisen können durch die Suchmöglichkeiten weitere Bezüge kennen gelernt werden. Die meisten Programme bieten sowohl einfache Stichwortsuchen (z.B. wo kommt überall in der Bibel das Wort „Vater" vor?) als auch kombinierte Suchen (z.B. wo kommt „Gott" und „Vater" vor – oder zwar „Vater", aber nicht „Gott"?). Dabei ist zwischen der Volltextsuche und einem Konkordanzprogramm zu unterscheiden. In ersterem Fall können nur konkrete Zeichenfolgen gesucht werden, d.h. der Suchbegriff „Vater" findet die Mehrzahl „Väter" oder den Genitiv „Vaters" nicht. Bei einem Konkordanzprogramm (z.B. die SESB-Lemma-Suche, s.u.) können mit *einer* Suche alle grammatikalischen Formen (z.B. „gehen", „ging", „gegangen", „geh!") erfasst werden.

„Große" Bibelprogramme, die auch die hebräische und die griechische Bibel beinhalten (z.B. die Stuttgarter Elektronische Studienbibel, BibleWorks, Bibloi, Accordance), bieten zusätzliche Hilfsmittel wie die grammatikalische Analyse der fremdsprachigen Wortformen, Lexika usw.

Auch ist hier die gezielte Suche nach einer bestimmten grammatikalischen Form möglich sowie zahlreiche komplexe Suchvorgänge.

- STUTTGARTER ELEKTRONISCHE STUDIENBIBEL (SESB): www.sesb-online.de. SESB ist das erste umfassende Bibelstudienprogramm mit deutschsprachiger Benutzeroberfläche, das den hebräischen und griechischen Text der Bibel (AT und NT, also Biblia Hebraica Stuttgartensia, Septuaginta, Novum Testamentum Graece, jeweils mit textkritischem Apparat) bietet. Es ist Bestandteil von „Libronix Digital Library System" (LDLS). Insbesondere für die grammatikalische Suche in der Biblia Hebraica Stuttgartensia (BHS) bietet SESB eine komfortable und leistungsfähige Suchmaschine. SESB ermöglicht ferner eine lemmatisierte Suche, d.h. es genügt die Eingabe der Grundform, z.B. „Vater" oder „gehen", um alle flektierten Formen (z.B. Väter, gegangen, gehst usw.) zu finden. An deutschen Übersetzungen bietet SESB die Einheitsübersetzung, die Lutherübersetzung, die Elberfelder Übersetzung sowie „Die Schrift" (die Übersetzung von Martin Buber und Franz Rosenzweig).
- BIBLE WORKS for Windows: www.bibleworks.com
- BIBLOI (vormals BIBLE WINDOWS; Silvermountain Software): www.silvermnt.com
- ACCORDANCE für Macintosh/Apple (Gramcord): www.gramcord.org

Deutsche Übersetzungen:

- DIE GROSSE STUTTGARTER MULTIMEDIA BIBEL
  (Inhalt: Einheitsübersetzung, Luther 1984, Gute Nachricht Bibel, Lexika, Einführungen in die biblischen Bücher, Fotos, Zeichnungen, Landkarten, Zeitleiste, Bibelquiz, Video- und Audiosequenzen, Editor zum Erstellen einfacher Präsentationen)
- BIBEL DIGITAL/QUADRO BIBEL/ELBIWIN/DIE MAC-BIBEL
  (Deutsche Bibelgesellschaft Stuttgart):
  www.dbg.de; www.mfchi.org – Dieses Produkt ist ein Baukastensystem, in das verschiedene deutsche Übersetzungen, einige fremdsprachige moderne Übersetzungen sowie die Biblia Hebraica Stuttgartensia und das Novum Testamentum Graece, ferner Bibellexika, die elektronische Bibelkunde von M. Rösel und K.M. Bull sowie Konkordanzen eingebaut werden können.

Informationen zu Bibelsoftware:
http://bibelsoftware.theologie.uni-mainz.de.
Dort gibt es auch Hinweise zu Bibelausgaben für mobile Geräte
(v.a. Smartphones; s. dazu auch www.olivetree.com).

6.3 Internetressourcen

Das Internet birgt viele Materialien zur Bibel, doch es ist
schwer, die Spreu vom Weizen zu trennen. Einfache Suchen
per Suchmaschine führen in der Regel zu unüberschaubaren
Ergebnissen. Daher ist der erste Schritt die Vorüberlegung,
was man *genau* sucht (Stichwortliste). Auch ist es hilfreich, zunächst von seriösen Linksammelseiten auszugehen,
die thematisch einschlägige URLs (Internetadressen) aus-
gewählt und kommentiert darstellen. Im Folgenden werden
einige wenige Adressen kurz vorgestellt, die als erste Sprung-
bretter für das Surfen in Sachen Bibel dienen können.

Online-Ressourcen:
• Deutsche Bibelausgaben online zugänglich:
  www.die-bibel.de/online-bibeln/
• Wissenschaftliches Bibellexikon im Internet: www.wibilex.de

Katholische und evangelische Bibelwerke:
• Katholisches Bibelwerk Stuttgart: www.bibelwerk.de
• Das Österreichische Katholische Bibelwerk:
  www.bibelwerk.at
• Schweizerisches Katholisches Bibelwerk: www.bibelwerk.ch
• Die Deutsche Bibelgesellschaft: www.dbg.de
• Society of Biblical Literature: www.sbl-site.org
• Catholic Biblical Association: catholicbiblical.org

Deutsch- und englischsprachige Linksammelseiten:
• Linksammelseite zur Bibelwissenschaft von Thomas Hieke:
  www.thomashieke.de/bibel
• Resource Pages for Biblical Studies (englischsprachige Link-
  sammelseite zur frühchristlichen Literatur und ihrer sozialen
  Umwelt von Torrey Seland): www.torreys.org/bible
• Linkliste „Altes Testament": www.otgateway.com

- Linkliste „Neues Testament" (M. Goodacre):
  www.ntgateway.com
- Linksammelseite und Informationspool von K.C. Hanson:
  www.kchanson.com

Literaturdokumentationen:

- BILDI: Bibelwissenschaftliche Literaturdokumentation
  Innsbruck: bildi.uibk.ac.at
  BILDI erfasst Bücher zu bibelwissenschaftlichen Themen
  sowie Artikel in Zeitschriften, Sammelwerken und Fest-
  schriften. Ein Tipp zur Suche nach einer bestimmten Bibel-
  stelle im „Basic Index": <Abkürzung des biblischen Buches
  laut Einheitsübersetzung> <Leertaste> <Kapitelzahl zwei-
  stellig, d.h. mit führender Null bei einstelligen Kapiteln (bei
  Psalmen dreistellig!)> und ein Sternchen!
  Beispiele: Gen 05* für Genesis, Kapitel 5; Ps 023* für Psalm
  23; 1 Sam 07* für 1. Buch Samuel, Kapitel 7.
- BiBIL: Biblische Bibliographie Lausanne: www.bibil.net
- Index theologicus (Zeitschrifteninhaltsdienst Theologie der
  Universität Tübingen): www.ixtheo.de

6.4 Abkürzungen

DH	DENZINGER, Heinrich/HÜNERMANN, Peter (Hg.), Enchiridion symbolorum. Definitionum et decla-rationum de rebus fidei et morum/Kompendium der Glaubensbekenntnisse und kirchlichen Lehrent-scheidungen, Freiburg i.Br. – Basel – Wien ⁴³2010.
DV	Dei Verbum (Dogmatische Konstitution des Zweiten Vatikanischen Konzils über die göttliche Offenba-rung)
EÜ	Einheitsübersetzung, Stuttgart 1980
LXX	Septuaginta (griechische Bibelübersetzung)
LXX-D	Deutsche Übersetzung der Septuaginta

7 Glossar

Siehe auch das Alttestamentliche Lexikon in: ZENGER, E. (Hg.), Stuttgarter Altes Testament, Stuttgart 2004, 1841–1938.

Apokalyptik, Apokalypse: Griech. *apokalypsis*, „Enthüllung", „Offenbarung". Apokalyptik bezeichnet bestimmte religions- und geistesgeschichtliche Phänomene, die ihren literarischen Niederschlag in Apokalypsen finden. Die Apokalypse ist eine literarische Gattung, die meist in einem narrativen Rahmen eine Offenbarung schildert, die ein jenseitiges Wesen einem menschlichen Empfänger zuteil werden lässt und eine transzendente, neue Realität vermittelt, die sowohl überzeitlich ist, weil sie eine endzeitliche Rettung und Erlösung beinhaltet, als auch überräumlich, da eine andere, übernatürliche Welt hereinbricht.

Apokryph: → deuterokanonische Schriften, Pseudepigraphen

Assur, Assyrien: Land im nördlichen Zweistromgebiet mit den Städten Assur und Ninive am oberen Tigris als Zentren. Ab dem 10. Jh. v. Chr. expandierte das neuassyrische Reich über seine Grenzen nach Norden und Westen und entwickelte sich zur Großmacht. Im 7. Jh. zerfällt das Reich und geht unter.

Babylonien: Land im südlichen Zweistromgebiet mit den Städten Uruk, Ur, Akkad und Babel/Babylon; Zentrum einer frühen Hochkultur; seit dem 4. Jahrtausend v. Chr. gab es immer wieder kulturelle Höhepunkte (z. B. unter König Hammurapi im 17. Jh.). Unter König Nebukadnezzar (605–562 v. Chr.) erreichte das neubabylonische Reich seinen Höhepunkt.

Babylonisches Exil: Nach einem ersten Feldzug 598/597 v. Chr. sowie nach der Eroberung Judas 587/6 ließ Nebukadnezzar (→ Babylonien) die Oberschicht des Landes nach Babylon deportieren (2 Kön 24–25) und dort neu ansiedeln. Im Exil wirkten u. a. die Propheten Ezechiel und der unbekannte Prophet, dessen Worte in Jes 40–55 (→ Deuterojesaja) eingingen. Die persische Eroberung Babylons 538 v. Chr. ermöglichte die Heimkehr eines Teils der Exilierten und den Wiederaufbau des Tempels in Jerusalem.

Chanukka: hebr. „Einweihung". Fest zur Erinnerung an die unter Judas Makkabäus 164 v. Chr. vollzogene Reinigung und Wiedereinweihung des von dem → Seleukidenkönig Antiochus IV. Epiphanes entweihten Tempel in Jerusalem.

Deuterojesaja: „zweiter Jesaja"; Jes 40–55: in der Zeit des Exils und danach gesammelte Prophetenworte, die im Zuge des kanonischen Prozesses dem Buch „Jesaja" zugeordnet wurden.

Deuterokanonische Schriften: Bezeichnung für biblische Bücher, deren Zugehörigkeit zum → Kanon im 16. Jh. n. Chr. umstritten war, weil sie nur in griechischen Bibelübersetzungen auftauchen (wörtlich: „zweiter Kanon"): Tob, Jud, Bar, Weish, Sir, 1/2 Makk, Teile des Buches Est und Dan 13–14.

Deuteronomistisch: theologisches Denken und literarische Bearbeitungen im Geiste des Buches Deuteronomium.

Eschatologie (von griech. *es-chaton*, „das Letzte", „Ende") ist ein Begriff der systematischen Theologie, der sich im 19. Jh. als „die Lehre von den letzten Dingen" durchsetzte. Tod, Auferstehung, Gericht, Ende der Welt und der Zeit sind die traditionellen Themen. Von E. ist immer dann zu sprechen, wenn ein neues Zeitalter mit radikal veränderten Verhältnissen im Vergleich mit der Gegenwart im Blick ist. Biblische Eschatologie ist keine abgeschlossene Lehre, sondern ein Komplex von oft unausgeglichenen Erwartungen und Vorstellungen, die sich im Laufe der Geschichte in unterschiedliche Richtungen entwickelten.

Exil → Babylonisches Exil

Festrollen/Megillot: hebr. *megilla*, Buchrolle, Mehrzahl: *megillot*; nachbiblische Bezeichnung für die Gruppe der fünf Bücher Hld, Rut, Klgl, Koh und Est; seit dem 5./6. Jh. werden sie als „Festrollen" an den jüdischen Hauptfesten gelesen: Hld: → Pascha; Rut: Schawuot/Wochenfest; Klgl: 9. Ab (Gedenktag der Tempelzerstörungen); Koh: Sukkot/Laubhüttenfest; Est: → Purim.

Gattung: Textsorte; literaturwissenschaftlicher Begriff: Wenn mehrere vergleichbare Texte ein gemeinsames strukturelles (und teilweise auch inhaltliches) sprachliches Grundmuster aufweisen, können sie zur gleichen Gattung gerechnet werden. Ein Beispiel ist das so genannte „Klagelied des Einzelnen": Texte, die dazu gerechnet werden können, weisen folgende gemeinsame Elemente auf: Anrufung JHWHs, Klage (Notschilderung, Frage), Bitte, Bekenntnis der Zuversicht, Lobversprechen (z. B. Ps 6; 13; 22; 88).

Genealogie: In einer Gesellschaft, in der die Menschen ihre Identität über ihren Familienzusammenhang definieren, dienen Genealogien in einer festen literarischen Form dem Nachweis der Abstammung väterlicherseits. Im biblischen Bereich begegnen sie bei den Erzeltern (Genesis), bei den Königen und Priestern (1/2 Kön; 1/2 Chr; Rut 4,18–22). Ihre literarische Funktion ist es, Erzählungen zu strukturieren, Beziehungen zwischen handelnden Personen zu definieren und Zeiträume zu überbrücken. In gesellschaftlicher, politischer und ethnischer Hinsicht konstruieren sie eine Identität durch die Klärung von Abstammung und Ursprung, und sie deuten die Welt in ihrer gegebenen Ordnung. Die theologische Botschaft der Genealogien besteht zum einen darin, dass Gott nie Bestandteil von Genealogien ist, somit frei und souverän und ohne zeitlichen Ursprung (ewig) ist, zum anderen darin, dass Gott Nachkommenschaft und damit Kontinuität, Stabilität und Zukunft schenkt.

Hellenismus: Mit den Eroberungen Alexanders des Großen (336–323 v. Chr.) und ihren weit reichenden Folgen werden griechische Kultur und griechisches Denken („Hellas": Griechenland) in den gesamten Vorderen Orient und nach Ägypten gebracht. Die kulturellen Umbrüche und die Übernahme der griechischen Lebensweise werden als Hellenisierung bezeichnet. Insofern markiert der Hellenismus die Zeitepoche im Mittelmeerraum und Vorderen Orient von Alexander bis zum Aufstieg Roms zur Weltmacht.

Jobeljahr: von hebr. *jobel*, „Widderhorn". Das Jobeljahr wird in Lev 25,8–55 angeordnet und sollte spätestens nach 50 Jahren einen allgemeinen Schuldenerlass und die Wiederherstellung gerechter Eigentumsverhältnisse bewirken. Es stellt den (nachexilischen) Versuch dar, angesichts der drückenden Verschuldung und Verarmung breiter Bevölkerungsschichten in Israel einen Besitzausgleich zu erwirken. Es ist umstritten, ob dieses Ideal jemals praktiziert wurde.

Jom Kippur: → Versöhnungstag.

Kanaan: Alter Landesname, der auch außerbiblisch in ägyptischen und syrischen Quellen begegnet. Im AT wird das gelobte Land vor der Landnahme als Kanaan bezeichnet, die vorisraelitische Bevölkerung als Kanaaniter.

Ketubim: hebr. „Schriften", dritter Teil der Hebräischen Bibel, des → TaNaK.

Masoreten, masoretischer Text: Die „Masoreten" sind die „Überlieferer" des hebräischen Textes der Bibel. Ab ca. 700 n. Chr. fixieren sie den Konsonantenbestand, teilen den Text in Abschnitte, sichern den Textbestand durch Randbemerkungen, legen die Leseweise des Konsonantentextes durch Vokalzeichen und Lesevorschriften fest. Auf ihre Arbeit gehen heutige Ausgaben der Hebräischen Bibel zurück („masoretischer Text").

Megillot → Festrollen

Midrasch: von hebr. *darasch*, „suchen, erforschen"; rabbinische Auslegung zu einem Buch der Bibel (Kommentar).

Nebiim: von hebr. *nabi'*, „Prophet", eigentlich „berufener Rufer", Mehrzahl: *nebi'im*; zweiter Teil der Hebräischen Bibel, des → TaNaK.

Opfermahl: kultische Mahlzeit (in vielen Religionen); Knochen, Haut und Fett von rituell geschlachteten Tieren werden der Gottheit angeboten (geopfert); das übrige Fleisch wird von Menschen (Priestern oder einer Gemeinschaft) gemeinsam gegessen. Das Problem für die Gemeinden des Paulus war es, ob es Christen erlaubt ist, an heidnischen Kultfeiern teilzunehmen bzw. Fleisch zu essen, das aus rituellen Opfermahlzeiten stammt.

Parallelismus membrorum: Bildliche oder sachliche Verwandtschaft zweier aufeinander folgender Glieder. Zwei Zeilen bilden einen inhaltlichen Gleichklang, indem die zweite Zeile „das Gleiche" mit anderen Worten ausdrückt (synonymer Parallelismus), eine Ergänzung zu einem größeren Ganzen bringt (synthetischer Parallelismus) oder das genaue Gegenteil als Kontrast einführt (antithetischer Parallelismus). Beispiel: «Wer eine Grube gräbt, fällt selbst hinein, // wer einen Stein hochwälzt, auf den rollt er zurück» (Spr 26,27).

Pascha, Pessach: *pas-cha* ist die griechische Form für Pessach, der Fachbegriff für das Festritual, die Herkunft ist unsicher. Das Paschafest ist mit der Erinnerung und Vergegenwärtigung des Auszugs (Exodus) aus Ägypten (Ex 12) das Hauptfest des Judentums und stellt die Grundlage der religiösen Identität dar. Ein ursprüngliches Frühlingsfest der Nomaden mit einem → Opfermahl wurde später mit dem Fest der ungesäuerten Brote (Mazzot) verbunden, bei dem das Gedenken an den Auszug aus Ägypten im Mittelpunkt stand. Das Pessachmahl findet weiterhin in der Familiengemeinschaft statt und kann so auch unabhängig vom Tempel begangen werden. Kern des Festes ist das Essen symbolischer Speisen (ungesäuertes Brot, Bitterkräuter, Fruchtmus) und das Lesen der Pessach-Haggada (Erzählung vom Auszug aus Ägypten).

Die Lesung von Hld am Pessachfest (→ Festrollen) deutet das Fest als Ausdruck der Liebe zwischen JHWH und seinem Volk Israel.

Pentateuch: die fünf Bücher des Mose; die → Tora.

Pseudepigraphen: Bezeichnung für Schriften, die unter einem anderen Namen („Pseudonym") veröffentlicht werden. Meist wird ein programmatischer oder berühmter Name verwendet, um die Autorität der Schrift sicherzustellen. In der protestantischen Tradition werden die Schriften als Pseudepigraphen bezeichnet, die keinen Eingang in den biblischen Kanon gefunden haben, die aber den Schriften des AT und des NT nahe stehen und einen biblischen Namen als Verfasser angeben (z. B. das dritte und vierte Buch Esra, das Henochbuch, das Thomas- und das Petrusevangelium). Diese Schriften werden in der katholischen Tradition Apokryphen („verborgene Schriften") genannt.

Ptolemäer: Nach dem Tod Alexanders des Großen (323 v. Chr.) übernahm Ptolemäus I. in Ägypten die Herrschaft und konnte sie am Ende des 4. Jh. auch auf Palästina ausdehnen. Unter seinen Nachfolgern (Ptolemäer) kam es zu mehreren Kriegen mit den → Seleukiden, die ab 198 v. Chr. in Palästina die Oberhand gewannen. Die ptolemäische Herrschaft in Ägypten ging mit der römischen Eroberung und dem Tode Kleopatras 30 v. Chr. zu Ende.

Purim: Das Purimfest erinnert an die im Buch Ester erzählte Rettung der Juden durch Ester und Mordechai vor geplanten Judenverfolgungen im persischen Reich. Es wird am 14. und 15. Adar (Februar/März) gefeiert.

Qumran: Siedlung am Nordwestufer des Toten Meeres, ca. 135 v. Chr. bis 68 n. Chr.; in den nahegelegenen elf Höhlen wurden 1947–1956 Handschriften einer religiösen Gemeinschaft (Essener?) gefunden, die sich in der Mitte des 2. Jh. v. Chr. vom Judentum abspaltete. Die teilweise sehr fragmentierten Reste von Schriftrollen enthalten Bibeltexte, apokryphe Schriften und Werke der Gemeinschaft. Sie sind mittlerweile publiziert und wissenschaftlich ausgewertet. Die lange angenommene Verbindung zwischen der ausgegrabenen Siedlung und den gefundenen Schriftrollen sowie der in ihnen erwähnten Gemeinschaft wird heute bezweifelt.

Sabbat: hebr. *schabbat*. Im babylonischen Kalender ist *schabattum* der 15. im Mondmonat (Vollmond), ein Feiertag. Das hebräische Wort *schabbat* leitet sich vom Verb *schabat*, „aufhören, ruhen" ab und bezieht sich auf das Monatsende (Leermond). Insofern bezeichnet „Schabbat" zunächst keinen Wochentag, sondern einen einmal im Mondmonat auftretenden Tag der Mondphase als Feiertag. Der Wochenrhythmus 6+1 kommt vermutlich aus der kanaanäischen Umwelt, aus dem Brauch der Landbrache im siebten Jahr (zur Erholung des Bodens bzw. als soziale Regelung der Versorgung für die Armen, Ex 23,10–11). Übertragen auf die menschliche (und tierische) Arbeit wird daraus eine Ruhetagsregelung für die in der Landwirtschaft arbeitende Bevölkerung (Ex 23,12). In den Zehn Geboten werden *Schabbat* und Ruhetagsregelung verbunden, sodass ein Wochen-Schabbat entsteht (Dtn 5,15: Begründung mit der Befreiungserfahrung: Erinnerung an den Exodus; Ex 20,11: Begründung mit der Schöpfungsordnung). Der Gedanke der Arbeitsruhe verleiht dem Wochen-Festtag ein starkes soziales Profil. Der Sabbat gilt als Zeichen des Bundes (Ex 31,16–17), als Tag der Freude und des Gottesdienstes, der dem Studium der Schrift gewidmet ist.

Samaria: Hauptstadt des Nordreiches Israel; von Omri im 9. Jh. v. Chr. erbaut (1 Kön 16,24). Im Jahr 722 v. Chr. wird die Stadt vom Assyrerkönig Salmanassar V. und seinem Nachfolger Sargon II. erobert und zerstört, die Oberschicht der Bewohner wird deportiert. Fremde heidnische Bevölkerungselemente werden angesiedelt. Sie verbinden sich mit den verbliebenen Israeliten. Daher gelten diese Leute in der Sicht der Bibel als Heiden. In der Forschung nennt man sie Proto-Samarier. Als das Südreich Juda von den → Babyloniern erobert wird, müssen die Bewohner Judas und Jerusalems nach Babylon ins Exil. Als das ‚wahre Israel' werden viel später in der Bibel nur die angesehen, die von dort zurückgekehrt sind. Sie erlauben den Samariern nicht, am Wiederaufbau des Tempels in Jerusalem mitzuarbeiten. Der Streit vertieft sich im Laufe der Jahrhunderte. Die Samarier bauten einen eigenen Tempel auf dem Berg Garizim bei Sichem – von da ab spricht man (bis in die Zeit Jesu) von den ‚Samaritern' und meint damit diese Religionsgemeinschaft, die es als Seitenlinie des Judentums in ganz kleinen Gruppen bis heute gibt. Für die biblischen Texte über Jesus spielt die Feindschaft zwischen Juden und Samaritern eine wichtige Rolle.

Seleukiden: Nach dem Tod Alexanders des Großen (323 v. Chr.) ergreift Seleukus I. Nikator von Syrien aus die Herrschaft über die östlichen Teile des eroberten Gebietes. Das Reich der Seleukiden erstreckte sich unter Antiochus III.

(223–187 v. Chr.) von Kleinasien bis zum Indus. 198 v. Chr. können die Seleukiden Palästina erobern und dort die Oberherrschaft der → Ptolemäer beenden. Durch das Vorrücken der Parther aus dem Osten und der Römer aus dem Westen wird das Reich zerrieben, die Reste 63 v. Chr. von den Römern annektiert.

Septuaginta: griechisch „Siebzig", abgekürzt LXX; Name der griechischen Übersetzung des Alten Testaments. Sie wurde nach und nach zwischen dem 3. und dem 1. Jh. v. Chr. (beginnend mit der Tora) in Ägypten für die in der Diaspora lebenden Juden erstellt. Ein Ziel war die Erstellung einer Bibelausgabe in der damaligen Weltsprache. Der Name geht auf eine Legende zurück, nach der 72 oder 70 Übersetzer im Auftrag des Königs Ptolemaios II. Philadelphos (282–246 v. Chr.) die Tora parallel ins Griechische übersetzten. Beim anschließenden Vergleich der Versionen gab es keine Unterschiede. Dies soll anzeigen, dass die Septuaginta göttlich inspiriert ist. Für den Kontakt des Judentums mit der antiken Welt war die Septuaginta sehr wichtig. Sie ist die „Schrift", aus der die neutestamentlichen Autoren überwiegend zitieren.

TaNaK: Kurzbezeichnung für die jüdische/Hebräische Bibel aus den drei Teilen Tora, Nebiim und Ketubim. Die drei Anfangsbuchstaben T, N, K bilden das Akronym (Abkürzung).

Tora: urspr. „Belehrung/Weisung": mündliche Unterweisung durch Eltern, Lehrer, oder Priester; später Bezeichnung für einzelne Gesetze, das Gesetzbuch, das als Staatsgrundgesetz gilt (2 Kön 22,8 ff), bzw. den Pentateuch als ganzen. In der jüdischen Tradition schließt der Begriff Tora auch die so genannte mündliche Tora ein, d. h. die gesammelten Weiterentwicklungen und Überlieferungen zur „schriftlichen Tora". Die gesamte Tora gilt als Tora des Mose, die ihm am Sinai übergeben wurde und deren Weisungen von JHWH stammen. Das Befolgen der Tora ist Antwort auf die Erlösung durch JHWH und Konsequenz aus der Befreiung aus jeder anderen Knechtschaft. Sie gilt als Weg zur Lebensfülle, wenn sie das ganze Leben prägt und durchdringt (Ps 1,2; Jer 31,33). Das → Exil wird im Nachhinein als Folge des Ungehorsams gegenüber der Tora gedeutet. In nachexilischer Zeit wird die Unterweisung des Volkes in der Tora mit der Bundeserneuerung verbunden und nimmt besonderen Raum ein (Esra 7,25–26; Neh 8).

Versöhnungstag: hebr. *Jom Kippur*; Datum: 10. Tag des 7. Monats (Lev 23,27); Tag der Reinigung des Heiligtums und des Volkes von allen Sünden. Das Ritual mit Opfern, Blutriten und den zwei Ziegenböcken, von denen einer symbolisch die Sünden des Volkes in die Wüste fortträgt („Sündenbock"), wird in Lev 16, dem Zentrum der → Tora, beschrieben. Das Blut des anderen Ziegenbocks wird vom Hohenpriester in das Allerheiligste des Tempels gebracht und auf die goldene Platte (die „Kapporet" als Ort der Gottesbegegnung) über der Bundeslade gesprengt. Für das Volk ist der Versöhnungstag ein Tag der Arbeitsruhe, des Fastens und der Buße. Bis heute ist der *Jom Kippur* der höchste jüdische Feiertag, dessen Liturgie von Sündenbekenntnissen und Bitten um Sündenvergebung geprägt ist.

Vulgata: lat. „die Allgemeine"; Übersetzung der Hebräischen Bibel ins Lateinische durch den Kirchenvater Hieronymus im 4. Jh. n. Chr.

Weisheit: Lebenserfahrung, naturkundliches Wissen, handwerkliche, juristische und politische Kenntnisse bilden zusammen ein lebenspraktisches Wissen, das als Weisheit bezeichnet wird, wenn jemand gut damit umgehen kann. Das Beobachten von Naturphänomenen führt zur Erkenntnis der Welt- oder Schöpfungsordnung; nach dieser Ordnung zu leben führt zum wahren Glück. Diese Lebenseinstellung findet sich als internationales Phänomen im gesamten antiken Vorderen Orient und in Ägypten. Spezifisch für Israel ist die theologische Deutung der Weisheit: Grundlage wirklicher Weisheit ist die Gottesfurcht (Spr 1,7), d. h. das Wissen um die Begrenztheit des Menschen, das Vertrauen auf die Macht Gottes und ein Verhalten, das der Weisung (→ Tora) Gottes folgt. Die „Weisheit" wurde in Israel in Form von Schulen, v. a. am Königshof, tradiert. Es kommt zur Ausbildung eigener literarischer Formen (Spruch, Lehrrede, Lehrgedicht, Lehrerzählung), die sich in der Weisheitsliteratur niederschlagen. Zur biblischen Weisheitsliteratur werden die Bücher Ijob, Spr, Weish, Koh, Sir, Tob und Teile des Psalters gerechnet. In nachexilischer Zeit tritt die Weisheit als Frau personifiziert auf (Spr 8–9): Sie lehrt das Halten der Gebote und führt zum wahren Leben. In Sir 24 gilt die → Tora als die Weisheit, die vom Himmel herabstieg und auf dem Zion Wohnung nahm.